Introduction to Private Investigation

탐정학

이상원·이승철

도서출판 진영사

탐정학

이상원 · 이승철

2019년 03월 08일 초판 인쇄
2019년 03월 11일 초판 발행
2020년 02월 26일 개정판 발행

발행인 박 진 영

발행처 도서출판 진영사
인천광역시 부평구 갈산동 185번지 풍진빌딩 303호
전화 : 032)505-4207
팩스 : 032)505-4206
E-mail : 0183734207@hanmail.net
등록 : 122-91-77317

ISBN 978-89-6541-469-8 93350
값 23,000원

서 문

현대사회의 특징으로 정보화, 세계화, 분권화, 민영화 등을 들 수 있다.

21세기 지식정보화 사회를 살아가면서 인류는 많은 변화를 경험하게 되고, 이러한 변화에 순응하도록 요구받고 있다.

사회의 모든 부분에서 빠른 변화가 진행되어가고 전문화되어가고 있으며 이러한 흐름에 순응하지 못하면 도태가 되는 사회라고 할 수 있다. 특히, 4차 산업혁명시대에는 인류는 이러한 변화들에 적극적으로 적응할 것을 요구 받고 있다.

선진국가의 치안영역에서는 민영화 현상이 일어나고 있고 경찰업무의 일정부분이 민간경비로 넘어오고 있는 실정이다.

최근, 사회적 수요에 부응하고 각 분야의 전문성을 강화하기 위한 수단으로서 각 분야별로 다양한 자격제도가 운영되고 있는 바, 한국의 민간경비분야에서도 이러한 변화가 불고 있는 것이다. 그 예가 탐정제도라고 할 수 있다.

사회가 발전함에 따라 각종 범죄와 사건이 발생하고 이에 따른 개인과 기업의 피해가 급증하고 있으나 범죄의 전문화, 다양화, 수사 인력의 한계로 인해 경찰이나 검찰이 모든 사건을 해결해 줄 수 없는 현실에 직면해 있다. 이러한 현실을 반영하고 불법·음성화된 업무를 양성화하여 제도권내로 끌어들임으로서 국가에서 공인자격을 부여받은 전문가에 의해 불법행위를 억제시키고 적법절차를 준수케 하면서 조사업무를 행하게 하자는 움직임이 지난 20년간 탐정의 법제화란 이름으로 계속되어왔다.

탐정제도는 심각한 사회문제로 등장되고 있는 심부름센터, 흥신소 등을 대체하고 경찰기관 등 형사사법기관의 기능을 보완하여 법률서비스의 질을 향상시킬 수 있는 점에서 긍정적인 측면도 지니고 있지만 실제 활동과정에서 사생활 침해의 가능성도 있기 때문에 조심스런 접근법이 필요한 것이다.

본서는 아직 초보적인 단계에 있는 탐정제도의 발전을 위해서, 이 분야의 학문적 접근에 기초가 되고, 탐정 분야에 기본방향이 되는데 초석이 되고자 하는 바람에서 대학, 대학원 및 수험용으로 집필되었음을 전하고자 한다. 또한 장래에 탐정이 되기를 희망하는 분 및 현업에서 종사하는 관계자들께 조그만 도움이 되기를 바란다.

2019년 2월 연구실에서
이상원 · 이승철

개정판 서문

본 교재는 탐정학의 개론으로 이론과 실무를 균형 있게 살펴보고자 하였다.

탐정학은 아직 학문적으로 적립되지 않아 이론적 배경에 대한 연구가 지속적으로 필요하다.

또한 한편으로는 실용성이 매우 높은 성격으로 실무도 매우 중요한 학문이다.

따라서 빠르게 변화하는 현실을 반영하기 위하여 이번 개정판에는 이론적 부분과 실무에 대해서 최신의 내용을 첨부하였다.

목 차

제1편 이 론

제2편 실 무

<표, 그림 목차>

<사진 목차>

제1편

이 론

1장 민간경비 일반

제1절 민간경비의 개념과 이론적 고찰

1. 민간경비의 개념

민간경비는 모든 재산의 손실을 막아주고 주위의 위험으로부터 보호해준다. 개인이 자신의 생명과 재산을 보호할 자격이 있다는 개념은 고대로부터 유래한다.

민간경비는 공경비에 상대되는 개념으로써 외국에서는 Private Security(사경찰, 사경비)로 불리고 있다. 민간경비는 여러 가지 위해로부터 개인의 이익이나 생명, 재산을 보호하기 위하여 특정 의뢰인(special client)인 고객으로부터 받은 보수에 따른 경비 Service를 행하는 개인, 단체 및 영리기업을 말한다.

또 민간경비는 고객들의 유형재산과 무형재산을 보호하며 법 집행적 측면보다는 범죄 예방적 측면에서 역할을 수행한다.

이에 상대되는 공경찰 또는 공경비는 경찰의 범죄예방활동을 의미하는 것으로, 공공의 질서유지, 범인의 체포 및 수사, 범죄의 예방, 교통의 통제와 같은 공공의 이익을 위하여 또는 공공의 안전과 보호의 일반적 업무에 대해서 국민을 위해 행하는 활동을 말한다.

이렇게 볼 때 민간경비라는 용어는 일반적으로 요금을 지불하는 고객에 대해서 또는 자기를 고용한 개인이나 조직체에 대해서 신변이나 재산, 다른 이익을 각종 위험으로부터 보호하기 위한 경비관계 서비스를 공급하는 모든 종류의 개인 및 기업체와 조직을 포함하는 것으로 이해된다.

민간경비업의 영역과 대상은 민간경비업의 발달 정도에 따라 국가마다 다르게 나타나며 민간경비업이 발달한 국가일수록 그 업무의 영역은 넓다. 미국에서는 민간경비업이 개인 및 기업의 시설과 재산의 보호에서 손실방지(loss prevention), 컴퓨터 보안(computer security), 사설탐정(private investigation), 개인의 정보조사(background check) 등에 이르기까지 방범, 수사, 경비 등 많은 분야에 걸쳐 경찰의 기능을 수행하고 있고, 경비업무에 종사하는 인원에 있어서는 오히려 경찰을 능가하고 있는 수준에 있다. 우리나라의 경우 경비업법상 민간경비는 시설경비업무, 호송경비업무 그리고 신변보호업무, 기계경비업무, 특수경비업무에 국한되어 있고 업체의 인력과 장비도 미국이나 일본 등에 비하여 크게 뒤떨어져 있지만 장래의 발전가능성은 무한하다고 볼 수 있다.

2. 이론적 고찰

민간경비와 관련된 이론적 배경을 살펴보면 다음과 같다.

1) 경제환원론적 이론 (Economic Reduction Theory)

경제환원론적 이론은 특정한 현상을 설명함에 있어서 그 현상이 경제와 직접적으로는 무관한 성격을 갖는 것임에도 불구하고 그 원인을 경제문제에서 찾으려는 입장을 취하려는 특징을 가지고 있다(이상원, 2005). 이러한 입장을 취하려는 학자들은 민간경비 시장의 성장을 범죄의 증가에 따른 직접적 대응이라는 전제하에 출발하고 있으며, 범죄의 증가를 실업의 증가에서 그 원인을 찾고 있다. 따라서 민간경비시장의 성장을 경제 전반의 상태와 운용에다 연결시키려는 시각으로, 미국의 경제침체기였던 1965~1972년 사이의 민간경비 시장이 상대적으로 증가한 경험적 관찰에 기초를 두고 있다(Thurow, 1982).

2) 공동화이론 (Vacum Theory)

공동화이론은 한 사회에 있어서 민간경비가 경찰이 수행하고 있는 경찰 본연의 기능이나 역할을 보완하거나 대체한다는 일반적 관점에서 맥을 같이하는 이론이다(Kakalik & Widhorn, 1972). 이 이론은 경찰 자신들에게 부여된 기능과 역할인 범죄예방이나 통제와 같은 서비스를 제공할 수 있는 능력, 즉 인적·물적 측면들이 감소됨으로써 생겨난 "공동상태"를 민간경비가 메워준다는 주장을 기본 골격으로 하고 있다.

이 이론은 사회의 다원화와 민족과 지역의 문화의 차이에서 초래되는 사회적 긴장과 갈등·대립들에 의한 무질서나 범죄의 증가에 대응하기 위하여서는 경찰력이 증가하여야 하나 경찰력의 증가는 현실적으로 사회적 요구를 따라가지 못하고 있다. 그 결과 발생되는 공동상태를 메우기 위해서는 민간경비가 발전한다는 이론이다. 이 이론에서 유추할 수 있는 것은 경찰과 민간경비가 상호갈등이나 경쟁관계가 있는 것이 아니라 상호 보완적, 역할 분담적 관계를 갖는다는 점이다(이상원, 2005).

3) 이익집단이론 (Interest Groups Theory)

이익집단이론은 경제환원론적 이론이나 경찰과 민간경비가 상호보완적 관계를 갖는다는 공동화이론을 부정하는 이론으로서 "그냥 내버려두면 보호받지 못한 채 방치된 재산을 민간경비가 보호한다"는 주장을 하고 있다(Flovel, 1973).

이익집단이론에 따르면 한 사회내에 존재하는 많은 이익집단들이 그들의 이익을 최대화시키기 위해서 행위하는 것과 유사한 방식으로 민간경비도 자신의 집단적 이익을 실현시키기 위해서 규모를 팽창시키고 새로운 규율과 제도를 창출시키는 등의 노력을 한다는 것이다.

민간경비의 양적성장은 초기적 단계에서 일어나는 현상이며, 궁극적으로는 이익집단으로서의 내부적 결속과 제도화 그리고 조직화의 결과, 세력과 입지를 강화하게 된다는 것이 이익집단이론의 내용이다.

4) 수익자 부담이론 (Profit-Oriented Enterprise Theory)

수익자 부담이론은 자본주의 사회에서 국가기구의 일부로서 경찰이 갖는 근본적인 성격과 역할 및 개개인의 안전과 사유재산을 보호하는 것이라는 일반적인 통념을 거부하는 이론이다. 자본주의 사회에 있어 경찰의 공권력 작용은 원칙적으로 거시적 측면에서 질서유지나 체제수호 등과 같은 역할과 기능만으로 한정하고 사회구성원의 개개인적 차원이나 집단과 조직 등 회사차원 등의 안전과 보호를 해당 개인이나 조직이 담당하여야 한다는 인식에 기초를 둔 이론으로 역할분담적인 이론이다(Shearing & Stenning, 1981).

개인이 자신의 건강을 보호하기 위하여 의료보험에 가입하는 것이나 혹은 자동차를 소유한 개인이나 조직이 사고에서 모든 각종 피해로부터 보호하기 위하여 자동차보험에 가입하는 것과 같다. 자본주의 사회에서는 개인의 재산보호나 범죄에서 올 수 있는 신체적 피해로부터의 보호를 결국 개인적 부담에 의해 담보 받을 수 밖에 없다는 입장이 수익자 부담이론이다(Gion Green, 1981)이는 국가의 재정적 위기가 사회안전 보호 및 범죄예방 능력을 충족시켜주지 못해서 국민 스스로가 수익자 부담원칙에 입각하여 자신의 안전을 민간경비업에 맡김으로서 민간경비가 성장한다는 이론이다(김동규 · 지인영, 1999).

5) 치안서비스 공동생산이론 (Police Service Co-Production Theory)

최근 치안환경과 관련하여 치안서비스의 제공에 있어서 경찰과 같은 공공부문(Public Sector)의 역할증대와 동시에 민간부문(Private Sector)의 참여를 활성화 시킬 수 있는 방안이 활발히 연구되고 있다. 이는 경찰이 안고 있는 한계를 극복하고 시민의 안전에 대한 욕구와 다양한 서비스의 제공이라는 측면에서도 민간부문의 적극적인 참여를 유도해야 한다는 것이다. 여기에서 논의하는 민간부문은 서비스의 수혜자인 시민과 민간경비 등을 들 수 있다. 과거에는 이들을 민간부문에서의 보조적 차원에서 인식하여 경찰의 활동과는 별개의 것으로 인식하여 왔으나 현대에 있어 이들은 능동적 · 주체적으로 인식하기 시작했다(이윤근, 2003).

민간부문에서의 풍부한 인적·물적 자원을 보다 효율적으로 활용하면 다양한 서비스를 제공할 수 있을 뿐만 아니라 전통적 치안을 담당하고 있는 경찰과의 협력을 통해서 사회의 질서유지를 효율적으로 할 수 있다는 것이다. 이러한 관점에서 경찰과 민간부문이 공동으로 치안서비스를 제공할 수 있다는 것이 치안서비스 공동생산의 이론적 접근이다. 민간경비가 치안 활동에 참여하는 방법은 독자적·자체적으로 참여하기도 하며 또 경찰과 동일한 영역 내에서도 이루어 질 수 있다(최선우, 2002).

6) 지역사회 경찰활동이론 (Community Policing)

지역사회 경찰활동은 1970년대까지 수행되었던 전통적 경찰활동의 효과성에 대한 반성과 새로운 변화요구에 의해 1980년대 중반에 나타난 새로운 경찰활동이다. 증가하는 범죄율을 억제하고 경찰과 사회를 재통합하려는 "전통적 경찰활동의 실패는 지역사회 경찰활동이라고 불리는 새로운 경향이 나타나게 되었다(Louis A Radelet, David L. Carter, 1994). 경찰은 스스로를 지역사회의 구성원으로 인식하고 지역사회와 친밀한 관계를 유지해야 하고 지역주민들과 언제든지 접촉할 수 있어야 한다. 또한 경찰은 지역주민의 눈에 쉽게 띄어야 하고 자주 만나 대화하는 기회를 만들어 서로의 관심을 나누며 지역의 문제를 파악하여야 한다. 이는 지역사회와의 신뢰관계를 형성하며 적극적으로 지역사회 문제를 파악하여 지역주민과 협력하여 해결해야 한다(Herman Goldstein, 1990).

즉, 지역사회 경찰활동은 경찰과 시민의 접촉으로 지역사회의 무질서, 범죄, 지역사회문제를 발견하고 해결해 나아가는 것을 말한다. 그러므로 지역사회 경찰활동의 핵심은 지역사회 내의 관계를 개선하고 경찰과 지역사회 상호작용을 증진시켜 협력관계를 창출해 내는 것이다(이은주 외, 2014: 153). 미국의 국무성은 성공적인 지역사회 경찰활동의 기반은 경찰과 지역사회구성원들 간의 밀접하고 상호호혜적인 관계라고 규정하고, 지역사회활동의 가장 중요한 두 가지 구성요소로서 지역사회 파트너십과 문제해결을 제시하고 있다(Bureau of Justice Assistance, 1994: 13). 이러한 개념에는 경찰력의 한계를 인정하고 지역의 다양한 사회체계들과의 상호작용을 통하여 지역의 사회문제를 해결하려는 것이다. 이러한 경찰의 변화는 민간경비와의 협력을 증진시키게 되었으며, 지역사회 범죄예방활동에 있어서 민간경비의 역할이 더욱 중요시되고 있다.

7) 수요확대이론 (Enlargement of demand Theory)

전문화(Specialization)는 분업화와 유사한 말로써 목적달성을 효율성을 높이려는 수단성을 가지며 분업의 결과로서 생기는 기능순화의 총칭을 말한다. 이는 복잡한 구조 때문에 1개 체계를 2개 이상의 부분으로 나누어 작용시킬 때 체계 내에서 일어나는 현상이다. 전문화는 일을 능률적으로 수행하기 위하여 일정한 기준에 따라 분업하여 개별비례 이상의 높은 급부생산성을 얻는데 의의가 있고, 최대한의 전문화를 통해 분업이익을 얻는 것이 그 목표이다. 즉 전문가 및 전문기업이 아니면 의뢰인의 의뢰업무에 대하여 서비스를 제공하는 것이 어렵게 된다는 것이다(손상철, 2005: 36-37). 이는 민간경비 영역에서도 마찬가지이다. 현대사회의 전문화의 요청은 사회가 복잡·다양화 지면서 전문화에 대한 요구는 더욱 높아지는 추세라고 할 수 있다.

현대사회에서도 민간경비 분야도 전문화되면서 수요자들은 전문업체 및 전문가를 찾게 되고 이러한 민간경비의 지속적인 수요의 확대는 이에 대한 서비스를 제공하는 민간경비 분야의 활성화로 나타날 수 있다.

8) 상황적 범죄예방이론 (Situational Crime Prevention Theory)

상황적 범죄예방이론에 대한 근원은 1970년대 영국 내무부의 범죄예방 연구에서부터 기원하고 있다(Clarke, 1983). 상황적 범죄예방이론은 기존의 범죄예방이론을 종합하고 체계화한 것으로서 범행기회를 줄이는 방법을 연구하는데 초점을 맞추고 있다(Clarke, 1992: 1-7). 범죄는 사회의 경제구조, 일상활동, 물리적 환경, 범죄의 기회구조 등이 복합적으로 작용하여 범죄가 발생하기 때문에 이런 기회구조를 줄이거나 제거함으로써 범죄예방을 할 수 있다는 것이다.

즉, 상황적 범죄예방이란 범죄의 기회를 감소시키는 것으로서 이는 매우 구체적인 범죄에 초점을 두며 이러한 범죄가 발생하지 않도록 만드는 환경을 변화시키기 위해 설계와 관리라는 방법을 사용한다. 이러한 변화는 범죄의 위험성(risks)이나 어려움(difficulty)을 증가시키고 범죄의 유혹이나 자극을 감소시킴으로서 잠재적인 범죄자의 범행의도를 차단하는 것을 목적으로 한다(Clarke, 2007: 3)

상황적 범죄예방은 4가지의 기본원칙으로 이루어져 있다. 첫째, 범죄예방의 목적은 범죄의 기회를 감소(reduce the opportunities)시키는데 있다. 둘째, 범죄의 예방대상은 구체적인 특정범죄형태(specific forms of crime)이다. 셋째, 범죄예방법은 범죄자의 갱생이나 환경의 일반적인 개선이 아니라 범죄발생 가능성이 있는 환경에 대해 직접관리, 설계 및 조작하는 것을 말한다. 넷째, 범죄예방의 중점은 범죄 실행 시 노력과 위험성을 증대(increase the risks)시킴으로써 범죄로부터 얻을 수 있는 이익을 감소(reduce the benefit)시키는데 있다(Clarke, 1992). 상황적 범죄예방과 관련 있는 것으로 민간경비 부분에서 CCTV이다. 이러한 상황적 범죄예방과 근거한 CCTV의 기능은 다음과 같은 가정에 기초를 두고 있다. 첫째, 억제(Deterrence)이다. 잠재적 범죄자들은 이익보다 위험성이 큰 것인가에 대해 평가하고 범죄를 저지를 것인지 아니지를 선택한다. 즉 CCTV의 존재를 인식하게 된다. 둘째, 자제(Self discipline)이다. 잠재적인 피해자들은 범죄의 위험성을 상기시킨다. 그러므로 그들의 행동을 그에 상응하게 바꾼다. 잠재적인 범죄자들에게 잠재적 감시의 위협은 그들 자신들의 행동을 자제하게 만든다. 즉 CCTV의 활용은 CCTV가 실제인지 가짜인지를 불문하고 감시의 두려움을 통해서 행동을 자제하게 한다. 셋째, 탐지(Detection)이다. CCTV카메라는 범죄발생의 이미지를 포착한다. 따라서 이것은 범죄자들의 범죄능력을 빼앗아 간다. 넷째, 유능한 보호자의 존재(Presence of a capable guardian)이다. Cohen and Felson에 의해 주장된 일상생활이론의 중 유능한 보호자의 부재(absence of capable guardian)를 극복함으로써 범죄발생을 감소시킬 수 있을 것이다. 다섯째, 효과적인 배치(Efficient Deployment)이다. CCTV는 모니터를 통해 정보를 제공하여 경찰을 보조한다. 그러므로 경찰자원을 더욱더 효율적으로 이용하게 된다. CCTV 설치(절도 등) 또한 민간경비 시장에서 기계경비의 중요한 부분을 점유하고 있다(이상원 · 이승철, 2006: 202-204).

제2절 민간경비의 역할

범죄는 조직에 있어서 자신의 손해를 일으키는 많은 위험 중의 하나에 불과하다. 민간경비의 기본적인 목적은 조직의 자산을 보호하고 손실을 예방하는 것에 있다. 노만 · 보톤(Norman Botton)과 존 · 코스타노스키(John Kostanoski)는 WAECUP라는 머릿글자로 지적한 것과 같이 민간경비는 넓게 범죄를 포함한 5개 유형의 위협을 통제하려고 하고 있다. 즉, 낭비(Waste), 사고(Accidents), 에러(Errors), 범죄(Crime), 비윤리적인 활동(Unethical Practices)이 그것이다. 낭비와 사고는 기업의 이익을 잠식한다. 현대적인 테크놀로지는 결과적으로 새로운 잠재적인 위험을 만들어 내고 있다. 에러는 제품의 질과 고객의 만족도에 영향을 주는 생산과정에 있어서의 에러뿐만 아니라 정보의 전달과 보존에 있어서의 에러도 포함한다. 낭비, 사고, 에러는 다수의 산업경비의 프로그램의 중요한 국면으로 주목을 모은다. 즉, 출하, 입하, 재고의 각 과정에 있어서 안전과 통제의 기능을 달성시키기 위해, 경비 인재의 이용이 필요하게 되는 것이다. 비윤리적인 활동(뇌물수수, 산업스파이[1] 등)은 민사나 형사재판에서 불이익을 받는다는 것뿐만 아니라 위신의 상실이라는 것에서도 기업에 영향을 준다.

토마스 · 스코트(Thomas Scott)와 메어리스 · 멕퍼슨(Marlys McPherson)은 민간경비의 활동이 「실질적으로는 경찰에 의해서 행해지는 활동과 많은 점에서 같다」고 주장했다. 두 사람은 공 경찰활동과 사 경찰활동(Policing)의 주요한 차이는 수행되는 활동자체가 아니라 누구에게 서비스가 행해지는가, 행사되는 권한의 정도에 있다고 시사했다. 이 차이는 항상 명료한 것이라고는 할 수 없다. 왜냐하면 민간경비원은 때때로 고용된 한정된 구역이나 시설 안에서 경찰직 권능을 부여받는 일이 있기 때문이다. 1981년의 홀크레스트의 전미조사에 의하면, 중규모나 대규모의 경찰기관의 4분의 1에서는 경비원에 특별한 대리적 권능이나 경찰적 권능을 주고 있다고 보고하고 있다.

경비 · 레터(Security Letter)에 의하면 불안감은 특히 기업사회에 있어서는 민간

1) 한국산업기술보호협회 2015년 기술유출예상 피해액 연평균 50조원에 달한다. [경찰팀 리포트] 영업비밀 갖고 튄다… "산업스파이 피해 연 50조". 2015. 9. 12.

경비를 필요로 하는 다른 하나의 이유가 된다. 민간경비의 활동이 대응하는, 그러한 불안감으로서는 적어도 다음의 5개의 것을 들 수 있다.

* 용인할 수 없는 손실을 보는 것에 대한 불안감
* 보험료가 과대하게 되거나 보험에 가입할 수 없게 되는 것에 대한 불안감
* 기업인이나 다른 사원에 위해가 첨가되는 것에 대한 불안감
* 손실을 입은 것에서 무능하다고 보여지는 것에 대한 불안감
* 소송에 휘말리는 것에 대한 불안감

〈그림 1〉 경비의 연속대

民 間	← 시큐리티 시스템 →	公 共
고객	경비업무투입	시민
범죄의 예방	역할/기능	범죄의 대응
특정 대상	경비대상	일반대상
영리기업	공급시스템(운영조직)	정부
손실감축/자산보호	투입결과	법집행/체포

자료 : William C. Cunningham and Clifford W. Van Meter, 1990: 116.

민간경비특별위원회(PSTF)의 보고서에서는 민간경비와 경찰의 직무가 〈그림 1〉과 같은 연속대로서 그려지고 있다. PSTF는 양자가 공급하는 서비스의 차이를 5개의 영역으로 나누어서 그린다.

① 「경비업무투입」 : 서비스를 요구하는 주체(일반시민인가, 고객인가)

② 「역할」 또는 「기능」 : 주요한 활동이나 목적(범죄의 발생에 대응하는 것인가, 범죄를 예방하는 것인가)

③ 「경비대상」 : 서비스를 받는 수익자나 대상자(일반 공중인가, 특정의 고객인가)

④ 「운영조직」 : 서비스를 공급하는 기구(정부인가, 영리기업인가)

⑤ 「투입결과」 : 공급된 서비스의 최종결과(법집행/범죄자체포인가, 손실감축/자산 보호인가).

제3절 민간경비의 임무와 기능

1. 민간경비의 임무

민간경비는 인간의 생명과 안전, 유·무형의 재산을 지키기 위한 모든 노력을 일컫는다.

민간경비는 일반적으로 수사, 경비, 순찰, 거짓발견, 경보, 경비수송을 포함하는 모든 종류의 경비관계서비스를 공급하는 것으로 모든 종류의 민간조직과 개인을 포함하는 것이다.

민간경비 분야에서는 자기들의 기본적 임무는 손실(범죄, 화재)의 예방이라고 보는데 비해 법집행 분야에서는 스스로가 기본적 임무로써 범죄의 통제라고 여기고 있다. 민간경비 관리직에 의해 평가된 민간경비의 임무는 생명과 재산의 보호, 범죄의 예방, 손실예방, 화재방지, 출입통제, 범죄수사, 직원신분확인, 질서유지, 체포와 고소·고발, 사고방지, 범죄통보, 정보보호, 교통통제이다.

〈표 1〉 민간경비임무

상주경비 관리자	계약경비 관리자
1. 생명과 재산의 보호	1. 생명과 재산의 보호
2. 범죄예방	2. 범죄예방
3. 손실예방	3. 손실예방
4. 화재방지	4. 화재방지
5. 출입통제	5. 출입통제
6. 범죄수사	6. 질서유지
7. 직원신분확인	7. 직원신분확인
8. 질서유지	8. 범죄 통보
9. 체포, 고소·고발	9. 체포, 고소·고발
10. 사고방지	10. 정보보호
11. 범죄통보	11. 범죄수사
12. 정보보호	12. 사고방지
13. 교통통제	13. 교통통제

자료 : William C. Cunning and Others, 1990: 120.

2. 민간경비의 기능

민간경비의 영역에는 귀중품을 보관하기 위해 안방에 마련한 금고나 위조지폐를 감식하기 위한 감식기, 컴퓨터 해커의 방지, 유명인사들의 안전을 담당하는 신변보호 등이 포함된다. 또 현장감시 폐쇄회로 TV, 출입통제 시스템, 도난경보 시스템, 도난차량 시스템은 물론이고 울타리 감지시스템까지 이 범주에 포함된다.

최근 정부기능이 민간에 지속적으로 이양되면서 민간경비의 영역은 더욱 넓어지고 있다. 민간경비는 기능상 인력경비와 기계경비 및 혼합경비로 구별된다. 인력경비는 인력이 일반경비에 동원되는 것을 뜻하고, 기계경비는 각종 장비를 이용해 경비의 목적을 달성하는 것을 의미한다. 혼합경비는 인력경비와 기계경비를 혼합해서 사용하는 경비를 의미한다. Rand Report는 법집행기관에 의해 수행되지 않는 모든 보호와 손실예방 활동을 민간경비의 영역으로 표현하고 있다.

제4절 민간경비의 주요부문

홀크레스트는 민간경비를 다음의 9개 영역으로 분류했다.

* 자영의 경비
* 경비와 순찰의 서비스
* 경보응답 서비스
* 민간조사(사설탐정)
* 경비수송 서비스
* 자물쇠업
* 컨설턴트
* 경비기기의 제조와 유통
* 기타

1. 자영의 경비 프로그램

기업, 정부나 그 외의 조직에 있어서 경비 프로그램은, 일반적으로 그 조직의 자산을 보호하거나 손실을 예방 및 통제하기 위해 조직된다. 여기에서는 범죄는 잠재적인 손실이라는 하나의 범주에 불과하고 중요한 것은 사고, 화재, 자연재해에 기인하는 손해이고 또한 명예손상 등 눈에 보이지 않는 손해이다. 이런 이유에서 경비책임자는 조직의 최고 경영진의 감독 하에 두어지는 경우가 많다.

2. 경비와 순찰서비스

많은 사람들은 민간경비 산업과 경비서비스를 동일시하고 있다. 그것은 민간경비의 각종 구성부문에 익숙하지 않은 사람들에 있어서 경비서비스가 민간경비 전체를 대표하고 있다고 하는 것이다. 이러한 인식이 존재하는 것은 경비서비스라는 것이 많은 대다수의 사람들에게는 자신이 접촉하게 되는 민간경비의 유일한 부문이기 때문이고 또 경비회사라는 것이 경비산업의 가장 눈에 보이는 부문으로 종업원의 수도 최대이기 때문이다. 경비서비스는 제조, 금융, 운송, 소매, 건강관리 그 외 거의 모든 조직이나 산업그룹에서 경비서비스의 계약이 행해지고 있다.

여기에는 사설경비원(Private Security Guards)과 사설순찰경비원(Private Security Officers)이 있다.

대부분의 기업에서 사설경비원들이 업무를 행하고 있는데, 이것은 가장 일반적이고 눈에 띄는 형태의 경비유형으로 제복을 착용하고, 때로는 무장을 하고, 일정 시설물에 대하여 24시간 혹은 일정한 시간을 정하여 경비근무를 수행한다.

사설순찰서비스는 일정구역을 정기적으로 순찰함으로써 범죄 등으로부터 지역사회의 안전을 지켜 주는 것을 말한다.

주요 서비스에는 다음과 같은 것이 있다.

* 무허가 침입이나 활동의 예방이나 탐지
* 화재, 절도, 손해의 예방이나 탐지

* 차나 보행자의 교통정리와 규제
* 신체적인 위해로부터의 개인보호
* 자산보호에 관계된 규칙, 규정, 방침의 집행

3. 경보응답 서비스

경보가 울리면 직원들이 파견되지 않고 주된 장소만 알려주는 경우도 있으나 다수의 경보시스템은 경찰서에 직접 연결되어 출동하도록 되어 있다.

경보서비스는 주택용의 경보기기의 이용증가와 급속한 테크놀로지의 발전으로 민간경비 중에서 가장 급성장하고 있는 부문의 하나이다. 전선이나 전화선, 광케이블의 테크놀로지로부터 새로운 무선 테크놀로지까지라는 움직임은 과거 10년의 경비분야에 있어서의 가장 중대한 변화의 하나이다.

경보서비스에 종사하는 사람은 4개의 범주로 이루어진다. 즉, 경보기기의 판매담당자, 경보기기 시스템의 공사담당자/기술자, 경보감시원, 「러너」(runners)로 불리는 경보에 대응하는 요원이다. 경보기기의 판매담당자는 시스템판매에 있어서 잠재적인 고객과 직접 접촉한다. 경보기기의 공사담당자/기술자는 훈련을 받아 각종 시스템을 설치, 유지 및 응급서비스를 제공한다. 경보감시원은 중앙감시소에서 경보상태를 감시하고 경보가 울린 경우에는 공공안전기관, 가입자, 경보회사 이외의 경비원에 통보한다. 경보서비스의 대응요원은 그 시스템에 설치된 현장의 이상 사태에 대응한다.

4. 사설탐정 서비스

사설탐정은 개인 내지 조직의 정보와 관련된 서비스를 제공하면서 공공업무 집행기관들의 수사활동을 도와주는 역할도 한다.

미국에서의 탐정업은 전문직으로 분류되며 어느 정도 성공하기만 하면 수입도 높은 편에 속한다.

대부분의 사람들은「사설탐정(private investigator)」(PI)이라는 민간경비의 구성부문을 이 타입의 민간경비서비스에 하이라이트를 비추는 많은 텔레비전 프로그램에 의해서 잘 알고 있다. 하지만 현실의 사설탐정 대다수가 행하는 것은 이러한 텔레비전 프로그램에 나오는 것과는 다르다는 것에 주의하지 않으면 안 된다.

대부분의 주에서는 탐정이 공인면허를 갖도록 하고 있으며, 최근에 경찰과 상호협력 및 보완관계가 되면서 인식이 나아져가고 있다. 탐정은 21세기의 유망직종 중의 하나로 손꼽힌다.

많은 법률사무소나 보험회사가 조사서비스와 인재를 계속적으로 이용하고 있다. 더욱이 민간조사서비스와 인재는 일반적으로 다음과 같은 경우에 이용되고 있다.

* 신용조사를 포함한 구직자의 경력조사
* 내부자의 절도 그 외의 종업원에 의한 범죄
* 약물의 비밀조사
* 도난당한 재산의 탐색이나 회복
* 조사위원회 또는 민사나 형사의 공판에 있어서 사용되는 증거의 보전

5. 경비수송 서비스

경비수송 서비스는 사용자가 통화, 경화, 증권, 귀금속, 보석, 신용·카드, 그 외의 고가의 물품을 한 장소에서 다른 장소로 옮기기를 원할 때에 사용자가 이것을 안전하게 운송하는 경비서비스 활동을 말한다.

경비수송회사는 기업체에 보호를 제공하는 것뿐만 아니라 자신도 또 큰 범죄의 습격목표가 되고 있다. 경비수송차에 대한 범죄는 거대한 손해를 가져오고 있다.

6. 자물쇠업

경비손실을 막아주는 자물쇠업 역시 민간경비의 중요부문을 구성하고 있으며 자물쇠의 효과성은 디자인, 제조, 장치 등을 포함하는 모든 요소들이 서로 맞아 들어 가는지에 달려 있다.[2)]

미국에서는 7만 명의 자물쇠업자가 공업, 상업, 주택의 고객을 위해 각종 자물쇠 장치 공사를 행하고 있으며 많은 자물쇠 가게가 금고나 금고실 매매, 공사, 수리를 행하고 있다. 자물쇠업자 중에는 통상 경보기기나 전자적 접근·콘트롤(통제)시스템의 판매와 공사를 겸하여 행하고 있는 사람도 있다.

민간경비에 있어서 열쇠제조 업자들은 중요한 역할을 하고 있다.[3)]

7. 경비·컨설턴트 서비스

경비·컨설턴트의 서비스에는 일반적으로 인정받는 4개의 영역이 있다. 즉, 그것은 ① 엔지니어링 관련, ② 경비관련, ③ 기업인 신변보호, ④ 컴퓨터·경비의 각 영역이다. 이 각 영역의 컨설턴트는 통상 높은 교육을 받은 사람들이고 고객이 기대한 수준의 서비스를 제공하도록 고도로 훈련되어 있다.

엔지니어링 관련의 경비컨설턴트는 일반적으로 경비시스템을 디자인하거나 테크놀로지적인 경비와 물리적인 경비의 대책을 위해 시방서나 설계도의 개발에 종사하고 있다. 이 서비스는 통상 자산의 보호 필요도를 결정하고 경비시스템의 실행에 가장 비용 대 효과를 가지는 방법을 책정하는 조사에 근본을 둔다. 대부분의 경우 컨설턴트/경비·엔지니어링은 디자인과 공사의 단계에서 건축가나 의뢰자와 밀접하게 협력하는 일이다.

경비관련의 컨설턴트는 경비조사를 실시해 경비의식 계발프로그램을 디자인하고 특정의 손해문제를 분석해 관계예산과 인원배치의 계획을 포함한 자산보호프로그램을 강구한다. 컨설턴트는 법률, 회계, 기업의 합병·매수의 실무에 관한

---

2) Lawance J. fennelly, 1996: 199.

3) William C.Cunningham and John J. Strauchs, Clifford W. Van Metter, 1990: 188.

상당한 전문지식을 필요로 하는 특별한 서비스를 제공하는 경우도 있다. 또 소송사건에 있어서 전문가로서 증인이 되는 경우도 있다.

위기관리와 기업인의 신변보호 컨설턴트는 기업의 근간이 되는 기업인과 시설의 보호 기획에 종사한다. 민간경비 중 기업인 신변보호 분야는 특히 테러리즘에의 불안감이나 기업의 다국적화와 그것에 따른 위험의 확대에 의해서 극히 급속하게 성장하고 있다.

그 컨설턴트는 외부나 내부의 요인에서부터 오는 위기에 대응하는 관리를 가능하게 하고 위기관리의 계획을 개발한다. 여기에서 중점이 두어지는 것은 기업인의 유괴나 공갈의 기도이다.

컴퓨터경비의 컨설턴트 서비스는 기업비밀이나 컴퓨터베이스의 정보보호의 필요성 증대에 응하기 위해 확대되고 있다. 컴퓨터경비의 컨설턴트는 EDPS 시스템(컴퓨터에 의한 회계처리 시스템)의 검사, 경비용 소프트웨어나 데이터 암호화의 개발, 위험평가의 실시 등의 서비스를 제공한다.

8. 제조업과 유통업

제조업 부문은 민간경비와 일관되게 확대되고 있는 분야 중의 하나이다.

민간경비의 이 기술적인 부문을 구성하는 기기제조업의 주요한 유형은 다음과 같다.

* 접근 · 통제
* 폐쇄회로 텔레비전(CCTV)
* 경보기기
* 폭발물 탐지 시스템
* 금속탐지기
* 전자식 물품감시장치
* 컴퓨터경비용의 차폐장치
* 전화용 경비기기

* 경비용조명
* 경비용펜스(울타리)
* 금고나 금고실
* 경비용자물쇠

9. 기타

민간경비 산업에는 상기의 주요한 구성부문의 이외에도 20개 이상의 다양한 분야가 있다. 이러한 분야 중에는 다음과 같은 영역을 전문으로 하는 업무가 포함된다.

* 경비견
* 약물검사
* 감식
* 경비에 관계하는 보험의 인수
* 경비시장조사
* 경비 관련 문헌 출판
* 경비 보관업
* 경비 트레이닝(훈련)
* 쇼핑 · 서비스
* 정직성 검사
* 제복의 대여/판매

2장 현대 사회변화와 민간경비 교육훈련 일반론

제1절 현대 사회변화의 특징

1. 정보화(디지털화)

현대사회 변화의 특징을 대표하는 것 중의 하나가 정보화(디지털화)이다. 정보화 사회는 컴퓨터와 뉴미디어, 통신기술 등을 포함하는 정보통신 기술의 혁명적인 발달에 의해 촉진되고 있다. 정보통신 기술의 발달은 먼저 '산업의 정보화'를 일으켰으나, 정보화의 과정은 사회전반에 확산되어 '정보의 사회화'가 진행되는 것이다. 즉 생산을 위한 경제의 영역에서뿐만 아니라 정치, 사회, 문화, 가치관, 개인의 일상생활 등 사회전반에 걸쳐 정보통신 기술과 정보를 중심으로 광범위한 변화가 일어나 '정보의 사회화'와 '산업의 정보화'가 동시에 진행되는 사회가 정보화 사회인 것이다(최종수, 1999).

정보화 사회는 기존의 산업사회화는 다른 성격을 가지고 있다. 정보화 사회는 자본보다 지식의 정보가 전략적으로 중시되고 종래의 기계기술보다는 정보에 기초한 새로운 지식기술과 이론적 지식이 더 중시되며, 산업에 있어서도 제조업 중심에서 서비스 중심으로 변하면서 전문적 지식이나 기술을 가진 사람들을 필요로 하는 사회이다.

정보화 사회의 특징으로 다음을 들 수 있다(이상원 · 이승철, 2004: 3~4).

첫째, 양적인 대량생산체제 사회에서 질적인 소량생산체제 사회로의 변화이다.

기존의 양적인 사회에서는 단순한 공급적인 측면을 강조하여 서비스의 질적인 면은 소홀히 하였다. 그러나 현대에 있어서 시민들의 삶의 질이 높아지고 욕구의 다양화로 인하여 질을 중시하는 공급위주의 사회에 변화를 가져오게 되었다. 이러한 변화를 가능하게 하는 것이 정보통신 기술의 비약적인 발전이었다. 정보통신의 발전은 다양한 욕구를 충족시키기 위하여 다품종 소량생산의 사회로 전환하게 된 것이다.

둘째, 경계의 모호화이다. 정보화 사회는 사회의 모든 영역 간에 있어서 모호해지는 무경계사회이다. 경계란 일반적으로 지리적 차이에서 생겨나는 것임으로 거리의 소멸함과 함께 지리적 경계의 개념도 모호해진다. 또한 영역간의 경계도 모호해져서 공공부문과 민간부문 또는 민간부문이나 공공부문 자체 내에서 끊임없이 상호작용과 이합집산이 발생한다.

셋째, 위계제도 사회에서 네트워크화 사회로의 전환이다. 위계제도가 상명하복의 수직적 관계의 중심인 반면 네트워크 사회는 수평적 협력에 의한 움직임에 의해 다원화·수평화·분권화된 사회가 된다는 것이다.

2. 민영화

민영화의 개념을 살펴보면 학자의 주장에 따라 약간의 차이는 있다. Savas는 자산의 소유나 활동에 있어서 정부의 역할을 줄이는 대신 민간의 역할을 증대시키는 것을 민영화로 정의하고 있다. Kamerman과 Kahn은 민영화의 개념을 광의화 협의로 구분하고 정부의 규제를 축소하고 정부지출을 감소시키는 것을 넓은 의미의 민영화로, 재화나 서비스의 생산이 공공부문에서 민간부문으로 이전되는 것을 좁은 의미의 민영화로 규정하고 있다.

현대사회가 민영화되고 있는 배경을 살펴보면 첫째, 다원화시대의 각국 정부가 작지만 효율적인 작은정부를 지향하고 있다는 것이다. 정부의 지나친 비대는 민주주의를 위협하고 있으며 자원의 비효율적인 공급으로 자원의 낭비를 초래한다는 것이다. 둘째, 민영화를 통하여 재화나 서비스에 대한 정부의 공급을 줄이게 되면 상대적으로 민간부문이 확대되어 민간의 활동이 활성화 될 수 있으며, 자원

이용의 효율성을 높일 수 있다는 것이다. 셋째, 민영화함으로써 국민들이 공급과정에 참여할 수 있으며, 이로써 정부의 일반적인 공급으로 인한 공급주체와 국민간에 존재하는 괴리를 좁힐 수 있기 때문이다. 그리고 소비자들은 재화나 서비스를 선택할 수 있는 폭이 확대되어 경제적 자유를 누릴 수 있다는 것이다(이영조 외 3인, 2003). 그러나 민영화가 잘못되는 경우, 정부의 비용을 오히려 증대시킬 수 있으며, 평등과 같은 다른 중요한 가치를 손상시킬 수 있으며 잠재적인 실직 가능성도 발생시킬 수 있다는 점을 알아야 할 것이다(박연호, 2002).

이러한 민영화 경향은 현대사회에 있어 급격하게 증가하고 있는 행정수요의 증대에 따른 정부역할의 한계를 극복하기 위한 방안으로 행정이 모든 부문에 있어서 서비스를 제공하는 것이 아니라 민간부문의 기술과 인력을 이용하여 급격한 행정수요에 대처해 나가고자 하는 것이다.

3. 전문화

전문화는 다원화된 사회의 전문직업성을 의미한다고 볼 수 있다. Profession 이라는 말 자체는 말할 필요도 없이 외래어인데, 우리나라 말에는 여기에 해당하는 적절한 용어가 없기 때문에 전문직, 전문직업, 지적전문직 등의 뜻으로 쓰이고 있다(石村善助, 1981). 다른 말로 말하면 사람이 Profession 이라는 말을 사용할 때는 꽤 다른 종류의 직종을 생각할 수 있고, 더구나 그러한 직종이 갖고 있는 성질이 다른 것에 중점을 두고 생각할 때가 많다.

민간경비분야에서, 시큐리티요원 및 민간조사원 역시 자기의 업무분야 내에서 범죄를 예방하고 질서를 유지하며 고객의 손실을 보호하는 즉 고객의 이익을 위해서 기술적으로 유능한 업무를 하는 전문직업인으로서 활동하는 것이 세계적 흐름이다. 선진국의 전문 시큐리티제도가 전문화의 한 예일 것이다.

민간경비분야 역시 과거의 경비 요원들의 업무와는 달리 단순한 인력경비 차원에서 벗어나서 적극적 경비 및 최첨단 기계경비가 접목된 과학적 시큐리티의 시대에 접어들었기 때문에, 이 분야 역시 점점 역할범위가 넓어지고 있고 전문화될 수밖에 없을 것이다.

민간경비 근무자 및 민간조사원들은 확장되어 가고 있는 시큐리티 분야 중에서 자신의 적성에 맞는 분야에서 전문성을 살려 전문직업인으로서의 역할을 수행하는 시대가 도래하고 있음을 자각해야 할 것이다.

4. 4차 산업혁명

인공지능(AI), 사물인터넷(IoT), 로봇기술, 드론, 자율주행차, 가상현실(VR) 등이 주도하는 차세대 산업혁명을 말한다. 이 용어는 2016년 6월 스위스에서 열린 다보스 포럼(Davos Forum)에서 포럼의 의장이었던 클라우스 슈밥(Klaus Schwab)이 처음으로 사용하면서 이슈화됐다. 당시 슈밥 의장은 “이전의 1, 2, 3차 산업혁명이 전 세계적 환경을 혁명적으로 바꿔 놓은 것처럼 4차 산업혁명이 전 세계 질서를 새롭게 만드는 동인이 될 것”이라고 밝힌 바 있다.

4차 산업혁명은 1784년 영국에서 시작된 증기기관과 기계화로 대표되는 **1차 산업혁명**, 1870년 전기를 이용한 대량생산이 본격화된 **2차 산업혁명**, 1969년 인터넷이 이끈 컴퓨터 정보화 및 자동화 생산시스템이 주도한 **3차 산업혁명**에 이어, 로봇이나 인공지능(AI)을 통해 실제와 가상이 통합돼 사물을 자동적 · 지능적으로 제어할 수 있는 가상 물리 시스템의 구축이 기대되는 산업상의 변화를 일컫는다. 4차 산업혁명 핵심개념들로 첫째, 인공지능(AI · ArtificialIntelligence) 인간의 인식판단, 추론, 문제해결, 언어나 행동지령, 학습 기능과 같은 인간의 두뇌작용과 같이 컴퓨터 스스로 추론 · 학습 · 판단하면서 작업하는 시스템을 가리킨다. 둘째, 사물인터넷(loT · internetofthings)이다. 생활 속 사물들을 유무선 네트워크로 연결해 정보를 공유하는 환경을 말한다. 즉, 각종 사물들에 통신 기능을 내장해 인터넷에 연결되도록 해 사람과 사물, 사물과 사물 간의 인터넷 기반 상호 소통을 이루는 것이다. 이를 통해 가전제품과 전자기기는 물론 헬스케어, 원격검침, 스마트홈, 스마트카 등 다양한 분야에서 사물을 네트워크로 연결해 정보를 공유할 수 있다. 셋째, 자율주행차 운전자가 브레이크, 핸들, 가속 페달 등을 제어하지 않아도 도로의 상황을 파악해 자동으로 주행하는 자동차를 말한다. 정확하게는 무인 자동차(driverless car, 운전자 없이 주행하는 차)와 다른 개념이지만 혼용돼 사용하고 있다. 넷째, 가상현실(VR · VirtualReality) 컴퓨터로 만들어 놓은 가상의 세계에서 사람이 실제와 같은 체험을 할 수 있도록 하는 최첨단 기술을 말한다. 머리에 장착하는 디스플레이 디바이스인 HMD를 활용해 체험할 수 있다. 이러한 가상현실은 의학 분야에서는 수술 및 해부 연습에 사용되고, 항공 · 군사 분야에서는 비행 조종 훈련에 이용되는 등 각 분야에 도입돼 활발히 응용되고 있다. 다섯째, 드론(Drone) 조종사 없이 무선전파의 유도에 의해서 비행 및 조종이 가능한 비행기나 헬리콥터 모양의 군사용무인항공기(UAV · unmanned aerial vehicle)[4]의 총칭이다. 2010년대를 전후하여 군사적 용도 외 다양한 민간 분야에도 활용되고 있다. 대표적인 것이 화산 분화구 촬영처럼 사람이 직접 가서 촬영하기 어려운 장소를 촬영하거나, 인터넷 쇼핑몰의 무인(無人)택배 서비스이다.[5]

제2절 민간경비 교육훈련 일반론

1. 민간경비 교육훈련의 의의

조직 내에서 우수한 직원을 선발하는 것 못지않게 중요한 것이 교육훈련이라고 볼 수 있다(이상원, 1999: 188). 조직원의 업무수행 능력을 계발하는 방법은 훈련과 교육으로 구별된다. 훈련과 교육프로그램은 조직원의 개인적 성장과 능력계발을 위한 전략이지만, 이것들은 개념적으로 구분된다(조철옥, 2000: 376). 훈련은 훈련내용과 수행 업무사이의 밀접한 관계가 있다는 점을 특징으로 하기 때문에 그 내용이 업무수행에 직접 필요한 구체적 지식이나 기술 · 방법 등을 통한 문제해결에 목적을

4) 미국의 가셈 솔레이마니 이란 혁명수비대 쿠드스군 사령관 제거 작전을 통해 드론 공격기(무인전투기 · UCAV)의 살상력과 효율성이 다시 한 번 확인됐다. 작년 9월엔 사우디아라비아 아람코의 정유공장이 드론 공격으로 파괴됐다(조선일보, 2020.1.12.솔레이마니 제거한 '킬러 드론'… 세계 각국 '안티드론'으로 방어책 세운다).

5) [네이버 지식백과] 4차 산업혁명 (시사상식사전, pmg 지식엔진연구소)2020.1.24. 최종검색,

두고, 단기적인 직무기술인 반면에 교육은 보다 일반적이고 포괄적이며 잠재적인 개인의 능력을 개발하는 것을 핵심으로 하는 장기적인 노력이라고 볼 수 있다.

우리나라에서 보통 사용하는 교육훈련이라는 용어는 교육(education)과 훈련(training)의 합성어로써 양자를 모두 포괄하는 의미이지만, 단기적인 직무기술의 향상에 목적을 두고 교과과정이 구성되고 있는 민간경비 교육기관과 경찰의 교육훈련은 그 성격상 교육이라기보다는 훈련에 가깝다고 볼 수 있다.

실제로, 미국이나 영국, 호주 같은 국가에서는 민간경비나 경찰의 교육훈련은 training(훈련)이라는 용어로 사용하고 있다.

국가나 사회의 구조가 단순하고 소규모 또는 비전문적인 상황이던 과거에는 조직 구성원들의 업무 또는 특별한 교육훈련 없이도 일반적인 소양과 능력이 어느 정도 수준일 경우에는 업무수행을 할 수 있다고 생각했다(이황우 외 2인, 2001: 245). 그러나 모든 사회구조 상황이 대규모화, 다양화 또는 전문화되어감에 따라 민간경비 업무 역시 그러한 상황에 대처해야 할 필요성을 느끼게 되고, 업무의 전문성 · 특수성에 합당한 전문지식이나 기술습득을 위한 교육훈련을 요구받게 되었다.

현대사회에서는 교육훈련이 과거의 특정 직무수행에 직접 필요한 지식과 기술의 향상을 위한 활동이라는 협의의 의미에서 일반적인 소양과 능력의 개발도 교육훈련을 통해서 계속적으로 향상시켜 직무수행에 필요한 발전적 변화를 추구해야 함이 강조되고 있다.

조직구성원의 능력은 구성원 각자가 맡은 업무를 수행하는 과정에서 향상될 수 있겠지만 업무수행을 통해 배울 수 있는 지식에는 한계가 있다고 볼 수 있다.

따라서 조직구성원들에게 필요한 지식 · 태도 · 기술을 인위적이고 능동적으로 향상시킬 필요가 있으며, 여기에 교육훈련의 필요성이 나타나게 된다.

민간경비 근무자의 태도, 업무수행, 개선된 사기, 증가된 유인책 등이 교육훈련에서 장점으로 반영되어야 한다.

조직학습의 교육훈련은 현대의 모든 조직의 성패에 매우 중요한 요인으로 인식되어 왔다. 두 가지 이론적 관점이 교육훈련의 중요성을 뒷받침하고 있다. 첫째, 조직학습의 관점이다. 변화하는 환경으로 인한 불확실성을 극복하고 적응하기 위하여 조직은 끊임없이 변화하고 발전해야만 생존할 수 있다. 이 과정에서 교육훈련은 조직차원의 혁신적인 기술을 확산시키는데 있어서 중요할 뿐만 아니라 반대로 교육훈련을 통한 각 구성원의 혁신성과 능력개발을 통해 조직전체 기술 및 지식의 발전으로 도모할 수 있다. 둘째, 교육훈련은 후기관료제적(post-bureaucratic) 패러다임 하에서 강조된다. 현대조직이론에서는 조직구성원들을 조직의 중요한 자산으로 보고 있으며 활용을 위하여 개발해야 할 자원으로 보고 있다(Morris & Farrel, 2007: 이동영 · 이형우, 2015: 210).

2. 민간경비 업무영역의 분화

민간경비 업무영역은 다음과 같이 구분할 수 있다(Peter K. Manning, 1999).

1) 개인재산과 거주공간의 경비와 보호

학교와 호텔과 같은 공공시설에의 출입통제, 주차관리, 보안지역관리 등을 주로 한다. 과거에는 주로 기동순찰이나 도보순찰을 통해서 경비를 하였으나 최근에는 텔레비전모니터와 첨단경보기 등을 이용하여 감시활동을 수행한다.

2) 지적재산의 보호

기업의 상표를 보호하는 것도 민간경비의 중요한 업무이다. 좋은 이름의 상표는 장기전략, 컴퓨터프로그램, 정보와 같은 재산과 마찬가지로 기업의 중요한 자산이다. 이런 자산들은 새로운 유형의 위기관리전략의 대상에 속한다. 왜냐하면 경쟁사에게 상표의 도난이나 복제를 당한다면 엄청난 손해를 끼칠 수 있기 때문이다.

3) 위기관리활동에의 참여

보험회사에 의해 개척된 위기관리업무는 범죄, 손실과 같은 것으로 민간경비의 핵심영역으로 바뀌고 있다. 새로운 유형의 다양한 범죄는 예산결산시스템과 관련이 있고 이를 예방하기 위해서는 검색시스템, 비디오카메라, 텔레비전스크린과 같은 감시장비를 활용하고 있다.

4) 정보분석과 처리

정보기능은 손실, 위험, 테러리즘의 예측을 위한 정보의 체계적 수집, 처리, 분석의 중요성이 날로 증가하고 있다.

5) 전자수단을 이용한 감시

전자감시는 더욱 소형화, 저가화되어 가고 있으며 기동성이 높아지고 있기 때문에 경쟁사들로부터의 기업의 정보와 재산을 보호하는데 자주 이용되고 있다. 이러한 정보수집능력으로 인하여 기업스파이, 사기꾼에게 경고를 할 수 있게 한다. 수집된 정보의 자료화는 잠재적인 방화벽의 역할을 하고 있다.

6) 사설탐정

민간경비분야에서는 범죄에 대하여 오래전부터 수사기능을 수행해 왔다. 여기에는 방화, 테러리즘, 폭력과 같은 범죄가 포함될 뿐 아니라 기업내부의 절도, 컴퓨터범죄, 사기 등도 포함된다. 사설탐정은 대부분 전직경찰이나 전직 FBI수사관과 같은 유능한 사람들로서 고용되어 있다.

7) 범죄예방, 위기관리, 손실감소

이러한 업무들은 민간경비원들에 의해 수행된다. 업무수행은 대부분 경보시스템의 설치를 통해서 일반적으로 이루어진다.

8) 폭력의 예방

현재 노동조합의 데모와 분규와 같은 물리적 폭력은 거의 없어졌다. 설비공간의 통제와 순찰이 기업에서 일하는 민간경비의 중요한 업무이고, 고용주의 보호도 중요한 업무이다.

9) 자산의 호송과 보호

이것은 전통적인 민간경비의 역할 중에 하나이다. Well Fargo, Pinkerton과 같은 경비업체의 핵심 업무였다. 현금차량의 무장호송경비와 경보서비스, 재산경비는 탐정활동과 더불어 중요하다. 한국의 경우에도 현금호송과 귀중품보관업과 같은 경비업무가 날로 증가하고 있다.

3장 탐정의 역할과 업무

제1절 탐정의 개념

21세기 지식정보화 사회에서 인적자원은 한 국가의 선진산업화를 이끌어 갈 중요한 원천이 될 것이다. 지식과 정보가 핵심적인 생산요소가 되는 지식정보화 시대에, 또한 인적자원으로 경쟁하는 개방화 시대에서 인적자원의 중요성은 아무리 강조해도 지나치지 않을 것이다.

최근 사회적 수요에 부응하고 각 분야의 전문성을 강화하기 위한 수단으로 각 분야별로 다양한 자격제도가 운영되고 있으며, 법률영역에서도 법률시장의 개방과 형사사법의 민영화 추세와 맞물려 해당분야의 국가자격제도의 신설 움직임이 불고 있다. 이러한 추세의 핵심은 선진국에서는 오래전부터 시행되고 정착되어있는 탐정제도의 도입이다.

탐정제도는 오늘날 심각한 사회문제로 등장하고 있는 심부름센터나 흥신소를 대체하고 경찰 등 형사사법기관의 기능을 보완하여 법률서비스의 질을 향상시킬 수 있다는 점에서 긍정적인 측면을 가지고 있다.

사회가 발전함에 따라 각종 범죄와 사건이 발생하고 이에 따른 개인과 기업의 피해가 급속도로 증가하고 있으나 범죄의 특수성, 범죄의 전문화, 수사인력의 한계와 예산의 한계 등으로 인하여 경찰과 같은 수사기관이 모든 사건을 해결할 수 없는 현실에 이르렀다. 특히 장시간이 소요되는 사건, 미제사건, 사생활 비밀의 노출이 우려되는 사건은 당사자가 범죄신고를 기피하여 수사가 이루어지지 않는 경우도 있게 되는 것이다.

그동안 범죄나 위법행위에 대한 해결은 공권력의 주체인 정부만이 할 수 있다는 사고에서 벗어나 국가가 개인의 고충을 해결해주지 못할 경우에 민간부문의 인적자원을 활용할 수 있는 시스템의 도입이 계속 요청되어 온 것이 사실이고 그 한 예가 탐정제도인 것이다.

탐정이란 영어로는 Private Investigator 또는 Private Detective라는 용어로 사용되고 있다.

Investigation이란 세밀하고 주의 깊은 조사를 통해 증거를 찾아내거나 혹은 어떤 것을 조사하기 위해 증거나 단서를 추적하고 추리하는 것을 의미하기 때문에 탐정이 수행하게 되는 조사(Investigation)란 범죄의 존재와 특정한 부정행위, 사실여부 또는 확인, 개인의 특성 등을 탐지하기 위하여 통상적으로 수행하는 신뢰할 수 있는 증명 혹은 특정기능이나 활동에 대한 확인검사라고 할 수 있다.[6)]

탐정이란 "의뢰인으로부터 계약에 의한 보수를 받고 적법한 범위 내에서 위임받은 업무의 조사활동을 통하여 의뢰인의 필요한 자료 및 정보를 수집하고 분석하여 제공하는 업무를 수행하는 사람"이라고 할 수 있다(손상철, 2005: 15).[7)]

사설탐정은 단순히 개인적인 기반을 바탕으로 수사활동을 하는 사람을 의미하며, 일부국가(호주, 뉴질랜드의 일부주)에서는 Field Operators (FO: 현장운영자)로 불리고 호주의 NSW주와 Queensland 주에서는 FO가 Private Inquiry Agent(사설탐정)으로 불리기도 한다.

PI는 Police Detective(경찰의 형사)와 비교해 볼 때, PI는 경찰 형사와 수사활동이나 수사의 권한 및 이해관계에서 차이가 많다.

Detective는 단어자체가 정부와 경찰의 주요부서에서 계급 또는 명칭으로 사용되기 때문에 민간영역에서 수사활동을 하는 사람들과는 다르게 구분될 수밖에 없다.

PI는 거리의 시민이 가지는 체포권한과 동일한 권한을 가지고 있을 뿐이고 PI

6) Robert D. McCrie, 2001: 271.

7) 미국노동통계국 (Bureau of Labour Statistics)의 직업소개에서는 사설탐정을 "개인 또는 조직에 관한 정보를 수집, 분석, 수집 및 보고하거나 개인 시설에서의 불법 행위 또는 규칙 위반을 탐지"하는 직업으로 정의하고 있다.

는 경찰이 가지고 있는 존엄과 권한이 없으며, 탐정의 면허에 관련된 법규를 반드시 지켜야 한다. PI는 의뢰인(고객)이 요청한 정보를 확실한 방법으로 수집하기 위해 의뢰인에게 고용되어 지식과 정보를 제공해준다.

전문적인 탐정은 정보수집업무에 관해 가능한 가장 빠른 방법으로 합법적인 방법으로 해결하려고 할 것이다. 탐정은 일반시민들처럼 동일한 법으로 규제되는 것을 명심해야 한다.

제2절 탐정의 역할과 업무

탐정은 의뢰인으로부터 계약에 의한 보수를 받고 적법한 범위 내에서 위임받은 업무의 조사활동을 통하여 의뢰인에게 필요한 정보를 수집, 분석하여 제공하는 사람이다. 민주주의가 발달하고 공경비 등 법집행기관의 효율성이 앞선 나라에서는 이와 병행하여 민간경비의 효율성 역시 중시되고 강조되고 있다. 민간경비의 중요한 부분이 되는 탐정제도 역시 예외는 아닐 것이다.

미국·영국 등 탐정제도가 활성화 되어있는 국가에서는 민간조사 분야가 전문직업으로 인정되고 있으며 전문화되어 있다. 선진국의 탐정분야의 영역은 다음과 같이 구분되고 있다.[8)]

1. 탐정의 영역별 구분

1) 법률탐정(legal investigator)

법률탐정은 소송사건을 전문으로 하고, 변호사들이 소송을 위해 필요로 하는 증거나 자료수집, 증인확보, 경찰과 면담증거를 수집, 검토, 사진촬영, 법정에서 증언을 수행한다.

---

8) 이동영, 1999: 14.

2) 기업탐정(coporate investigator)

기업탐정은 기업에서 의뢰한 회사 내·외부에 대한 조사, 회사재산에 대한 절도, 사기, 비용 지출내역의 허위사실을 조사하는 업무를 수행한다.[9)]

〈사진 1〉 기업탐정

자료: 구글 private investigator obtaining information pictures.

3) 재정탐정(financial investigator)

재정탐정은 금전과 관련된 횡령, 사기사건들을, 전문회계 지식을 이용하여 조사하고, 회사재무상태, 횡령당한 자금의 소재파악을 해서 추적한다. 그 외에도 자금거래에 연루되어 있는 회사, 개인들에 대한 다양한 정보를 수집하여 제공하는 업무를 수행한다.

9) 합병 또는 인수를 진행하기 전에 회사의 연혁과 재무실적을 조사하기 위해 실사를 수행. 회사의 관심과 투자를 조사. 신입사원에 대한 배경조사 수행, 사기·횡령 또는 도용으로 의심되는 직원의 재정, 컴퓨터, 전화 등의 기록검토.
https://privateinvestigatoredu.org/what-is-a-private-investigator/2018.4.19. 최종검색.

〈사진 2〉 숨은 자산찾기

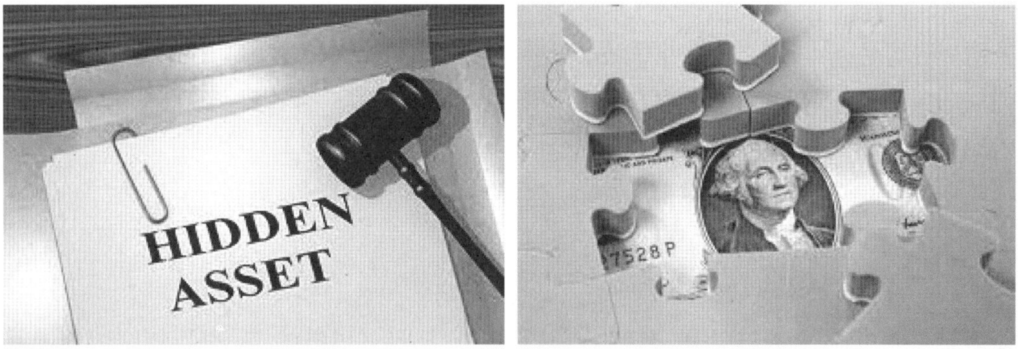

자료: 구글 private investigator hidden asset pictures.

4) 보험탐정(insurance investigator)

보험탐정은 보험과 관련된 조사업무를 행하는데, 보험금을 노리고 행하는 자해행위, 보험사기 등을 행하는 자들에 대한 조사, 사고나 재해의 적정한 피해보상 등을 업무를 수행한다.[10)]

〈사진 3〉 보험탐정

자료: 구글 private investigator insurance crime pictures.

10) 보험회사와 정부기관 (주로 노동자 보상 프로그램)에는 사기의 징후에 대한 클레임조사를 위해 사설탐정이 있다. 미국의 보험사기로 인한 손실에 대한 추정치는 연간 80 ~ 1,000억 달러에 이르기 때문에 의심스러운 청구를 확인하고 탐정은 이를 조사한다. 개인상해 또는 재산청구에 종사하든, 현장에서 많은 감시가 요구되는 역할이다. 탐정은 직장에서, 자신의 집에서, 그리고 도시 곳곳에서 신체적장애가 주장된 것처럼 심각하지 않다는 증거를 찾는 사람들을 관찰한다. 재산사건의 경우, 그들은 방화범과 같이 신고자가 재산 자체를 손상 시켰는지 여부를 결정하려고 조사한다. 또는 그들은 증인과 사고를 인터뷰하고, 실수를 결정하는 데 도움을 줄 것을 요청받을 수 있다. 일은 청구기록을 검토하고 증인을 인터뷰하는데 세심한 조사작업이 필요할 수 있다. https://privateinvestigatoredu.org/what-is-a-private-investigator/2018.4.19.최종검색.

5) 경비탐정(store detective)

경비탐정은 백화점, 대형마트 등 판매회사에 소속하여, 절도, 소매치기 등을 검거하거나 사기행위, 내부 직원의 부정행위 등을 적발, 직원의 고객에 대한 서비스 등 근무태도를 감시하는 업무를 행한다.

6) 기타

현상수배범의 소재파악을 전문(수배범을 찾아내는 헌터)으로 하는 탐정 (Bounty Hunter), 뺑소니 차량을 추적하거나 해외도피사범의 소재파악을 전문으로 하는 탐정 등이 있다.

그러나 탐정은 탐정의 능력, 회사의 규모에 따라 여러 가지 업무 동시에 할 수도 있다.

〈사진 4〉 소재파악

자료: 구글 private investigator missing person pictures.

2. 탐정의 역할과 업무

1) 역할

탐정의 역할과 업무는 각 국가와 지역에 따라 조금씩 다르게 규정되고 있다.

유능한 탐정은 많은 정보를 수집하기 위하여 관찰력과 호기심이 깊고 객관적,

논리적이어야 한다.[11)]

탐정들은 다양한 정보를 수집하고 조사업무를 수행하게 되는데, 형사 또는 민사 사건의 업무 중 사적영역(Private Sector)의 업무는 물론 경우에 따라서 공공기관의 의뢰나 요청으로 공공영역(Public Sector)을 대신하거나 공공범죄 조사업무를 수행할 수도 있다.[12)]

탐정에 의한 민간영역의 조사결과는 재판 시 원고나 피고의 이익을 위해 제공되지만 공공영역을 대신해 증거를 수집하기 위하여 지시받은 때나 정부에 의해 고용된 때에는 형사사건, 행정사건에 대해서도 조사활동을 할 수 있다.

〈표 2〉 범죄수사와 탐정조사의 특성

구분	범죄수사(Criminal Investigation)	탐정조사(Civil Investigation)
원고	주(The State: 공공영역)	개인 및 비영리단체
소추자	국민	피해자
주목적	처벌	손해배상
조사	주나 정부에 의해	피해자의 의뢰에 의해
조치	* 구치소 · 교도소 * 벌금 * 특정교정활동	* 피해자에 대한 손해배상 * 고정행동 또는 행위
유죄판결	* 무죄라고 할 만한 합리적의심의 * 여지가 없을 때	* 증거가 우세할 때
항소여부	* 피고에 의해 가능	* 상대방에 의해 가능

자료: Robert D. McCrie,, 2001: 271.

11) Karen M.Hess, Henry M. Wrobleski, 1992: 33. 그 외에도 탐정의 요건과 자질을 살펴보면 의사소통과 표현능력, 정직성, 탐구심과 호기심, 문제해결능력, 관찰력과 기억력, 편견과 선입견이 없는 마음, 힘든 업무에도 견딜 수 있는 지구력과 인내심, 잘 들어주는 능력과 융통성, 좋은 매너와 인간성, 협동심 등이 필요하다(박동균 · 박기범, 2013: 47-48).

12) 사기 및 재정적 조사 - 사기 당하기 쉬운 많은 정부 프로그램, 특히 세금 및 사회서비스가 있으며 조사관은 시스템남용을 확인하기 위해 기록을 지속적으로 조사한다.
배경 조사 - 경찰이나 소방관과 같은 공무원도 채용조건으로 의무적인 배경조사를 실시하는 경우가 많다.
법적 조사 - 수사관은 형사사건을 준비하는 데 도움을 주는 지방검사원사무소에서 일하거나, 또는 유언 검인 사건이나 기타 분쟁의 사실을 입증하기 위해 법원시스템을 위해 직접 일을 한다.
https://privateinvestigatoredu.org/what-is-a-private-investigator/2018.4.19. 최종검색.

2) 업무

탐정업무의 영역은 범위가 넓고 다양하다. 사적영역에서 이루어지는 구체적 업무유형은 다음과 같다.[13)]

* 사고 (항공기, 차량, 산업, 건설, 개인)
* 조정 (채무 청구의 경우)
* 독점금지 활동
* 재산의 소재파악, 추적
* 계약위반 (사실과 가능한 손해의 결정)
* 경쟁적인 정보수집
* 컨설팅
* 유용 (타인의 재산에 대한 통제)
* 저작권 및 상표위반
* 사이버 범죄
* 전자 대응책
* 직원의 경력조사
* 산업스파이
* 화재사건
* 사기 (부정행위)
* 명령
* 보험청구, 또는 반대 소송청구
* 실종자 소재파악
* 해운업조사
* 인수 및 합병 (M&A)
* 과실
* 개인적 손해
* 특허권 침해

13) loc.cit

* 거짓말 탐지기 조사
* 제품부담
* 재산 및 순수가액청구
* 공공기록 조사 (인구통계, 재산, 신용, 범죄, 채무, 교육)
* 채용조사
* 성희롱
* 감시
* 재판준비
* 비밀활동
* 근로자 배상
* 근무 및 근무지 위반 등

세계적으로 민간경비 산업에서 수행하고 있는 탐정의 역할은 확대되고 있다. 각 기업마다 예방적 역할이 강조·발전되면서 보다 전문적인 조사관들을 요청하는 가운데 조사에 관련된 책무들은 상당한 수준으로 성장하였다. 오늘날 많은 기업 및 조직체들은 직접적으로 자체 프로그램의 일부로서 조사관들을 고용하거나 일시적 임무를 수행하기 위하여 계약을 통한 탐정을 고용하고 있다.

〈사진 5〉 배경확인 1

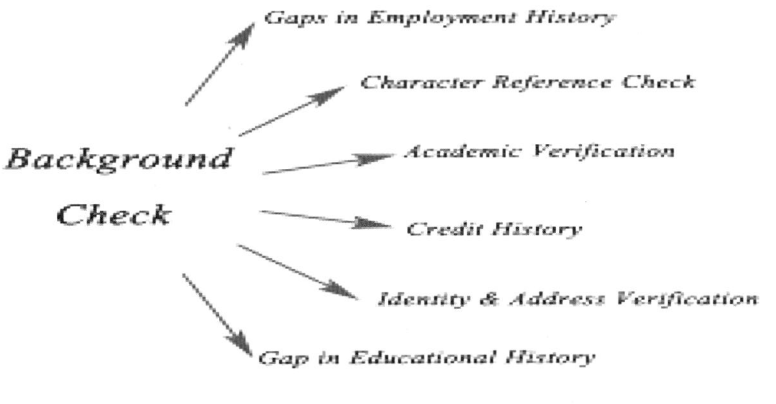

자료: 구글 private investigator 관련 이미지.

〈사진 6〉 배경확인 2

자료: 구글 private investigator 관련 이미지.

〈사진 7〉 배경확인 이유

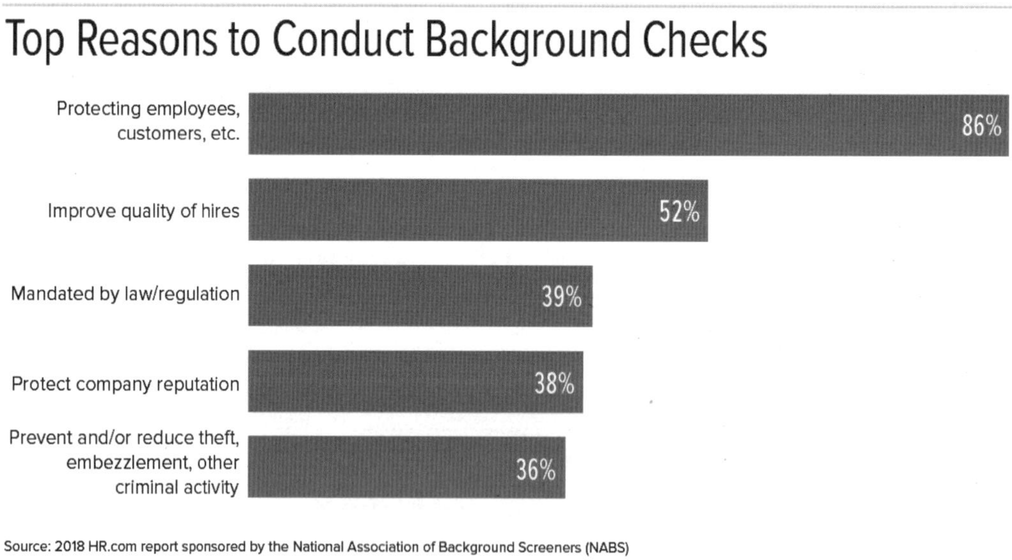

자료: 2018HR.com report sponsored by the National Association of Background Screeners

제3절 영역별 조사업무

유능한 탐정들은 자기들의 업무를 수행함에 있어서 여러 가지 관찰, 실험, 경험 등을 통해서 정보 및 자료를 수집하고 분석하면서 자기들의 전문분야를 개척해 나아간다.

탐정들은 독립해서 일하기도 하고 탐정회사나 일반기업 및 법률회사 소속하에서 일하기도 한다.

탐정의 업무영역을 영역별로 세분화해보면 다음과 같다. [14][15]

〈표 3〉 분야별 조사업무 유형

직업 또는 사업체분야	탐정의 조사업무 유형
검사 와 법집행기관	* 범죄수사
변호사	* 소송과 판결준비 시 사건조사 * 증인확보, 행방불명의 상속인 소재파악 및 확인 등 * 은닉재산 파악 및 확인, 필요서류준비
변리사(특허변호사)	* 특허권 침해조사 * 특허의 채택, 사용, 포기에 관한 사실확증
출판사	* 명예훼손, 모욕에 대한 조사 * 불공정 · 경쟁조사 * 저작권침해조사
은행	* 범죄조사 * 중요직위에 승진예정인 후보자나 직원에 대한 조사 * 고가의 귀중품 운송 시 보호

14) Charles P. Nemeth, 2000: 27.

15) 탐정업체를 찾는 가장 큰 목적은 '사람 찾기'다. 올해 들어 8월 말까지 대한민간조사협회에 접수된 의뢰 상담(112건) 내용을 분석해 보니 실종자 소재 파악이 21.4%로 가장 많았다. 잃어버린 자녀나 오래전에 헤어진 부모 · 형제를 찾아달라는 요청이다. 배우자의 외도나 자녀 가출 같은 가정 문제(18.8%)가 뒤를 이었다. 부동산 거래나 인수 · 합병 등에 앞서 채권 · 채무조사(8.9%)를 맡기거나 기업 부정 비리(8.0%)를 조사해달라는 의뢰도 적지 않다. 주로 중견기업이나 중소기업이다. 도 · 감청, 몰래카메라 탐지 조사(4.5%)나 유전자 감식 조사(4.5%) 같이 탐정이 직접 수행하기 어려운 의뢰도 있다. 이외에도 각종 소송과 관련된 증거 자료 수집(4.5%)이나 보이스피싱 · 해킹 같은 사이버 피해 조사(3.6%), 지식재산권 피해 조사(2.7%), 보험사기 피해 조사(1.8%) 같은 의뢰도 있다(중앙일보, 2019. 10.22. 회사기밀이 새요..요즘 흥신소, 스파이도 잡는다.)

직업 또는 사업체분야	탐정의 조사업무 유형
	* 부정행위의혹이 있는 직원이나 기타 사항감시 * 보고된 재산의 사실 확인 및 검증 * 사업경영체크 * 신용대출자 조사
보험회사, 보험업자	* 위탁금 부당유용(횡령), 강도, 주거침입절도, 손실, 화재 및 기타사고나 재난의 지급청구조사 * 생명, 사고, 의료과실, 배상 및 기타사건조사
운송기관 (철도, 버스, 항공회사)	* 정직성과 서비스에 대한 감시 및 조사 * 사고조사
자동차화물 운송창고, 물류터미널회사	* 절도나 사고의 조사 등
사업장(가게)	* 가게 매장감시, 절도나 유사행위조사 * 신용위반 및 사기사건 조사
공장 및 도매상	* 제조물이나 생산품의 책임소재사건조사 * 불공정 경쟁, 생산품의 평판을 훼손시키려는 고의적 시도, 거래상 비밀의 누설, 거래 협정 위반조사
호텔	* 절도, 기타 유사사건조사 * 정직성, 효율성, 낭비 및 규칙위반에 대한 각 부서의 업무 감시
특성조사	* 평판이나 명성조사 * 거주지 주소확인 * 현재 및 과거의 고용이나 사업관계조사 * 혼인상태나 습관 * 주거형태 * 수입, 재정 및 신용도 * 사회 및 사업적 관계 * 경찰처분, 전과기록, 기타 의뢰인의 요구한 사항의 상세조사
감시	* 행동(동향)포착, 태도, 근무태도, 생활방식 및 기타 * 개인적 상해사건의 청구자 행동에 관한 증거자료의 비디오 녹화 업무
공장 및 물류저장소 감시	* 주말, 공휴일, 야간시간의 재물절취 현장과 약탈행위기도 · 탐지를 위한 가게나 건물의 감시

직업 또는 사업체분야	탐정의 조사업무 유형
	* 비인가자의 출입 및 부적절한 행동확인
비밀조사	* 부정, 낭비, 부주의 비효율성, 고의적 태만, 안전규칙 위반, 탐닉, 종업원차별, 저하된 윤리의식, 사보타지 기타 불법행위조사

탐정에게는 업무와 관련하여 다음과 같은 9가지의 책임이 부과되어 있다.[16] 첫째, 의뢰인의 불리한 상황에서는 먼저 관련정보의 정확한 제공이 필요하고, 둘째, 탐정과 관련된 현재 상황의 안전유지, 증거보전, 의뢰인이나 관련된 사람의 피해가 없도록 안전을 보호해야하고, 셋째, 사진촬영, 비디오녹화, 스케치가 필요하고 넷째, 정보에 대한 상세기록과 보관이 유지되어야 한다.

다섯째, 물질적 증거수집과 탐색, 여섯째, 사고나 범죄 피해자, 혹은 증인들의 면담을 통한 정보수집, 일곱째, 용의자나 의심스러운 자에 대한 질문 혹은 심문 여덟째, 보고서 작성, 아홉째, 법정에서의 증언 등의 책임이 따르게 된다.

〈사진 8〉 조사관의 업무 파트너[17]

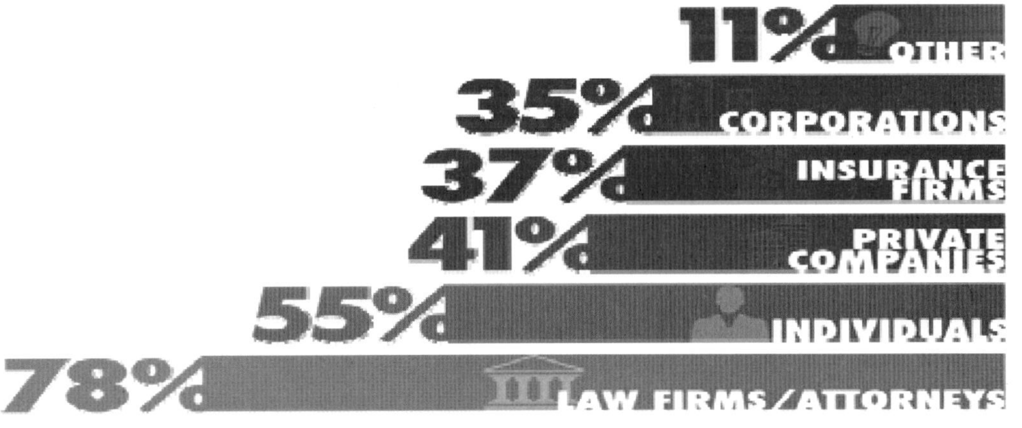

자료: https://www.pinow.com/resources/how-to-become-a-private-investigator 2018.11.9

16) Karen M. Hess, Henry M. Wrobleski,.1992: 340.

17) 조사관은 누구와 협력하는 가 라는 최근 설문 조사에 따르면, 조사관의 78%는 법률 회사와 변호사, 55%는 개인 회사, 41%는 민간 회사, 37%는 보험 회사, 35%는 기업, 11%는 다른 그룹과 일하는 것으로 나타났다.

〈사진 9〉 탐정의 출신배경[18)]

자료: https://www.pinow.com/resources/how-to-become-a-private-investigator 2018.11.9

제4절 탐정과 경찰의 차이점

1. 역할

1) 사설탐정

사설탐정은 미국노동통계국 (US: Bureau of Labour Statistics)에 따르면 법률, 재정적 또는 개인적인 문제에 대한 사실을 찾는 것을 목적으로 조사를 실시한다. 2012년에는 5명의 PI 중 1명이 자영업이고 대부분은 조사서비스, 보험회사 또는 정부기관에서 근무하였다. 변호사를 위해 일할 수도 있다. PI는 신분확인, 실종자 찾기, 컴퓨터범죄 또는 보험사기 조사를 목적으로 개인에 대한 배경조사를 수행

18) 사설탐정은 다양한 배경을 가지고 있다. 일부는 관련 경험이 있고, 일부는 관련이 없다. 가장 일반적인 배경은 법 집행 경험이다.
한국의 경우 PIA민간조사사 자격증 보유자(4299명)의 전·현직을 분석해보면 경찰(14.5%), 경비업(8.6%), 군인(6.4%) 등 수사·보안 관련 업계 종사자가 29.5%를 차지한다. 하지만 최근 자영업(9.4%)이나 회사원(8.1%), 교직(6.4%), 학생(6.3%), 언론·출판(5.3%), 금융업(3.7%), 대학교수(3.0%) 등 다양한 분야에서 탐정업 진출이 늘고 있다. 자격증 취득자 10명 중 9명은 남성이다. 연령별로는 40대(24%)와 50대(27%)가 많았다. "회사 기밀이 새요"···요즘 흥신소, 스파이도 잡는다. 중앙일보. 2019.10.21.

한다(고객). 그들은 감시 및 면담을 실시하고, 기록을 유지하고, 법정에 출두할 증거를 수집한다.

2) 경찰

경찰은 법을 집행하는 기관이다. 그들의 임무는 소환장을 발급하고, 법률 위반자를 추적하고 체포하고, 경고하거나, 소환하거나 체포하는 것이다. 그들은 비상전화에 응답하고 교통티켓을 발급하며 교통통제를 제공하고 사고희생자에게 응급처치를 행한다. 경찰은 사건에 대한 보고서를 작성하고 법정에서 증언을 해야 한다. 경찰은 지방, 주 및 연방정부를 위해 일한다(시민). BLS[19)]에 따르면 경찰관은 위험하고 스트레스가 심한 직업이며, 경찰관은 정기적으로 범죄현장과 사고현장에서 일하고 죽음과 인간의 고통을 다루어야 한다.

3) 사설탐정과 수사의 차이점

첫째, 사설탐정은 민간인으로서 의뢰인의 의뢰에 따라 업무를 시작하는 반면, 수사는 국가기관인 수가기관의 주관적 혐의에 따리 수사를 개시하게 된다. 둘째, 탐정은 의뢰인으로부터 요구를 받은 조사·정보수집활동 등 사실행위를 함에 불과하고 그 행위에 대해 어떠한 법적효과도 부여되지 않는 반면, 수사는 수사기관의 활동으로 그에 따라 법에 규정된 법률효과를 발생시키게 된다. 셋째, 탐정은 그 대상에 있어서 민사사건이든 형사사건이든 제약을 받지 않는 반면, 수사는 형사사건을 전제로 하므로 민사사건에 대한 조사나 개입은 허용되지 않는다. 넷째, 탐정활동에 의해 얻은 정보나 자료는 특별한 사유가 없는 한 의뢰자에게만 사용권이 인정되는 반면, 수사기관이 수사에 의해 획득한 증거는 다른 국가기관은 물론, 일반사인도 각종 소송 등에서 증거자료로 활용할 수 있다. 다섯째, 탐정은 그 업무를 수행하는 과정에서 어떠한 경우에도 강제처분권이 인정되지 않으므로 조사대상자가 이에 응하거나 협조할 의무가 없는 반면, 수사에 있어서는 법관이 발

19) 미국노동통계국(ULS: Bureau of Labour Statistics)

부한 영장이 있는 경우에는 예외적으로 피의자에 대한 체포·구속은 물론 압수·수색·검증 등의 강제처분이 허용되며, 이에 불응할 경우에는 제재를 받게 된다. 여섯째, 탐정활동에 소요되는 비용은 탐정과 의뢰인 간의 계약에 따라 전적으로 의뢰인이 부담하게 되지만, 수사에 소요되는 비용은 국가가 부담한다. 일곱째, 탐정은 의뢰인의 권리보호나 피해구제 등 의뢰인의 사적이익을 위해 활동하게 되는 반면, 수사는 수사기관이 질서유지 등의 국가적 목적 달성을 위해 타인이나 공적이익을 위하여 필요한 경우에는 수사대상을 특정하고, 피의사실을 공개하는 것이 허용되기도 한다. 아홉째, 탐정은 통상 혼자서 은밀하게 활동하는 경우가 대부분인 반면, 수사는 다수의 수사관에 의해 협력체계를 구축하여 행해지는 경우가 대부분이고, 납치나 테러, 마약범죄 등 일부 특수범죄를 제외하고는 수사여부를 공개하는 것이 원칙이다. 열 번째, 탐정의 경우 정보수집자인 탐정과 정보이용자인 의뢰인이 구분되는 반면, 수사의 경우에는 수사기관이 정보수집자이며 정보이용자라는 점 등에서 차이가 있다(강동욱 외, 2019: 5-6).

2. 자격 및 보수

BLS(미국노동통계국)는 사설탐정을 경찰과 다른 보호 서비스 직종으로 분류하고 있지만 두 종류의 근로자는 매일 법적문제를 처리한다. 어떤 상황에서는 대학학위가 선호되거나 요구되기는 하지만 고교졸업장은 두 직종의 최소요구 사항이다. 또한 법원에서 증거를 수집할 수 있는 방법을 이해해야 한다. 사설탐정은 종종 보험사기, 사이버범죄 또는 형사변호와 같은 특정유형의 조사를 전문으로 하며 경찰은 SWAT 팀원으로 특화 될 수 있다.

경찰은 사설탐정에 적용되지 않는 특정요구사항을 충족해야 한다. 예를 들어 경찰은 적어도 21세 이상의 미국시민이며 신체검사와 필기시험을 통과해야 한다. 경찰은 일반적으로 기업조사 또는 컴퓨터, 법의학 업무와 같은 전문조사를 수행하는 학사학위를 소지해야하며 경찰학교 교육을 완료해야 한다. 사설탐정에 대한 수요는 BLS에 따르면 경찰보다 높으며 2012년에서 2022년까지 각각 11%와 5 %의 고용 증가가 예상된다. 모든 직종의 평균 고용증가율은 같은 기간 동안 11 %가

될 것으로 예상된다. 사설탐정은 2013년 평균 53,890 달러의 연봉을 받았으며, 경찰은 연간 58,720 달러를 받았다.

3. 사설탐정과 경찰의 선택

이 두 직종 중에서 선택하는 데 있어 한 가지 고려사항은 팀에서 잘 근무하거나 혼자 일하는 것을 선호하는 경향이 있는지 여부이다. 경찰은 혼자서 또는 파트너와 함께 [20]순찰을 가할 수 있지만 경찰서의 다른 구성원과 함께 시간을 보내게 된다. 사설탐정은 전적으로 혼자 일할 수 있다. 사설탐정에 대한 수요가 경찰보다 약간 높지만 수익 면에서 경찰은 사설탐정보다 높은 것으로 나타났다. BLS에 따르면 경찰업무는 스트레스가 많을 수 있으며 실업, 상해 가능성이 높다. 그러나 지역사회와 시민을 위해 봉사하고 싶다면, 경찰업무는 더욱 보람을 느낄 것이다.

20) https://work.chron.com/difference-between-private-investigator-police-officer-30774.html 2018.11.21. 최종검색

4장 탐정제도 도입과정 및 현황

제1절 탐정제도의 역사

한국 탐정에 관한 근대적 법률은 조사업과 관련을 가지고 있다. 일제치하(1911년경)에 제정된 '신용고지업취제규칙'(조선총독부 규칙 제82호)이라는 법령에 의해 '신용고지업'이 있었으나 1961년 9월 '흥신업단속법'이 새로 제정되면서 기존에 허가받은 신용고지업의 명칭은 흥신업으로 변경되었고 이때부터 한국에서는 흥신소라는 용어가 본격적으로 사용되었는데, 흥신소는 주로 경제적인 신용문제에 대하여 타인의 상거래 자산, 금융 기타 경제상의 신용에 관한 사항을 조사하여 의뢰자에게 알려주는 것을 업으로 하였으며 흥신소 업무에 대한 구체적인 감독기관은 관할 경찰서장이며 흥신소에 대한 해산 명령권도 갖고 있었다. 그러나 당시의 흥신소가 민간인들에게 조직깡패나 해결사 등이 폭력, 협박 등의 불법적인 방법으로 타인에게 피해를 주는 흥신소를 운영함으로써 심각한 사회 문제를 야기하여 흥신소라는 명칭 자체가 매우 부정적으로 사회에 인식되기에 이르렀으며 집중적인 단속을 받게 되었다.

1970년대 이후에는 일반인들도 흥신업에 참여하기 시작하였는데 흥신업이라는 부정적인 이미지 대신 조금이나마 합법적인 이미지로 업체를 운영하기 위한 수단으로 생겨난 상호가 '심부름센터'이다. 그러나 대부분의 심부름센터의 영업형태는 과거의 불법적, 폭력적인 흥신소 업무와 같은 형태였다. 1977년 '흥신소단속법'을 폐지하고 '신용조사업법(법률 제3039호)'이 새로 제정되었는데 새로운 규정으로 신용조사업의 법인 대표가 다른 업무에 종사하지 못하도록 하는 겸업 금지의무의 신설과 타인의 의뢰를 받아 업으로 특정인의 소재를 탐지하거나 경제상 신용관계 이외의 사생활 등을 조사한 경우에는 처벌할 수 있도록 하였다.

'신용조사업'은 이후 '신용법률정보의 이용 및 보호에 관한'로 전환되었으며 추가로 신용정보업자 이외의 자가 정보원, 탐정, 기타 이와 유사한 명칭을 사용하는 것을 금지하였다(강영숙, 2007: 109-111).

1996년 OECD가입, 한미FTA체결로 외국의 거대 탐정기업들이 국내의 지점을 설립하여 활동을 하고 있으며 법적정비가 이루어지지 않은 가운데 민간조사컨설팅, ○○정보회사, 심부름센터 등의 이름으로 활동하고 있다(안영진, 2013: 461).

제2절 탐정제도의 도입과정[21)]

탐정제도에 대한 국회에서 공식적인 논의는 1998년도 15대 하순봉의원의 「공인탐정에 대한 법률」이며 입법이 추진되었으나 국회는 제출되지 못하였다. 본격적으로 국회에 입법안이 제출된 것은 17대 국회부터이다. 17대 국회에서는 이상배의원과 최재천의원을 대표발의자로 하는 「민간조사업안」이 제출되었다. 18대 국회에서도 이인기의원이 「경비업법일부 개정 법률안」을 강성천의원이 「민간조사업안」을 제출하였다. 19대 국회에서는 윤재옥의원이 「민간보안산업에 관한 법률」로 송영근의원이 「민간조사업법에 관한 법률안」으로 발의하여 국회에 제출되었다. 민간조사제도의 발의현황을 법안형태를 기준으로 살펴보면, 크게 단독법안(일본)과 법률개정법안(경비업법 내지 민간경비와 관련된 법을 통합하여 법률은 운영하는 형태로: 영국, 프랑스, 미국: 캘리포니아주, 뉴욕주, 호주〈8주 중 7개주〉 등) 두 가지로 구분될 수 있다. 단독법안의 형태는 하순봉의원안, 이상배의원안, 최재천의원안, 강성천의원안, 송영근의원안이며 법률개정법안의 경우는 이인기의원안과 윤재옥의원안이 있다. 발의된 법안이 국회심사과정에서 주요 쟁점이 되는

21) 경찰청, 2013: 10-15.

사항으로는 도입법안형태(단독법안 혹은 법률개정안), 업무범위(사적영역 혹은 공적영역포함), 관리 · 감독기관(경찰청 혹은 법무부)등에 대한 경찰청과 법무부의 이견차가 심하여 국회를 통과하지 못하여 법제화되지 못하였다.[22]

〈표 4〉 탐정제도 관련 법률안 제출

순번	의안명(발의자)	제안일자	국회	의결결과
1	민간조사업법안(이상배의원)	2005. 9. 8	17대	임기만료폐기
2	민간조사업법안(최재천의원)	2006. 4. 6	17대	임기만료폐기
3	경비업법일부개정법률안(이인기의원)	2008. 9. 24	18대	임기만료폐기
4	민간조사업법안(강성천의원)	2009. 4. 10	18대	임기만료폐기
5	민간보안산업에관한법률(윤재옥의원)	2012. 11. 2	19대	임기만료폐기
6	민간조사업법에관한법률안(송영근)	2013. 3. 19	19대	임기만료폐기
7	공인탐정법안(윤재옥)	2016. 9. 8	20대	국회계류
8	공인탐정 및 공인탐정업에 관한 법률안(이완영)	2017. 7. 13	20대	국회계류

1. 탐정단독 법안

1999년 하순봉의원의 「공인탐정에 대한 법률」은 우리나라 범인검거율의 경우 형사범 전체 사건 중 약 20%가 미결상태로 남아 있고, 이러한 형사사건에 대하여 공권력으로는 해결하기 어려운 경우가 많은 것을 도입배경으로 하고 있으며,

22) 현재의 제20대 국회에 계류 중인 관련 법률안은 의안번호 7974(이완영 의원 대표발의) 법률안 외에 대표적으로 의안번호 2216 - '공인탐정법안'(윤재옥 의원 대표발의) (2016.9. 8)이 있다. 전자는 그 '제안 이유' 부분에서 나와 있듯이 현행 국회에서의 과학기술, 교육, 산업 및 노동 분야 등의 제도적 개선을 통하여 미래지향적인 일자리 창출 방안을 논의하기 위한 '미래일자리 특별위원회'의 각급 회의에서 심도 있게 논의되어 정리되었던 12건의 법률 개정 필요 과제의 하나로서 발의된 것이다. 반면에, 작년부터 계류 중에 있는 '공인탐정법안'은 지난 제19대국회 시절 마찬가지로 윤재옥 의원이 발의한 의안번호 1917732 - '민간조사업의 관리에 관한 법률안'(윤재옥 의원 대표발의) (2015. 11. 13)의 취지와 비교할 때, 자격 취득에 있어서의 특례나 업무 영역에 제약을 두고 있는 점 외에는 기본적으로 계승한 것으로 보이며, 경찰 조직의 입장이대체로 반영되어 있다고 보인다.
http://www.seoul.co.kr/news/newsView.php?id=20160920011001 2017.11.10. 최종검색.

의원입법으로 국회상임위의 심의를 거쳤으나 국내의 정치상황 및 여러 가지 사정으로 지연되다가 국회 본회의에 상정도 되지 못하였다. 그러나 입법이 현실화되지는 못하였지만 민간조사 필요성에 대한 사회적 공감대 마련을 위한 제도 도입 제안과 법안 마련 기초를 마련했다는 점에서 그 공헌이 인정된다고 할 수 있다.

그리고 이상배의원안(2005), 최재천의원안(2006), 강성천의원안(2009)의 경우 그 명칭을 민간조사업이라 하였으며, 세 법안의 도입배경을 살펴보면, 기존의 심부름센터 등에 의한 불법행위 근절 및 그에 대한 규제 근거마련과 치안환경 변화에 따른 경찰 등 수사기관의 한계에 대한 보완의 필요성, 범죄피해자들에 대한 구제 및 국가수사기관의 미흡분야에 대한 실질적인 사건해결에 대한 국민적 요구, 기업범죄와 신종 인터넷 범죄 등에 대한 전문수사 영역에 대한 수요증대, 변호사 의뢰사건에 대한 민·형사상의 소송자료 수집과 조사에 대한 필요성 그리고 외국시장개방에 따른 민간조사업 경쟁력 제고를 그 제안 이유로 하였다.

그러나 입법방향에 있어서는 이상배의원안은 엄격한 자격기준에 의한 민간조사원 자격시험의 합격자 중 일정한 연수교육을 수료하고 경찰청장에게 등록한 사람이나 법인만이 이러한 업무를 수행하도록 하고 있는 반면에 최재천의원안은 일정한 자격을 갖춘 자만이 법무부장관에게 등록 후 각종 범죄와 위법행위를 조사하는 등 국민의 법률생활의 안전을 도모할 수 있도록 하여 소관부처와 업무주체에 대한 차이가 있다. 또한 업무범위에 있어서도 이상배의원안은 포괄적으로 규정한데 반하여 최재천의원안은 '사이버범죄, 보험범죄, 지적재산권침해, 기업회계부정 등 각종 범죄 및 위법행위의 조사'와 같이 구체적으로 업무를 적시하여 이는 사생활 침해 및 인권침해의 소지가 적다고 할 수 있다. 그러나 강성천의원안은 제도도입에 따른 시행착오를 최소화하기 위하여 업무범위를 적정한 수준에서 제한하고 민간조사업자들의 활동을 감시하고 그 업무의 적법성을 담보하기 위하여 민간조사원의 예상되는 권한 남용과 오용에 대한 불법행위 시 가중 처벌하는 것을 내용으로 입법 제안하였음으로 그 업무범위에 있어서는 다른 안보다 제한적으로 규정하고 있다.

그리고 민간조사업을 하기 위한 자격시험에 대해서 모두 규정하고 있지만 그 응시자격에는 차이가 있으며, 이상배의원안은 응시자격에 제한을 두고 있는데 이러한 진입장벽으로 인해 국민들의 직업자유의 선택을 지나치게 제한한다는 비판이 제기된다. 그러나 이와는 달리 다른 법안은 응시자격을 제한하지 않았으며, 결격사유에 해당하지 않으면 누구나 응시할 수 있되 1차 시험면제에 대한 예외규정을 규정하였다(장석헌 · 송병호, 2008: 343-345).

송영근의원안(2013)의 민간조사업 도입 배경은 이상배의원, 최재천의원, 강성천의원과 다소 유사하다. 경찰과 검찰의 한계로 인하여 시민들은 만족스러운 치안서비스를 제공받지 못하고 있으며 이로 인하여 심부름센터를 이용하는 과정에서 각종 불법행위가 자행되거나 또 다른 범죄로 인하여 피해를 입는 등의 문제점을 해결하고 미아나 실종자 조사, 부분 및 도난의 재산 회수, 변호사로부터 의뢰받은 소송자료 준비 등의 필요성을 충족하여 국민의 수요를 충족시키면서 심부름센터의 불법조사행위를 근절할 수 있는 법적 근거를 마련하기 위하여 법안을 발의함으로써 국민의 권리보호에 이바지함을 목적으로 하고 있다. 업무범위에 있어서도 도입에 따른 시행착오를 최소화하기 위하여 업무범위를 적정한 수준에서 제한하고 있으며 민간조사원의 자격에 있어서는 특별한 규정을 하고 있지 않지만 자격의 취득과 관련하여 법무부에 민간조사자격심의위원회를 을 둘 수 있도록 하였다. 또한 감독기관은 법무부로 하며 법무부에 민간조사원 감독위원회를 두고 관리한다고 규정하였다.

2. 경비업법 개정방안

이인기의원의 민간조사업 도입법안은 경비업법을 개정하여 민간조사업제도를 도입하려는 것이었다. 법안제안 이유에서 민간경비 분야의 경우 「경비업법」에 관리되면서 개인과 공공의 안전확보와 관련하여 국가기능과 상호 보완관계를 형성, 성공적으로 정책되고 있는 사례를 비추어 볼 때, 민간에 의한 사실조사 분야도 영업의 적정성을 도모하고 건전하게 육성시키기 위해서는 국가가 관리 · 감독을 할 수 있도록 하는 관련 입법이 필요하기 때문이라고 하였다. 또한 민간조사업이 발전한 미국, 영국 등 선진국의 경우 민간경비와 민간조사는 비용을 지불하여 개인의 안전을 확보하고 피해를 회복하기 위해 영위되는 사적활동들로서 동일한 법률로 규율하고 있을 뿐만 아니라 실제의 영업행위에 있어서도 유니폼을 입고 제공하는 민간경비서비스와 사복을 입고 제공하는 민간조사서비스를 종합적으로 제공하는 산업이 발전되고 있는 만큼 우리나라도 민간조사업을 경비업의 한 분야로 보고 관련규정을 기존의 「경비업법」에 추가하여 개정 입법하고자 한다고 하였다. 이에 따라 「경비업법」에 따른 경비업에 민간조사업를 추가하고 민간조사업을 의뢰에 의한 미아 · 가출인 · 실종자에 대한 소재파악, 소재가 불분명한 물건의 소재파악, 의뢰인의 피해확인 및 그 원인에 관한 사실조사를 수행하는 업무로 규정하고 있다. 그리고 그 업무주체를 자격시험에 합격하여 자격을 취득한 민간조사관으로 하고 있고, 민간조사업무를 수행하는 경비업자를 민간조사업자로 하여 그 의무에 대하여 규정하고 있다. 그리고 민간조사업이 경비업의 하나로 규정되었음으로 그 소관부처는 당연히 경찰청 또는 지방경찰청이 된다고 규정하였다(이민형 · 박주상, 2012: 113).

윤재옥의원안(2012)에서는 경비업이 집단분쟁의 현장에서 과도한 무력의 행사로 인한 사회적 문제가 지속적으로 발생함으로 이에 대한 법률적 규제장치를 강화하는 동시에 선진국에서는 일반화되어 있는 사실조사서비스를 도입하여 권리구제 및 피해회복을 위한 양질의 사실조사 서비스를 제공받게 하기 위하여 기존의 '경비업법'을 '민간보안산업에 관한 법률'로 전면 개정하여 선진화된 민간보안산업으로 형성 · 발전할 수 있는 기반을 마련하고자 하였다. 민간조사업을 가족의 의뢰에 의한 실종아동등 · 가출인 · 실종자에 대한 소재파악, 소재가 불분명한 물건의 소재파악, 의뢰인의 피해확인 및 그 원인에 관한 사실조사를 수행하는 업무로 규정하였다. 민간조사업은 경비업법과 마찬가지로 허가제로 하고 있으며 민간조사원은 자격시험을 통하여 할 수 있으며 감독기관은 경찰청 또는 지방경찰청이 된다고 규정하였다.

3. 탐정제도와 규제[23)]

규제(regulatory)는 규범을 유지시키기 위한 모든 통제방식을 말하며, 규제는 조직의 구성원이 특정상황에서 일정한 행위를 하도록 명하는 일반명제이다.[24)] 사회는 각 개인의 공동생활에 의해서 구성되며, 개인은 사회생활 속에서만 그 존립이 가능하다. 따라서 개인의 욕구에 대한 어떠한 제한이나 구속이 없으면 다수의 개인으로 이루어지는 사회적 공동생활도 성립되지 않는다. 개인과 사회의 논리적·현실적 대립의 조정은 개인에 있어서는 크게 사회화 등에 의한 내적규제와 사회통제 등에 의한 외적규제로 이루어지며, 양자는 본질적으로 관련되어 있다.

규제를 하기 위해서는 특정한 이익이 아니라 공익성과 효율성이 전제되어야 한다. 따라서 규제는 사회가 추구하는 또는 추구해야 한다고 생각하는 어떤 공동의 목적과 가치의 실현을 목적으로 삼는다(이승주, 2006: 102).[25)] 즉, 탐정제도의 역할이 국가를 대신하는 활동(가출인·실종자에 대한 소재확인, 도난, 분실 등의 소재확인과 관련된 조사 등)임을 고려할 때 광의로는 국가의 역할의 일부를 보완하여 수행하고 있음으로 이에 대한 공공성을 확보하기 위해서는 이에 대한 규제는 필요하다.

탐정업에 대한 규제는 규제주체와 규제방식에 따라 구분할 수 있는데 규제주체에 따라 크게 3가지로 구분할 수 있다. 첫째는 중앙정부의 규제로써 법률을 제정하여 규제하고 있으며, 둘째, 지방정부의 경우는 규칙 또는 조례 등을 제정하여 규제하게 된다. 셋째, 민간경비 관리 독립기관으로서 존재하면서 법률의 규제를 받는 경우이다(이승철, 2011: 3).

규제방식에 따라서는 자율규제, 시장에 의한 규제, 소송에 의한 규제, 협의에 의한 규제로 구분할 수 있다(장석헌, 2007: 44-45).

첫째, 자율규제는 탐정업계가 탐정협회 등을 설립, 자율적으로 규제기준을 마련하여 법규를 준수하고 조사원 선발, 교육훈련 등 자질향상을 위하여 노력하는

---

23) 경찰청, 2013: 16-18.
24) 두산세계대백과사전
25) 정확히 말한다면, 사회가 추구하는 공통된 가치와 목적이 무엇인지는 아무도 모른다. 과연 그것이 존재하는지도 의문이다. 다만 누군가가 그것이 무엇이라고 정의하고, 이것에 다른 사람들이 동의하거나 이의를 제기할 수 있을 뿐이다.

방식이다.

둘째, 자본주의 이념에 충실한 시장에 의한 규제는 보이지 않는 손의 원리에 의하여 의뢰인에게 양질의 서비스를 제공하지 못하고 민간조사원의 관리를 못하는 탐정업체는 시장에서 자동적으로 퇴출하는 규제방식이다.

셋째, 소송에 의한 규제는 탐정업체가 고객에게 약속이나 이행조건을 충실히 이행하지 못했을 경우, 고객이 직접 탐정업체를 상대로 소송을 제기하거나 일반 시민이 조사업체 직원의 부주의로 인해 손해를 입었을 경우 탐정업체나 직원을 상대로 소송을 제기하는 방식이다.

그리고 협의에 의한 규제는 정부기관과 탐정업체가 협의체를 구성하여 규제하는 방식으로서 이를 통해 서로 커뮤니케이션을 활성화하고 상호이해와 협력을 높여서 법적·행정적 규제에 의존하지 않고도 효율적으로 규제할 수 있는 방식이라고 할 수 있다. 이러한 사례는 1985년 미국 New York시 경찰과 민간경비업체의 협의체를 구성한 지역내경찰-민간경비 연락프로그램(APPL, Area Police Private Security Liasion)이 있다(이창무, 2006: 365-368).

탐정제도는 궁극적으로는 국민의 권리보호에 기여하지만 민간조사 과정에서 의뢰인에게 일부의 권리를 침해할 우려가 있고, 불법영역에 빠져들 가능성과 탐정과 의뢰인간의 서비스 분쟁 등 여러 문제의 발생이 예상되는데 이러한 부작용을 예방하기 위해서도 일정한 규모의 규제는 불가피하다(나영민, 2006a: 66-67).

제3절 탐정업 산업현황 및 전망

한국은 2012년 경찰청과 통계청의 조사자료를 기초로 탐정산업 규모는 종사자 3,055명, 추정매출액은 1,700억원 규모라고 한다. 일본의 경우 경비산업의 경우 매출액이 GDP의 0.7%수준이며 탐정업의 매출액은 GDP의 0.1%수준이다. 2011년 한국의 경비산업 전체매출액이 3조 4천 140억원으로 탐정시장규모를 4,877억원 정도로 추정할 수 있다고 본다. 일본과 같이 GDP의 0.1%수준까지 우리나라 탐정산업이 발전한다면 장기적으로 매출액이 1조 2천 724억원 규모로 커질 수 있다.[26]

또한 탐정업은 여타 관련 산업에 5,600개의 새로운 일자리 창출이 가능하다. 탐정제도가 합법화 되어 공인탐정과 경찰이 수사 전단계의 업무를 공조할 수 있다면 경찰관 1인당 근무시간에서 월평균 8시간 30분 정도 시간이 절약될 수 있으며, 연간 102시간을 절약할 수 있을 것이다. 2011-2012년 우리나라 경찰관의 1인당 연평균 근무시간이 2,008시간임으로 1인당 0.051명 경력을 절감하는 것이 가능하며 2012년 12월 기준으로 수사경과의 현원 18,223명과 대비하여 약 930명의 절감효과를 거둘 수 있다는 것이다(경찰청, 2013: 91-117).

미국 사설탐정 및 수사관의 고용은 2016년부터 2026년까지 모든 직업의 평균[27] 보다 빠른 11% 성장할 것으로 예상된다. 계속되는 소송, 사기 및 기타 범죄, 개인 간의 불신은 특히 법률서비스 산업에 의해 조사서비스에 대한 수요가 증가할 것이다.[28] 사설탐정과 수사관 경력으로 법집행기관과 군대에서 비교적 은퇴한 퇴직자를 포함한 많은 유자격자를 유치할 수 있기 때문에 일자리 경쟁이 치열할 수 있다. 관련 직업경험이 있는 응시자와 면접기술이 뛰어나고 컴퓨터에 익숙한 응시자는 다른 사람들보다 일자리가 더 많을 수 있다.

〈표 5〉 2016-2026년 탐정분야 고용전망

직업	soc code	2016 고용	2026 고용	2016-2026변화	
				%	명
탐정과 수사관	33-9021	41,400	45,800	11	4,400

자료: U.S. Bureau of Labor Statistics, Employment Projections program

26) 2015년 민간경비산업 총 매출액은 약 7조 7,475억원으로 추산하고 있으며 2020년에는 연평균 9%의 성장세를 이어가며 약 12조 1,390억규모의 거대 시장이 창출될 것으로 기대되고 있다(한국인터넷진흥원, 2015: 14. 82). 이러한 추산에 근거하여 일본의 GDP식 계산을 하면 2015년 탐정산업시장 규모는 약 1조 1,067억으로 추산될 수 있으며, 2020년에는 1조 7,341억으로 추산할 수 있다.

27) 연 평균 7% 예상

28) 2021년까지 5년 동안 업계는 계속 성장할 것으로 예상된다. 이는 산업 제품에 대한 수요가 지속적으로 유지 될 것이고 지속적인 수익성과 매출성장이 새로운 참가자가 업계에 진입하도록 장려할 것으로 기대되기 때문이다. Industry Statistics & Market Size 업계 통계 및 시장 규모 Revenue 수익 $6bn $60억 Market Share of Companies 기업의 시장점유율 이 업계에서 지배적인 시장점유율을 가진 회사는 없다. 산업 위협 및 기회 - • 기업 이익과 1 인당 가처분소득증가는 임의 서비스에 대한 지출 증가에 기여했다. • 사설탐정이 되기 위한 장벽은 낮을 것으로 예상된다.
• 기업 및 법률 고객의 활동으로 다운 스트림 수요가 강화되었다(IbISWorld.Industry Research / Specialized Reports / Consumer Goods &Services in the US / Private Detective Services in the US(2018.4.19.최종검색)

미국노동 통계국의 자료에 따르면, 2016년과 2026년 탐정분야의 고용전망으로 탐정과 탐정사무소에 근무하는 수사관이 2016년에는 41,400명이었지만 2026년에는 45,800명이 고용되어서 약 11%의 고용이 증가할 것으로 예상된다.

미국노동통계국에 따르면 2018년 5월 기준으로 탐정업에 대한 통계는 다음과 같다.[29)]

〈표 6〉 탐정에 대한 고용과 평균임금 추정

고용(명)	평균 시간당 임금($)	연 평균 임금($)
30,990	27.31	56,810

〈표 7〉 탐정에 대한 %별 임금 추정

%	10	25	50(중간)	75	90
시간 당 임금($)	14.09	17.82	24.08	32.88	42.89
연간 임금($)	29,310	37,060	50.090	68,400	89,200

〈표 8〉 탐정에 가장 높은 고용수준을 가진 산업

산업	고용(명)	평균 시간당 임금	연간 평균 임금
조사 및 보안서비스	11,620	27.50	57,200
회사 및 기업의 관리	2,060	25.95	53,970
지방정부, 학교 및 병원포함	1,820	28.99	60,290
신용중재 및 관련활동	1,790	27.92	58,070
법률 서비스	1,250	25.91	53,900

29) https://www.bls.gov/OES/current/oes339021.htm#(1) 2020.1.24. 최종검색
Occupational Employment Statistics, Occupational Employment and Wages, May 2018, 33-9021 Private Detectives and Investigators.

〈사진 10〉 미국탐정 연소득 분포(2018년 5월 기준)

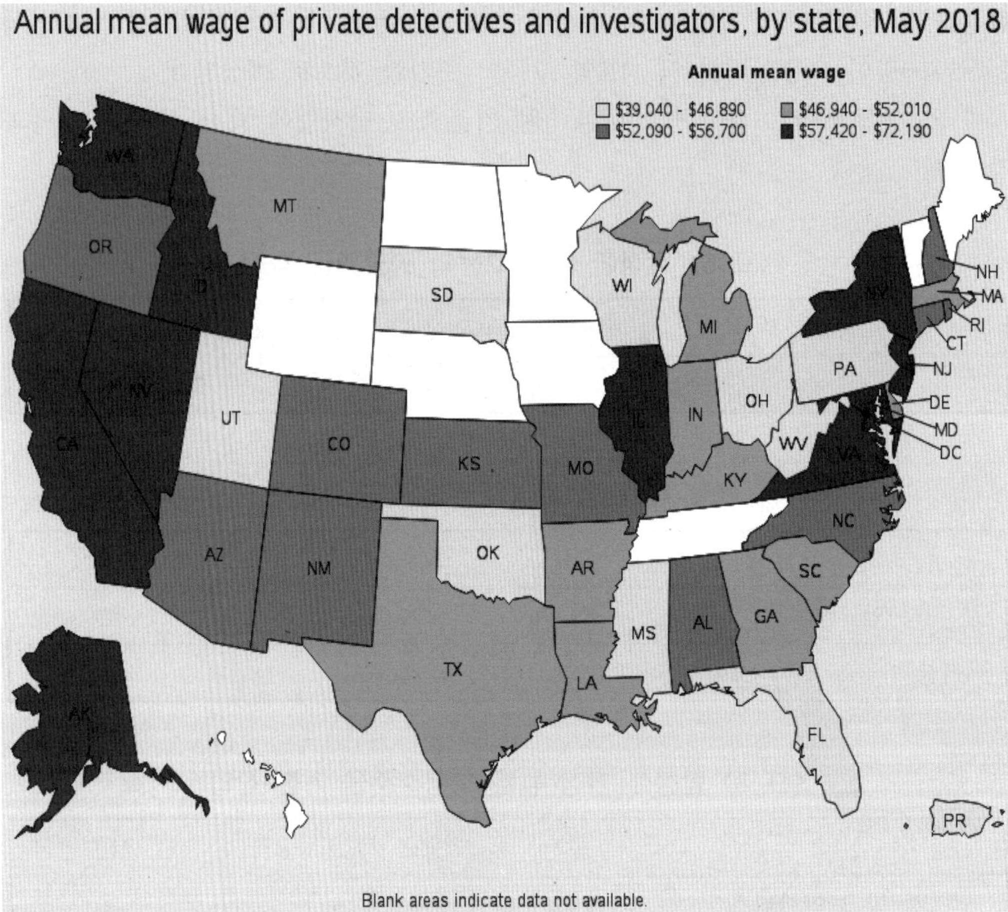

자료: Bureau of Labor Statistic Occupational Employment Statistics(미국노동통계국)
https://www.bls.gov/OES/current/oes339021.htm#(1) 2020.1.24. 최종검색

※ 바탕색이 진한색일수록 연간수입이 높은 주이다.

최상위 주 : 펜실베니아, 버지니아, 뉴저지, 워싱턴 D.C, 캘리포니아, 네바다, 워싱턴, 알래스카(57,420-72,190$)

상위 주 : 오리건, 애리조나, 켄사스, 노스캐롤라이나, 콜로라도, 뉴멕시코, 몬타나(52,090-56,700$)

평균 주 : 텍사스, 켄터키, 사우스캐롤라이나, 조지아, 미시건, 인디애나(46,940-52,010$)

하위 주 : 위시콘, 일리노이, 오하이오, 사우스타코타, 펜실베니아, 플로리다, 유타(39,040-46,890$)

제4절 한국 탐정업 현황

헌법재판소의 판시(2018.6.28)에 이어 경찰청과 금융위원회의 행정해석으로 사생활 등 타인의 권익을 침해하지 않는 탐정업무는 불가능하지 않음이 확연히 가름되었기 때문에 개별법에 저촉되지 않는 탐정업은 지금당장이라도 가능해진 것'으로 알 수 있다.

한국의 경우 그간 탐정업 규제의 근거법인 신용정보법 제40조(금지조항)의 '특정인의 소재 및 연락처를 알아내거나 사생활 등을 조사하는 일을 금한다(제4호)'는 법문과 '탐정 등의 호칭 사용을 금한다(제5호)'는 조항을 해석함에 있어 이 두 규정이 '일체의 탐정업무를 금지하고 있는 것'으로 여겨져 왔으나, 헌법재판소는 '신용정보법이 금지하고 있는 대상은 모든 탐정업무가 아니라 사생활을 조사하는 행위(사생활조사업)이며, 탐정업의 업무영역에 속하지만 금지되지 않는 업무를 수행하는 것은 불가능하지 않다'고 판시했다(2018.6.28. 선고).

이와 관련하여 신용정보법 소관청인 금융위원회와 경찰청도 지난해 행정해석을 통해 '신용정보법의 제정 목적(신용질서 확립)과 무관한 탐정업무는 신용정보법이 금지할 영역이 아니며, 사생활 등 개별법을 침해하지 않는 탐정업무를 수행하는 것은 지금도 불가능하지 않다'고 밝혔다. 이로 한국에서도 타인의 권익을 침해하지 않는 탐정업무는 새로운 법률(일명 탐정법) 제정이나 현행법 개정 없이도(당장이라도) 직업화가 가능해진 것. 이는 '소수 인원 선발 방식(공인탐정법에 의한 공인탐정)'이 아닌 '보편적 관리'를 받는 자유업으로서의 탐정업 시대가 열린 것을 의미하기도 한다.

특히, 탐정업 소관청인 경찰청은 지난해 6월 가벌성(可罰性)이 없는 합당한 탐정업무(타인의 권익을 침해하지 않는 탐정업무)까지 무조건 금기시 해온 관행은 법리와 시대상으로 보아 온당치 않다고 판단하고 '탐정학술지도사', '실종자소재분석사' 등 그간 처리를 유보해 왔던 사생활조사와 무관한 탐정업 관련 8건의 민간자격 등록신청(탐정업을 민간차원에서 직업화 하겠다는 한국직업능력개발원을 경유한 민원)을 받아들였다.

이렇듯 판례와 행정해석에 이은 주무부처의 탐정업 관련 민간자격 등록 수리 등을 통해 '개별법을 위반하지 않는 탐정업은 보편적 자유업이 된 것'으로 판단된다. 하지만 사생활 침해에 악용될 소지를 감안하여 '탐정, 정보원, 기타 유사 호칭을 업(業)으로 사용하는 행위'는 계속 금지된다(법 제40조 5호 및 2018.6.28 헌법재판소의 판시).[30]

30) 헤럴드 경제, 2020.1. 2. '탐정업'이 가능해졌음을 아직 모르셨나요 ?

5장 주요국가의 탐정제도

제1절 미국 탐정제도

1. 개요

미국의 탐정제도는 도시경찰의 역사만큼이나 오래되었고 미국사회에서 활성화되어 있으며, 미국의 경찰제도나 형사사법제도는 우리나라 제도와 근본적으로 다르듯이 탐정제도 역시 자기들만의 독특한 제도로 국민들 사이에 정착되었다고 볼 수 있다.

특히 미국에서는 경찰시스템의 민영화 추세에 따라 많은 분야에서 탐정의 도움을 필요로 하기 때문에 탐정업의 전망은 밝은 편이다.[31)]

미국의 경우 지방경찰제도가 자치경찰제도로서 각주가 상이하듯이 탐정제도 역시 각 주마다 자격요건, 면허유무, 시험제도 등이 다양한 제도로 운영되고 있다.

미국의 경우 탐정은 전직경찰, 전직법집행기관의 수사관 출신, 군 헌병 출신 등이 은퇴 후에 면허를 취득하여 많이 활동하는 것으로 알려져 있으며, 현직 경

31) 사설탐정 및 수사관의 고용은 2016년에서 2026년까지 모든 직업의 평균보다 빠른 11% 성장할 것으로 예상된다. 계속되는 소송, 사기 및 기타 범죄, 개인 간의 불신은 특히 법률서비스 산업에 의해 조사서비스에 대한 수요가 증가할 것이다. 2016년 기준 41,400명에서 2026년 연 11% 증가하여 2026년 45,800명으로 증가할 것이다(SOURCE: U.S. Bureau of Labor Statistics, Employment Projections program 자료 제공 : 미국 노동 통계국, 고용 전망 프로그램).

찰관들이 경찰관 신분으로 경비원 부업(야간경비원 Moonlighting)을 할 뿐만 아니라 사설탐정 면허를 취득하여 부업하는 경우가 증가하고 있어서 경찰조직의 내부조사 및 시당국의 대책이 요구되고 있는 것으로 보도되고 있다(조용철, 2006: 119-121).

〈사진 11〉 미국 탐정자격증

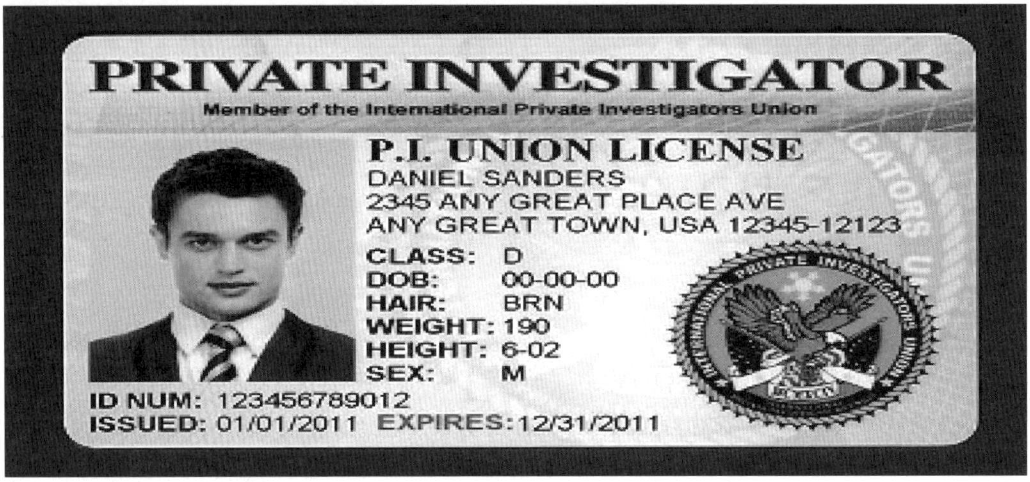

자료: 구글 Australia private investigator education pictures.

2. 탐정업의 업무범위

1) 탐정업의 업무범위

탐정업의 정의에 대해서는 각주마다 약간씩 차이가 있기 때문에 여기에서는 미시건 주와 펜실베니아 주의 사례를 소개하고자 한다.

(1) 미시건 주

① 미연방 혹은 주, 미연방의 영토 및 속령을 대상으로 하여 발생하거나 위협이 되는 범죄 혹은 부정행위

② 특정인의 신분, 취미, 행동, 사업, 직업, 정직성, 성실, 신용, 신뢰성, 능력, 충실함, 활동, 동선, 행방, 친분관계, 교제, 행위, 성격
③ 분실 혹은 도난당한 재산의 소재, 처분, 회수
④ 인명 혹은 재산에 대한 화재, 모욕, 손실, 사고나 손해 또는 손상의 원인과 책임
⑤ 법정, 이사회, 공무원 혹은 조사위원회에 회부 시 사용되는 증거의 확보

(2) 펜실베니아 주

미국에서는 사설탐정이 할 수 있는 업무의 범위를 성문의 규정을 통해 정해놓고 있으며, 대부분의 주가 비슷한 내용으로 규정하고 있다. 펜실베니아주(Pennsylvania State)의 탐정의 업무범위(The Pennsylvania Private Detective Act of 1953, §12. Definition)는 다음과 같다.

① 미국 연방이나 주 혹은 미국에 속한 영토에 대해 발생되거나 위협이 되는 범죄나 불법행위 등에 대한 조사
② 특정 개인이나 단체, 협회, 조직, 사회분야, 동료, 법인 등의 확인, 습관, 관계, 거래, 평판, 특성 등에 대한 조사
③ 증인 그 밖의 사람들에 대한 신뢰성 조사
④ 실종자의 소재파악
⑤ 분실 및 도난재산의 회복 및 소재파악
⑥ 특정인, 특정조직, 사회, 협회, 법인, 직원 등과 관련된 사실확인
⑦ 화재, 명예훼손, 비방, 손해, 사고, 신체장애, 부동산 혹은 동산에 대한 책임의 원인과 근거 등의 파악
⑧ 파업으로 인해 일을 그만둔 사람이나 그 당시 고용주에 대한 사실 관한 조사
⑨ 종업원, 관리인, 계약자, 하도급들의 행위, 정직, 효율, 충성 또는 활동에 대한 사실조사
⑩ 형사재판, 민사재판 시 조사위원회, 판정위원회, 중재위원회의 판정 및 조정 전에 사용될 증거자료의 사전확보

〈표 9〉 PI 회사설립 면허 법

주	면허요건	보증금	자격요건
애리조나	회사면허 필요		3년 경험
캘리포니아	관리자면허 필요		3년(6,000시간) 법학학위 또는 4년간의 경찰과 학교육, 2년 (4,000시간)의 경험 또는 관련 준 학사학위와 2.5년 (5,000시간)의 경험
콜럼비아 특별구 (DC)	사설탐정 면허가 필요		
일리노이	사설탐정 회사면허가 필요		3년의 관련 업무 경력을 갖는 개별PI면허를 보유해야 한다. 이 경험요건은 2년 동안 법집행 관련분야 또는 비즈니스에서 학사학위를 취득해야 한다.
인디애나	사설탐정 회사면허가 필요	1억 달러의 책임보험과	2년(4,000시간)의 PI 경험 또는 형사사법학사학위가 있어야 한다.
메릴랜드	사설탐정 회사면허가 필요		최소한 25세 이상이어야 하며 경찰관, 사설탐정 또는 소방관으로 5년간의 경력이 있거나 경찰 또는 기타 정부기관조사관으로 3년간의 경력이 있는 자격 요건 중 하나를 충족
미주리	사설탐정 회사면허가 필요하다.	250만 달러 책임보험	직원이 있는 경우 근로자보상보험가입
네브래스카	사설탐정 회사면허가 필요	1만 달러의 보증금	필기시험에 합격해야 하며 3,000시간의 경험, 준회원 학위를 취득한 2,500시간의 경험 또는 학사학위를 취득한 2,000시간의 경험이 필요

주	면허요건	보증금	자격요건
네바다	사설탐정 회사면허가 필요		최소 21세 이상이어야 하며, 관련조사경험이 5년이 있어야 한다(10,000시간, 연간 2,000 간). 다음과 같은 비율로 경찰과학이나 형사사법 교육으로 대체할 수 있다. 전문학위는 1,333시간의 경험과 같고, 학사학위는 3,000시간의 경험과 같다.
뉴햄프셔	사설탐정 회사면허가 필요	50만 달러 보증금	
뉴저지	사설탐정 사업면허가 필요		최소 25세 이상이어야 하며, 정부법집행기관(New Jersey State Police, Private Detective Unit)에서 5년 간의 경험
뉴욕	사설탐정 사업면허가 필요	보증금 1만 달러 제출	시험에 합격하고 3년간 관련 업무경험
사우스 캐롤라이나	개인탐정면허 필요	10만 달러 보증금	관련 업무 경험이 3년
테네시	개인탐정면허 필요		시험에 합격하고 관련 업무 경험 2,000시간 또는 관련 교육 1년(테네시 상공부)을 필요
텍사스	개인탐정면허가 필요	최소 20만 달러의 책임보험	3년의 경력을 갖고 필기시험에 합격
유타	사설탐정 회사면허가 필요	최소 500만 달러의 책임보험	10,000시간의 조사경험

주	면허요건	보증금	자격요건
버지니아	개인보안서비스 비즈니스면허가 필요	발생 건당 100만 및 총 300만 달러에 대한 일반책임 보험	민간보안서비스비즈니스 또는 정부법집행기관에서 3년간의 관리 또는 감독경험
워싱턴	탐정회사면허가 필요	1만 달러의 PI 보증채권 또는 신체상해 및 재산피해로 각각 2만5천 달러에 2개의 책임보험	무장한 면허를 신청할 경우 21세 이상
위시콘시	사설탐정 회사면허 필요	100만 달러 채권을 게시하거나 책임보험증서	

(3) 사설탐정 업무

사설탐정을 고용하는 이유를 구체적으로 살펴보면 다음과 같다.[32)]

○ 사업 배경조사

비즈니스는 과거와 문화가 있으며 매일 많은 사람들과 상호작용한다. 그러나 당신이 보는 것은 비즈니스가 행하는 모든 것을 진정으로 반영하지 못할 수도 있다. 사설탐정은 정확히 조사하여 평판이 좋은 회사와 거래하는 증거를 제공할 수 있다.

---

32) https://www.linkedin.com/pulse/20141114173045-299448626-top-20-reasons-for-hiring-a-private-investigator 2018.11.15. 최종검색.

○ 자녀양육권 사건

당신은 아마 자녀양육권을 얻는 방법에 대한 조언을 원할 것이다. 자녀양육권 사건을 이기려면 법정에서 설득력 있고 인정할만한 사실을 밝혀야한다. 사설탐정은 사건의 증인으로 봉사할 수 있으며 스스로 증명하기가 어려운 사실을 입증할 수 있다.

○ 국제실사

해외투자에 대해 생각하는 경우 사기위험이 증가한다. 전문조사관은 실제 실사를 통해 회사 또는 개인을 확인하고 운영, 등록, 법적 지위, 형사 및 법원 기록, 명성, 수익성 등을 확인한다.

○ 신분 도용, 위험

신원도용은 개인의 개인정보가 도난당했을 때 범죄자가 그 사람의 신원에 따라 사기나 절도를 범할 때 발생한다. 유감스럽게도 조사관들은 신원도용이 점점 악화되고 있다고 말하면서 신분도용으로 매년 수백만 달러가 손실되고 있으며 피해자의 신용회복을 위해 수백 달러와 수많은 시간을 소비한다고 한다. 사설탐정은 귀하의 신원을 누가 훔쳤는지 확인하고 법 집행 기관에 제출할 보고서를 작성할 수 있다. 더 중요한 것은, 전문조사관이 피해자가 되지 않도록 조언할 수 있다는 것이다.

○ 자료배경 확인

Mr. 또는 Ms. Perfect를 온라인이나 오프라인에서 만났든 요즘은 조심해야 한다. 인터넷이나 술집에서 만난 사람이 진정으로 그 사람이 누구인지 알고 있는가? 고객은 교육, 고용, 주소, 형사 및 법원 기록, 신분증 또는 여권, 생년월일 등을 확인하는 포괄적인 데이트 배경 조사를 실시하기 위해 사설조사관에 의존한다. 조사관은 사기사건에 대해 조사하고 위험을 확인한다.

○ 고용 배경조사

국제적으로 또는 현지에서 고용하는 경우 잘못된 배경이 발생하여 회사가 위험에 처하게 된다. 자신을 보호하고 최선을 다하는 것에 심각하게 관여하는 회사는 이러한 검증을 진지하게 받아들인다. 범죄기록만 확인하는 것은 신중한 검증방법이 아니며 확실한 조사가 아니다. 전문조사관은 고용후보자를 상세히 확인하고, 해당 개인이 유능하고 자격이 있는지를 결정한다.

○ 개인 상해조사

사설탐정은 개인 상해소송에서 승리할 수 있는 방법을 알고 있다. 사설탐정은 중요한 증인 및 사건을 이기기 위해 필수적인 기타 정보를 찾을 수 있다. 숙련된 전문가가 올린 보고서가 불완전하면 사안의 진실을 밝힐 수 없게 된다. 가끔은 그 사람이 유일한 증인인 경우도 있다.

○ 복지조사

사설탐정은 과소보고 소득이나 다른 정부 지원문제의 남용과 같은 복지사기를 식별할 수 있다. 모든 소득원천을 확인하는 것은 경찰업무이다. 사설탐정은 보고된 소득이 정확한지 확인하기 위해 모든 거주자를 식별할 수 있다. 정부지원에 대한 증가 추세에 따라 이러한 유형의 사례가 필요한 경우가 있다.

○ 국제자산검색

이혼과 법적소송은 오늘날 매우 흔하며, 피하기가 어렵다. 그러나 구매자 또는 잠재적인 파트너를 확인하기 위한 합병 또는 국제실사의 일부와 같이 자산이 중요할 수 있는 다른 이유가 있다. 변호사와 개인 및 회사는 해외자산, 은행계좌 및 물적자산을 찾기 위해 사설탐정을 이용한다.

○ 이혼 및 가족법 조사

배우자가 귀하의 중요한 정보나 자산을 부정하거나 숨기고 있다고 의심되는 경우 사설탐정을 고용하고 싶을 수 있다. 배우자가 자산을 숨기고 평판이 좋은 사설탐정이 당신이 모르는 은행계좌와 같은 기록에 접근할 수 있는지, 또는 자신이 바람을 피우고 있는지 멀리 있는 배우자를 따라갈 수 있는지를 알 수 있는 방법이 있다. 누군가를 고용하기 전에 사설탐정이 필요한 경우 변호사가 증거를 밝히는 것을 도울 수 있음을 기억해야 한다.

○ 부정(불륜) 조사

배우자가 불륜을 저지르고 있는지를 알지 못하는 것은 고통스럽고 불행한 일이다. 사설탐정은 이런 불행한 상황을 돕는다. 사설탐정은 신중하게 사실과 정보를 찾아 진실을 밝힐 수 있으므로 배우자가 불륜을 저지르는지 여부를 알 수 있다.

○ 보험사기 청구

보험사기는 자격이 없는 사람이 혜택을 얻으려는 의도로 행동이 이루어질 때 발생한다. 허위 보험청구는 보험공급자를 사기하려는 목적으로 제기되며 매년 수십억 달러가 들게 된다. 보험사기 주장은 진실을 왜곡하는 것에서 의도적인 손해 또는 부상까지 다양하다. 사설탐정은 진실을 파악하는 데 도움을 줄 수 있다.

○ 스토커 조사

미국에서는 매년 약 150만 명 이상이 스토커 관련소송에 연루되고 있다. 그들이 희생자라고 생각하는 사람들을 위해, 상황이 통제 불능이 되기 전에 조치를 취해야 한다. 이러한 범죄는 종종 당사자에게는 무시되고 힘든 싸움이 된다. 그러나 사설탐정은 위협을 막고 스토커를 기소할 수 있다. 이러한 경우 법집행기관과 함께 일하는 것이 중요하다.

○ 사기/횡령조사

당신의 회사가 배경조사를 수행해야 한다면 준비하고 고려해야만 대답은 '예'이다. 이는 미래의 문제를 예방하는 데 도움이 될 수 있다. 기업은 자주 자산이 누락되거나 서류가 정확하게 보관되지 않거나 뇌물을 받은 상황에 처하게 된다. 사설탐정은 자산이 허구인지, 부적절한 지불인지 또는 다른 허위 진술이 있었는지 여부를 판단할 수 있다. 사설탐정은 또한 배경조사를 통해 유죄당사자를 추적할 수 있으며, 자산검색은 돈의 추적을 밝혀낼 수 있다.

○ 형사사건 수사

제한된 자원을 지닌 사법당국은 전 세계 범죄율이 높기 때문에 (특히 인터넷 관련) 경찰과 법집행기관이 귀하의 사건을 조사하지 않는 경우가 일반적이다. 국제적인 경우 법집행기관과 정부는 관할권 문제에 직면하고 수 백 가지의 유사한 불만 사항을 받는다. 따라서 아무 도움도 찾을 수 없을 때 필요한 도움을 얻으려면 평판 좋은 국제조사회사가 변호사와 함께 일하는 것이 가장 좋다.

○ 로맨스사기 위험

온라인 데이트는 호황을 누리고 있는 산업이지만 수많은 사기 사례가 있다.[33] 프로필과 사진게시는 간단하고 빠르며 누구나 할 수 있다. 심지어 사기범이 당신을 사기 칠 것을 원할 수도 있다. 로맨스사기피해자는 돈 이상을 잃는다. 희생자는 종종 재정적으로나 감정적으로 황폐화된다. 진정한 조사관의 포괄적인 배경조사는 사기성 데이트를 피하는 가장 좋은 예방법이다. 진실은, 누군가는 피해자이고 데이트 사이트는 로맨스 사기에서 100% 책임성이 없다는 것이다. 사설탐정은 프로필 뒤에 있는 진실을 확인한다.

○ 문서확인

이러한 의뢰가 있을 때는 귀하의 사례가 매우 간단하다고 말하며, 진위여부를 확인하는 데 필요한 여권, 신분증 또는 문서 사본을 준비하라고 요청한다. 당신의 노력에도 불구하고 당신은 문서가 실제인지 여부를 확인할 방법이 없으며 당

33) 미연방수사국(FBI)의 발표에 따르면 2017년 기준 데이트 사기는 1만 5천 342건이며 피해액은 2억 1천 140만 달러이다.

신이 읽을 수 있는 언어가 아닐 수도 있다. 운 좋게도 국제조사관은 매일 전세계에서 여권, 신분증 및 서류를 확인한다.

○ 혼인 전 확인

결혼은 특히 외국인 신부 또는 신랑과 관련된 경우 큰 문제이다. 진실, 진위를 확인하지 않고 비자절차를 진행해서는 안 된다. 전문가 조사관은 결혼식 전에 개인에 대해 알고 있거나 생각하는 모든 것을 확인할 수 있다.

○ 투자사기 위험

오늘날 투자사기는 빙산의 일각이다. 사기성 웹 사이트, 허위회사의 가능성은 이제 개인과 회사를 대상으로 한다. 위험한 사기영역은 중국과 아랍에미리트 등의 국가에 있지만 인터넷 위협으로 전 세계적으로 위협을 받고 있다. 국제실사를 올바르게 검증하는 것이 그 어느 때보다도 중요하다.

○ 안전한 국제고용

해외 채용기업의 경우 국제사례를 전문으로 하는 사설조사관이 회사나 고객이 후보자를 적절하게 검증할 수 있는 맞춤전략을 개발하도록 도울 수 있다. 이것은 표준 국제배경조사를 뛰어 넘는 것이며, 고유한 상황과 위험을 기반으로 검증해야 할 것을 알 필요가 있는 회사 및 개인에게 훌륭한 해결책이 될 수 있다.

3. 탐정의 정의와 자격요건, 면허

1) 탐정업의 정의

미시건주(Michigan State)의 사설탐정인가법 또는 면허법이라고 한다.(Private Detective License Act) 여기에서는 사설탐정과 사설탐정업을 다음과 같이 정의하고 있다(Private Detective License Act 338-833). 사설탐정(Private Detective 또는 Private

Investigator)은 '보험회사에 고용되어 보수를 받는 보험손해사정인이나 전문엔지니어와는 달리 비용, 보수, 기타의 보상을 받고 다음과 같은 사항과 관련된 자료를 수집할 목적으로 사업에 참여하거나 인력공급을 받아들이거나 하청계약을 하거나 조사에 동의 혹은 조사를 수행하는 자'를 말한다고 정의하고 있다. 또한, 펜실베니아주사설탐정법(The Pennsylvania Private Detective Act of 1953, §12)에 따르면 사설탐정은 '비용, 보수, 기타의 보상을 받고 아래와 같은 사항과 관련된 자료를 수집할 목적으로 사업에 참여하거나 인력공급을 받아들이거나 하청계약을 하거나 조사에 동의 혹은 조사를 수행하는 자'로 정의하고 있다.

2) 자격요건

자격요건 역시 각 주별로 조금씩 다르게 규정하고 있다. 미시건주의 경우, 사설탐정이 되기 위한 자격요건으로 다음과 같이 규정하고 있다.

① 미국시민권 자

② 25세 이상의 연령

③ 고졸 혹은 동등이상의 교육수료를 한 자로서

④ 다음과 같은 사항을 포함하는 범죄를 저지르지 않아야 함

㉠ 부정행위 또는 사기

㉡ 정보나 증거의 무허가 누설 또는 매매

㉢ 미연방 혹은 각주의 경찰관이나 직원, 미연방 혹은 각주의 국가기관 직원을 사칭

㉣ 위험무기의 불법사용, 운반 혹은 소지

㉤ 2개 이상의 음주관련 범죄

㉥ 공중보건 법령하의 규제약물사용

㉦ 폭행

㉧ 미연방 군대에서 군 복무 중 불명예 제대를 하지 않았어야 함

⑤ 3년 이상의 기간을 다음과 같은 사항의 일을 하였거나 하고 있어야 한다.

㉠ 다른 주에서 독립적인 사설탐정업에 합법적으로 종사

㉡ 탐정에이전시 운영의 허가 증명서 보유자의 피고용인으로서 사설탐정업에 종사

㉢ 도시, 군, 주정부 또는 미연방 정부의 수사관, 형사, 또는 경찰관

㉣ 정부정식인가 대학의 경찰행정, 형사법분야의 학사학위

⑥ 본 법하에서 제공된 정부보증 채권공탁

캘리포니아주(California State)의 경우, 사설탐정이 되기 위한 자격요건으로 (i) 만 18세 이상의 연령 (ii) 캘리포니아주 사법부와 FBI의 범죄경력조회가 필요하다. (California State Private Investigator Act, 7526).

뉴저지주의 경우, 사설탐정이 되기 위한 요건으로 25세 미만자에게는 면허가 발급되지 않고, 개인 또는 회사의 구성원이나 법인의 직원이나 관리자 중 적어도 1명이 조사원 또는 주, 카운티, 관련 지방자치단체의 수사요원으로 5년 이상 근무한 경력이 없을 시에도 면허가 주어지지 않는다고 규정하고 있고(New Jersey State, Private Investigator Act of 1939, 45: 19-12). 사설탐정업 면허를 받은 자는 그가 운영하는 사업의 어느 분야에서든지, 다음의 중범죄나 위반사항을 범한 자와 그로 인해 초래하는 법률상의 실격 대신에 유죄선고 후에 뒤따르는 행정사면을 받지 않은 자를 고용해서는 안 된다고 규정하고 있다(Private Investigator Act, 45: 19-16).

㉠ 권총이나 기타 위험 무기의 불법사용, 운반 또는 소지

㉡ 강도용 연장을 제작 또는 소지

㉢ 장물취득

㉣ 건물에 불법 침입

㉤ 탈옥을 원조

㉥ 습관성 마약의 불법소지 또는 유통

㉦ 주 경찰청장이 그 면허에 대한 사설탐정의 면허를 취소하거나 거부한 자.

각 주마다 상이한 자격요건을 요구하지만 일반적으로 18세~25세의 연령자로서 미국 시민권자 또는 영주권자, 연방정부에서 취업을 허가 받은 자 이어야 하고, 범죄경력이 없고 도덕적 성격을 지닌 자라면 탐정이 될 수 있음을 의미하는 것이다.

많은 주에서는 만 몇 세 이상(연령), 범죄전과가 없고, 도덕적 품성을 가지고 있고, 보험에 가입할 것이 필요하다는 정도의 요건만 갖추고 면허를 신청하면 사설탐정이 될 수 있다(황정익, 2005: 37-39). 그러나 캘리포니아 주의 경우는 만 18세 이상의 연령, 캘리포니아 주 사법부와 FBI의 범죄경력조회 통과와 같은 기본적 요건 외에 일정경력을 요구하고 있다. 요구경력은 주로 조사관련 분야에서 최소 연간 2,000시간의 유급경력으로 3년간 6,000시간의 경력을 요구하고 있으며, Science Degree소지자는 2년간의 유급경력(4,000시간)을 경찰학, 형법, 헌법, 사법학 분야의 대학과정을 이수한 학사학위소지자, 또는 대학과정을 이수한 후 1년간의 실무경력을 갖출 것을 요구하고 있다(The Bureau of Security and Investigative Services of Califonia Department of Consummer Affairs 내부자료, Califonia Private Investigator Act, 7541).

이러한 일정경력 요구 외에 2시간의 다지선다(객관식)형 필기시험을 실시하여 70점 이상의 취득자만 합격통보를 받게 된다. 시험내용은 법률(헌법, 형법, 사설탐정법)과 규정(규칙), 전문성(Terminology)문제 (무기사용관리법, 살인·방화·절도·사기 등 각 분야의 실무에 관한 수사기법, 사건처리, 상황판단 및 대처능력, 보고서 작성), 인터뷰, 증거(수집 및 보존), 위장수사, 감시 등으로서 실제업무에 관련된 사항을 광범위하게 평가한다. 응시자격이 실무경력을 필요하기 때문에 응시자 중에는 수사기관의 전·현직 수사관이 많다. 인디애나 주, 뉴저지 주, 플로리다 주, 버지니아 주 등 일부 주정부는 면허시험 없이 일정자격과 경력만으로 면허를 발급하여 주 정부 내의 거주자인 주민들에게만 자격을 부여한다(이상원·김상균, 2006: 58-59). 이들 무시험 면허 발급지역의 면허는 타 주에서는 인정하지 않는 것이 보통이고, 일부 주정부는 면허제도 자체가 없는 경우도 있으나 이 경우, 관할법원에 허가를 받도록 하는 제도를 채택하고 있다.

미국에서는 공인탐정업에 종사하는 일반탐정사무원제도를 두고 있다[34] 일리노이주의 경우 탐정은 면허국에서 인가받은 교육기관을 졸업하여야 하며 간단한 시험 및 신원조회를 거쳐 취업허가증을 받게 된다.

---

34) 탐정은 공인면허를 가진 탐정사무소에 속해 회사의 지시에 의해 일을 할 수 있고 단독으로 계약이나 일을 할 수 없다. 따라서 일반 조사관의 자격증은 면허가 아닌 취업허가증이다.

3) 면허시험35)

22개 주에서는 면허증을 취득하기 위한 조건으로 시험에 합격해야 하며, 3개의 주에서는 면허 취득을 위한 방법으로 시험을 치르는 방안을 제공한다.

(1) 법학시험

가장 일반적인 유형의 평가는 응시자가 탐정업무와 관련하여 주법에 대한 이해를 확인하도록 제안된 관련 주의 법학시험이다. 주정부가 PI자격을 제공하기 전에 현지 법률을 잘 알고 있다는 것을 알고 있는지 확인이 필요하다.

(2) PI 기술평가

일부 주에서는 유능한 일을 수행하는 여부를 평가하기 위해 고안된 PI기술시험도 요구한다. 기술시험에서 발생할 수 있는 질문은 다음과 같은 주요 주제를 다루고 있다.

- 적절한 식별
- 보고서 작성
- 법원 증언
- 위증
- 전송추적
- 공개정보수집 및 연구

몇 개 주의 시험내용은 다음과 같다.

35) https://www.bls.gov/ooh/protective-service/private-detectives-and-investigators.htm 2018.4.13. 최종검색

〈표 10〉 주의 탐정시험

주	시험시간	특징	내용
알라바마	1시간	70% 통과해야 함 두 가지 범주로 나누어진 50개의 질문	34개는 실질적인 PI 지식, 16개 알라바마 법률 및 규칙
캘리포니아	2시간	150개 질문	정보수집-22%, 계획-19%, 보고-18%, 분석-15%,Eics-12 %, 시험준비-10%.감시-4%
콜로라도	30일 이내에 완료	법학 시험 필수 합격 점수는 75% 45개의 질문	연습표준-42%,일반법률,규칙 및 규정-27%, 종합교과과정 및 절차-16%,징계처분-15%
일리노이	90분	최소 70점의 점수 총 75개의 질문	연방법 및 주법-23개, 정보수집-16개, 면허 및 연습요구사항-12개, 사례관리-12개, 분석, 발표 및 보고-12개
캔자스		적어도 18개의 질문통과 20개의 질문	Kansas Private Detective Licensing Act, 캔자스 행정규정16장, 무기사용, S.A.11-6302 (d) (3)
루이지애나			사립탐정사업, 일반연방 및 주 헌법 원칙, PI 책임에 영향을 줄 수 있는 관련 법원의 결정, 수색 및 압류법, 프라이버시법, 무기류를 포함한 무기의 법과 사용법
미주리	2시간	70% 이상, 총 75개의 질문	미주리 주 PI에 관한 규칙 및 규정-55개, 일반연습-20개
네바다	2시간	75% 이상, 총 100개의 질문	네바다 PI 법률, 법률절차 및 PI 기술

주	시험시간	특징	내용
뉴욕	150분	70% 이상	PI 자격법률, 보고서작성,형사 및 형사소송법, 조사기법, 감독 및 제한, 서면자료의 이해
테네시	120분	70% 이상, 총 100개의 질문	테네시 규칙 및 법률-60개 실무지식-40개
워싱턴		사전과제교육을 완료. 30개 질문 100% 점수	예상원인 및 증거, 권력과 한계, 체포당국, 전문가증인, 비디오 및 사진
켄터키			KRS 제 329A조 - 개인조사법, 1974년 개인정보보호법, 정보자유법, 공정신용보고법, 청구권, 켄터키 형법, 사설탐정위원회 윤리강령, KRS 오픈레코드법, 사립탐정기술
플로리다	2시간	법학시험에 합격. 적어도 C클래스 PI자격을 취득	플로리다의 사설탐정 핸드북 플로리다 법령 493장

※ 워싱턴 : 잘못된 질문에 답하면 되돌아가서 질문을 검토한 다음 올바르게 대답해야 한다.

〈표 11〉 사설탐정 면허시험 현황

시험이 있는 주	면허요구 사항 없음	시험이 없는 주	주에서는 시험이 필요하지 않으나 군에서는 필요할 수 있음
알라바마, 켈리포니아, 콜로라도, 플로리다, 하와이, 일리노이, 켄사스, 캔터키, 루이지애나, 메인, 미주리, 몬타나, 네브라스카, 네바다, 뉴멕시코, 뉴욕, 노스타코타, 오하이오, 오클라호마, 오리건, 테네시, 버몬트, 워싱턴, 위시콘시	알래스카, 아이다호, 미시시피, 사우스타코타	아리조나, 아칸소, 코네티컷, 델라웨어, 워싱턴DC, 조지아, 인디애나, 아이오와, 메릴랜드, 메사추세츠, 미시건, 미네소타, 뉴햄프셔, 뉴저지, 노스캐롤라이나, 사우스캐롤라이나, 텍사스, 유타, 버지니아, 웨스트버지니아	펜실베니아, 로드아일랜드
24개	4개	20개	2개

4. 교육훈련

미국의 공인탐정은 기본자격요건 외에 일정 실무경력을 요구하고 이러한 자격요건이 갖추어지면 주에 따라 면허가 발급되거나 또는 필기시험을 실시한 후 합격자에 대해 면허를 발급하는 방식을 취하고 있다. 따라서 수사업무나 법에 대한 전문성이 없는 사람이 탐정이 되기 위해서는 전문교육기관(PI Academy)에서 일정 교육을 수료하고 경력을 쌓거나, 시험을 치러서 합격한 후 면허를 취득할 수 밖에 없다. 공인탐정에 대한 교육훈련은 각 주마다 조금씩 다르지만 대체로 공인탐정으로서의 전문성을 강화할 수 있는 내용으로 구성되어 있다.

1) 펜실베니아주 Lion Investigation Academy

Lion Investigation Academy는 전문대학과정에 준하는 2년간(4학기) 1,600시간의 (Investigation & Security Associate Degree)연수교육을 통해 주 정부에서 인정하는 시험을 거쳐 탐정면허를 취득하게 되어있다. 이 프로그램 3학점씩 20개 과목의 총 60학점을 취득해야하며, 이 프로그램이 등록하기 위해서 응시자는 고교 졸업을 하였거나 동등이상의 학력을 소지해야 하고 훌륭한 윤리성을 지니고 있어야 한다(Lion Investigation Academy 내부자료, 2007).

Lion Investigation Academy에서 AST Degree과정을 마치고 졸업학위를 받기 위해서는 이 프로그램의 60학점을 취득해야하고, 4학기 평점을 2.0이상이어야 하며 3년 안에 프로그램을 이수하도록 되어있다. 각 학기별 교과목과 학점, 시간은 〈표 9〉과 같다.

〈표 12〉 Lion Investigation Academy의 AST (Associate in Specialized Technology) Degree 교과과정

Semester	교과목	학 점	시 간
Semester 1	사설탐정개론	3	40
	감시 및 미행 기법	3	60
	응용 시큐리티 I	3	80
	심문 조사기법과 절차	3	80
	심리학 개론	3	100
Semester 2	조사실무I	3	80
	특수업무	3	80
	민간조사	3	70
	통신장비	3	100
	사회학개론	3	100
Semester 3	고소사건조사	3	80
	조사실무II	3	80
	응용시큐리티II	3	80
	시큐리티 예방산업론	3	80
	심리학	3	100

Semester	교과목	학 점	시 간
Semester 4	위장조사	3	60
	증거사법절차	3	80
	응용시큐리티III	3	80
	조사실무III	3	70
	사회학	3	100
4 Semester	20과목	60	1600

자료: Lion Investigation Academy 내부자료, 2007.

〈사진 12〉 미국 탐정 교육훈련 증명서(버지니아)

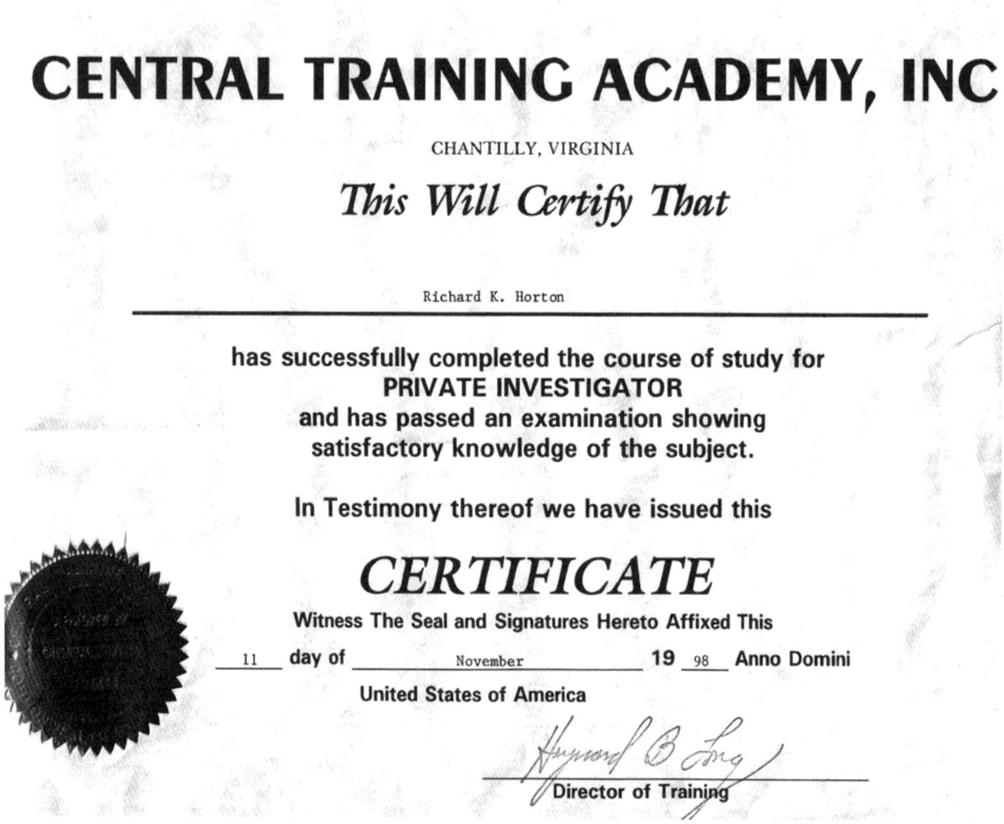
CENTRAL TRAINING ACADEMY, INC

CHANTILLY, VIRGINIA

This Will Certify That

Richard K. Horton

has successfully completed the course of study for
PRIVATE INVESTIGATOR
and has passed an examination showing
satisfactory knowledge of the subject.

In Testimony thereof we have issued this

CERTIFICATE

Witness The Seal and Signatures Hereto Affixed This
11 day of November 19 98 Anno Domini
United States of America

Director of Training

자료: 구글 private investigator education pictures.

2) 캘리포니아주 Nick Harris Detective Training Academy

캘리포니아 주 소재 Nick Harris Detective Training Academy는 CMI(Certified Master Investigator) Training 프로그램을 운영하고 있는데 10주 코스로서 매주 40시간씩 총 400시간을 (오전 09:30~오후 4:00)이수하도록 되어있다. 각 주별 교과목과 시간은 〈표 10〉와 같다.

〈표 13〉 Nick Harris Detective Training Academy의 CMI Training Program

주	과 목	시 간
1주	인터뷰기법과 보고서작성요령	40
2주	감시기법	40
3주	개인 상해사건조사I	40
4주	개인 상해사건조사II	40
5주	소환장송달 법정절차	40
6주	실종자 찾는요령	40
7주	배경(경력)조사	40
8주	재산찾기와 회수요령	40
9주	범죄수사기법	40
10주	법과 면허제도	40
총 10주	10개 과목	400시간

자료: Nick Harris Detective Training Academy 내부자료, 2006.

〈사진 13〉 미국 탐정 아카데미 교육과정

자료: 구글 private investigator education pictures.

제2절 영국 탐정제도

1. 개요

자치경찰시스템이 정착되어 있는 영국에서는 탐정들의 활동은 경찰력의 공백을 메우며 경찰의 동반자로서의 역할을 수행하고 있다(강영숙, 2007: 71~72). 영국의 민간경비(보안)산업법(Private Secutity Industry Act 2001)에서는 민간경비산업은 사람과 재산의 보호, 주차관리(immobilising Vehicle), 시큐리티 컨설턴트로 구성된다고 정의하고 있다(Private Security Industry Act 2001, section3). 영국 역시 탐정[36]

36) 영국에서는 일반탐정들이 탐정활동 외에 상업정보회사(commercial Intelligence Agency)를 운영할 수 있는데, 국내외 도피사범추적, 비즈니스 정보수집, 잠입근무 등의 관련 업무를 전문적으로 수행한다.

이 되기 위해서는 특별한 규정이나 규제가 없기 때문에 누구나 시도를 할 수 있다. 그러나 수사업무나 법에 대한 전문지식을 지니고 있는 전직경찰이나 헌병수사관, 정보기관 출신들이 탐정으로 많이 활동하고 있다. 따라서 민간인들이 탐정이 되기 위해서는 수사의 전문기법이나 전문지식을 교육하는 탐정교육기관에 등록하여 연수를 받고 이러한 연수를 통하여 국가 면허기관에서 발급하는 National Vocational Qualification (NVQ: 국가직업인증)을 취득할 수 있다. NVQ는 특정직업별로 대상자가 일정수준의 기술과 지식을 보유하고 있다고 인증해주는 5단계로 구성되는 제도이다. NVQ는 국가직업 면허시험을 통해 자격증이 발급되고 여러 공인된 평가기관에서 시험을 주관한다(이상원, 2007).

2. 탐정의 업무범위

영국의 민간경비(보안)산업법(The Private Security Industry Act, 2001.)에서는 민간경비산업은 사람과 재산의 보호, 시큐리티 컨설턴트, 주차관리(Immobilising vechicle), 사설탐정으로 구성된다고 정의하고 있다(The Private Security Industry Act, 2001, section3).

영국의 민간경비(보안)산업법 제4조 (The Private Security Industry Act 2001, section4)에서 규정하고 있는 탐정의 업무범위는 다음과 같다.

① 특정인물의 활동이나 소재에 대한 정보수집

② 멸실 된 재산상황 또는 그로 인한 피해 등에 관한 정보를 얻기 위한 감시, 조회 또는 조사로 규정되어 있다.

영국에서 탐정들의 고객으로서의 주 대상은 개인고객 및 보험회사나 금융기관의 Soliciter(사무변호사) 들이라고 볼 수 있다.[37]

---

37) 영국탐정 채용공고에 따른 수입을 살펴보면, 영국은행 근무 탐정 46,000-49,000파운드 (7천5십만원-7천5백만원), 대학병원 보안탐정 24,214- 30,112파운드(3천7백만원-5천7십만원), 재정탐정 28,300(4천3백만원), 파산조사탐정 40,000-45,000(6천1백만원-6천9백만원)
https://www.indeed.co.uk/jobs?q=Private+Investigator&start=40 2020.01.27. 최종검색.

3. 탐정의 정의와 자격요건, 면허

영국에서는 사설탐정(Private Investigator)은 '사람, 사람의 활동 또는 소재에 대한 정보를 획득할 목적으로 수행하는 감시, 질문, 조사에 관련된 활동을 하는 사람'으로 정의된다(Private Security Industry Act 2001, Section 1).

영국에서 탐정이 되기 위한 자격으로서는 신원증명서, 범죄경력증명서(범죄경력이 없어야 함), 탐정으로서의 적합한 능력보유를 요구한다. 영국의 민간경비산업법 제3조에 의하면 영국에서 탐정업을 영위하기 위해서는 개인뿐만 아니라 탐정업을 영위하려는 사람도 당국으로부터 면허를 받아야만 가능하도록 되어있다. 탐정업이 포함되는 The Private Security Industry Act 2001(민간경비산업법)에는 민간경비산업분야의 면허권한은 2003년부터 Security Industry Authority (보안산업위원회)에 있기 때문에 탐정면허는 SIA에서 발급된다. SIA는 민간경비 각 분야에 대한 자격증 제도를 집행 및 관리하는 비정부공공기관(Non Departmental Public Body)의 지위를 가지고 있으며 민간경비분야의 전문성 및 기술표준을 높이고 민간경비분야의 경력 및 모범사례를 홍보 및 전파하기 위해 존재한다. SIA는 민간경비산업분야의 인가와 승인에 관련된 임무, 이 분야의 사업을 수행하는 자의 활동과 효율성 감시, 민간경비산업분야의 훈련기준, 채용관리의 수준설정과 승인, 민간경비산업 기준의 유지와 향상을 위한 권고와 제안 등의 역할을 수행한다(The private Security Industry Act 2001, chapter 12). 민간보안산업법에 의해 형성된 SIA는 내무성과 일정한 관계를 갖고 있으며 관련된 모든 업무를 내무성이 보관하도록 되어 있다.

2013년에 개정된 「민간보안산업법」(PSIA)에서는 보안산업위원회(SIA)가 3개 면허(사설탐정면허, 소송절차안내면허, 보안자문면허)에 대한 일정한 자격증제도의 도입에 대해 규정을 하도록 되어 있다. 따라서 SIA의 시행령이 내려지면 민간계약보안에서의 탐정활동서비스를 제공하기 위해서는 일정한 자격요건을 필요로 하게 되며 이러한 자격증소지 대상은 탐정 외 탐정을 고용한 업체, 관리자, 감독자, 책임자, 심지어 탐정회사와 파트너십을 체결한 기관까지 모두 포함되는 것이다. 그러나 2014년 가을부터 적용한다던 이러한 3개 자격증소지 규정의 집행은 3년이 지난 지금까지도 연기되고 있는 문제를 안고 있다.[38](김인수 · 이상원, 2018: 61)

4. 교육훈련

사설탐정(Private Investigators) 관련기관으로, 영국조사관협회[39] (Association of British Investigators, ABI)는 협회회원의 직업을 홍보하기 위해 회원들과 협력하는 영국에서 앞서가는 전문기관이다. 이 협회사이트에는 영국, 미국 및 해외의 사설탐정 및 조사관의 명부가 포함되어 있는 것이 특징이다. 전문수사연구소[40] (Institute of Professional Investigators, IPI)는 현재 세계에서 가장 큰 연구소이며, IPI는 사립탐정이 되기를 원하는 사람들을 위한 온라인교육과정을 제공하고 있다. 영국 전문수사관 네트워크[41](UK Professional Investigators Network)는 영국 및 아일랜드 전역에 위치한 전문사설조사관, 사설탐정, 조사에이전트 및 조사전문가를 네트워크로 구성하고 있으며, 기관 사이트에는 조사자가 되기 위한 교육정보와 지역별 회원정보가 포함되어 있다.

탐정이 되기를 원하는 각 개인은 본인의 전문기술과 능력을 탐정전문 교육기관에서 습득할 수 있고 NVQ(국가직업인증)도 이러한 교육과 실전경험을 통해서 취득이 가능하다(김인수 · 이상원, 2018: 69). 영국의 경우, 탐정교육은 전문협회에서 운영하고 있는 교육훈련 program에 일정비용을 지불하고 교육을 시키는 경우가 일반적이다(Martin Gill and Jerry Hart, 1997).

영국탐정협회(The Association of British Investigators)에서는 여러 과정의 교육훈련코스를 운영하고 있는데, 조사교육과정(Investigation Course), 갈등관리교육과정(Conflict Management Course), 집달리교육과정(Bailiff Course), 감시교육과정(Surveillance Courses), 도보 및 차량감시 고급과정(Advanced Food and Mobile Surveillance), 전자감시과정(Electronic Surveillance), 목격자 증거수집과정(Professional witness Evidence) 등이 개설되어 있다(Association of British Investigators, 2006).

여기에서는 전문조사과정(Professional Investigation Course)과 감시과정(Surveillance Course)에 대해 살펴보고자 한다.

---

38) https://www.sia.homeoffice.gov.uk/Pages/home.aspx, 2018.6.18.최종검색.
39) Association of British Investigators (ABI): https://www.theabi.org.uk/, 2018.5.15.최종검색.
40) Institute of Professional Investigators (IPI): http://ipi.org.uk/, 2018.5.15.최종검색.
41) United Kingdom Professional Investigators Network: http://www.ukpin.com/, 2018.5.15.최종검색.

1) 전문조사과정(Professional Investigation Course)

전문조사과정은 2주간의 과정으로서 이 코스는 탐정이 되기 위한 필수인 정보를 습득하도록 편성되어 있다.

〈표 14〉 전문조사과정의 교과목

기 간	교 과 목
2주간 (80시간)	* 조사의 유형 * 보고서작성요령 * 진술 * 소환장 송달절차 * 감시기법 * 추적기법 * 장비운용기법 * 경찰과 형사증거의 수집 * 자료보호 * 현장보호 * 신분보고(status reporting) * NVQ(국가직업인증)제도 * 법적절차

자료: Association of British Investigators 내부자료, 2006.

2주간에 배우는 교과목은 조사의 유형, 보고서 작성요령, 진술, 소환장 송달절차, 감시기법, 추적기법, 장비운용기법, 경찰과 형사증거의 수집, 자료보호, 현장보호, 신분보고(status reporting). NVQ제도, 법정절차 등으로 80시간의 교육시간으로 구성되어있다.

〈사진 14〉 영국 탐정 교육훈련

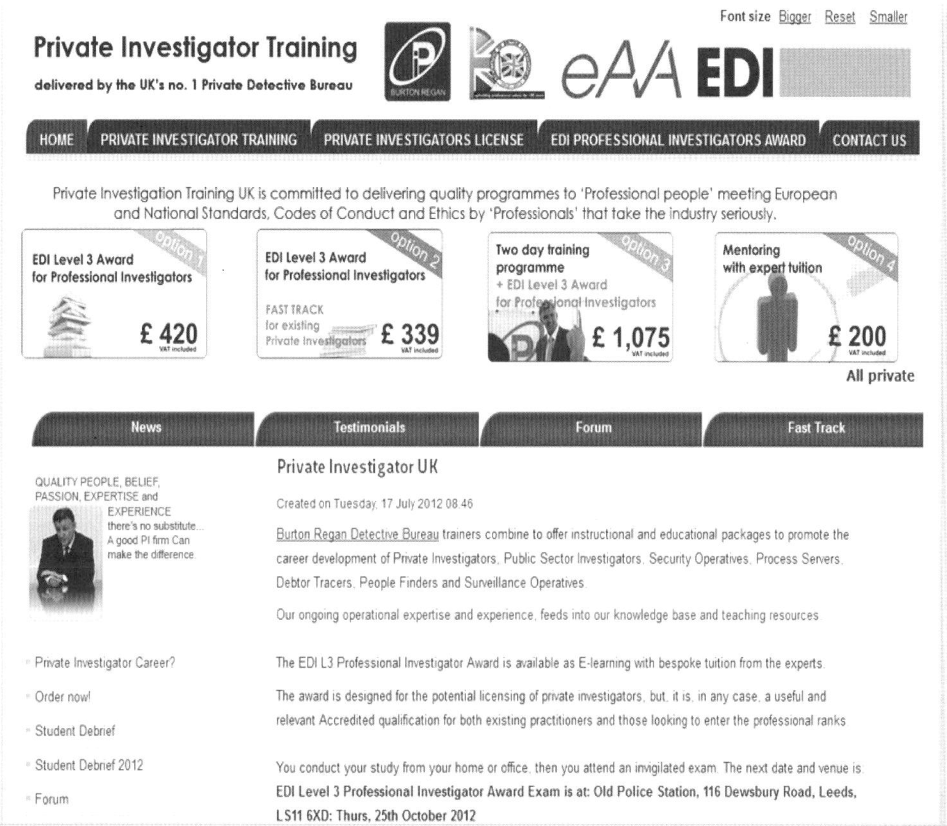

자료: 구글 U.K private investigator pictures.

2) 10일과정의 감시코스(Surveillance Course)

이 프로그램은 10일 과정으로서, 조사팀의 일원으로서 규정에 의한 감시업무를 수행하는 사람들에게 적합하도록 설계되어있다. 이 과정은 4일 과정 프로그램의 연장이다. 조사분야의 NVQ level 3,4를 취득하고자 하는 사람들에게는 4일 과정의 프로그램이 Unit9, 16, 17, 18을 수행하는데 필요한 입증을 해준다면, 이 코스는 교육의 우수성이 인정될 때 도보 및 차량 감시분야의 NVQ level3[42) 자격이 부여된다.

〈표 15〉 10일 감시과정(Surveillance Course)의 교과목

기 간	과 목	
10일	* 계획작성과 브리핑요령 * 위장비디오 및 사진촬영기법 * 전자감시기법 * 고정감시기법	* 고급도보 및 차량감시기법 * 관련법규와 증거수집요령 * 위성차량추적기법 * 고급소송절차

자료: Association of British Investigators 내부자료, 2006.

10일 감시과정의 교과목은 계획작성과 브리핑요령, 고급도보 및 차량감시기법, 공공수송기관내의 감시기법, 위장 비디오 및 사진촬영기법, 관련 법규와 증거 수집요령, 전자감시기법, 위성차량추적기법, 고정감시기법, 고급소송절차 등으로 구성되어 있다.

42) NVQ는 5단계의 단계별 능력기준을 제시하고 있다. 1단계(level 1) ~ 5단계(level 5)인데, level 3 는 복잡한 여러 가지 일을 수행할 수 있고 동시에 다른 사람을 지도할 수 있는 능력을 의미한다. 조사분야의 level 3는 필수3, 선택4과목의 과목을 이수해야한다.

〈사진 15〉 영국 탐정학교

자료: 구글 private investigator pictures.

제3절 호주 탐정제도

1. 개요

호주는 자격증의 국가라고해도 과언이 아닐 만큼 민간영역의 모든 분야에서 체계적인 자격제도를 유지하고 있다.

호주에서는 1995년부터 연방정부의 Australian Qualification Framework Advisory Board(호주자격구조자문위원회)에서 만들어진 Australian Qualification Framework (AQF)가 있는데 이 AQF가 국가적으로 필수적 교육과 훈련의 모든 자격에 대해 일관된 기본 틀을 제공하고 있다(이상원, 2003).

시큐리티 분야는 6등급의 18개의 자격제도로 운영되는데, 자격1급(Certificate I), 자격2급(Certificate II), 자격3급(CertificateⅢ), 자격4급(Certificate IV), Diploma, Advanced Diploma이다(Implemation Handbook, Australian Qualification Framework, 2002).

AQTF(Australian Qualification Training Framework)는 자격증을 발급하는 등록된 훈련조직을 위해 국가적으로 인정된 표준절차를 제공한다.

각 등록된 훈련조직은 주어진 훈련시간과 절차에 따라 교육훈련을 실시하고 소정의 시험을 거쳐 자격증을 발부하고, 관련된 기록 및 행정직 절차를 유지해야 한다(이상원, 2004; 377-379). 탐정제도 역시 3개의 자격제도, 즉 사설탐정 2급, 사설탐정 3급, 사설탐정 4급으로 운영된다.

〈사진 16〉 호주 탐정자격증

자료 : 구글 Australia private investigator pictures.

2. 탐정의 업무범위

호주 시큐리티의 주산업분야는 경비(Guarding), 출입접근 시큐리티(Access Security), 사설탐정 (Investigative services), 시큐리티 사업관리(Security business management)로 분류된다(Western Australia Asset Security Training Package Implement Kit, 1999). 또 시큐리티 제공자는 군중관리자(Crowd Controller), 시큐리티 경비원(Security

Officer), 사설탐정 (Private Investigator), 시큐리티회사(Security Firm)로 구분된다(Security Provider ACT. 1993 4 (1)). 이중 사설탐정은 '보수를 받고 다른 사람에 대하여 정보를 수집하거나 정보를 제공하는 사람'으로 정의를 내릴 수 있다(Security Provider ACT 1993, 6 (1)).

호주는 탐정의 업무범위가 주마다 약한 씩 차이가 있다. 몇 개 주에서 규정하고 있는 민간조사원의 업무범위를 살펴보면 다음과 같다(송봉규, 2007).

1) Queensland 주

보수를 받고 다른 사람에 관련된 정보를 수집하고 제공하는 일

2) Western Australia

- 채권회수, 영장송달, 상품회수
- 의뢰인을 대신하여 제3자를 찾거나 제3자에 대한 개인사업이나 개인적 문제의 조사

3) South Australia

- 채권회수 또는 빚 독촉
- 상품의 회수 또는 소재확인
- 지방세 회수 또는 소재확인
- 판결의 집행이나 법원의 명령으로 법적절차를 집행
- 개인의 성향이나 행동 또는 개인의 사업이나 직업 등의 개인정보를 수집하거나 제공하는 업무
- 행방불명자의 소재확인
- 소송을 목적으로 증거를 수집하는 업무

위에서 살펴보았듯이 호주에서의 탐정의 업무범위는 채권추심, 법 집행 대리업무,

개인 및 기업관련 정보의 수집 및 제공, 소송을 목적으로 증거를 수집하는 활동, 집나간 사람이나 행방불명자의 소재확인 등으로 대별할 수 있다(송봉규, 2006).

3. 탐정업의 정의와 자격요건, 면허

호주 시큐리티의 주 산업분야는 경비(Guarding), 출입접근시큐리티(Access Security), 사설탐정(Investigative services), 시큐리티사업관리(Security business management)로 분류된다(Western Australia Asset Security Training Package Implement Kit, 1999). 또 시큐리티 제공자는 군중관리자(Crowd Controller), 시큐리티경비원(Security Officer), 사설탐정 (Private Investigator), 시큐리티회사(Security Firm)로 구분된다(Security Provider ACT. 1993 4 (1)). 시큐리티제공자의 기능을 수행하기 위해서는 적절한 면허가 필요한데, 그 면허는 군중관리자 면허, 사설탐정면허, 시큐리티 경비원 면허, 시큐리티 회사면허이다.

호주에서 사설탐정이 되기 위한 자격요건은 각 주마다 약간씩 상이하지만 Queensland주의 예를 들어보면(Security Provider ACT 1993), (i) 만 18세 이상의 연령, (ii) 교육훈련기관의 책임자에 의해 인정된 교육훈련과정의 성공적인 이수, (iii) 범죄경력이 없어야 함, (iv) 면허소지에 적절한 자로 규정하고 있다. 호주에서 사설탐정의 면허는 대부분 주 경찰국에서 발급되고 통제되어진다.

4. 교육훈련

호주에서는 직업교육과 훈련분야에서 각 주정부가 연방정부에서 제시하는 기본틀 내에서 운영하며, 자격증 발급에 대한 합법적 권한을 주정부가 가지고 있으며, 이 책임은 등록된 훈련조직이나 법규에 의해 권한이 주어진 조직에 의해 수행된다.

예로서, Security Academy, TAFE, Security Institute, Private Investigator Academy 등이 해당된다.

호주에서 공인탐정자격을 획득하기 위해서는 권한과 능력이 주어진 주에서 허가된 사설교육기관에서 소정의 교육훈련을 받은 후 주 정부에서 위탁한 사설 교육기관에서 실시하는 시험을 통과하여 자격증(certification)을 발부받은 후 주 경찰국에서 면허를 신청하면 된다.

공인탐정들의 활동범위는 자신의 면허를 취득한 주에서 제한되지만 각주에 일정세금을 납부하면 다른 주에서도 탐정으로 활동할 수 있다.

호주에서는 등록된 훈련조직의 사설탐정 교육훈련시간은 각 주마다 약간의 차이가 있는데 여기에서는 Wesrern Australia의 예를 들어보고자 한다.

〈표 16〉 사설탐정 교육훈련시간

코 드	사설탐정급수	시 간
PRS20498	사설탐정2급	142
PRS30598	사설탐정3급	302-642
PRS40498	사설탐정4급	622-642

자료: Asset Security Training Package Implementation Kit의 Qualification을 요약 정리한 것임, 이상원(2004)에서 재인용.

Western Australia에서는 사설탐정 2급은 142시간, 사설탐정 3급은 최소 302시간, 사설탐정4급은 최소 622시간 교육시키도록 되어있다.

〈표 17〉 사설탐정 2급 교과과정의 예

코 드	과 목	시 간
PRSIR13A	정보수집방법 선택	16
PRSIR20A	서면보고서작성 및 편집	20
PRSIR22A	법정에서 사용키 위한 증거준비	16
PRSIR23A	법정에 증거제출	20
PRSIR38A	직업적 건강과 안전유지	10
PRSIR15A	실제수사에 의한 증거수집	30
PRSIR17A	인터뷰 방법과 진술	30
계		142

자료: Western Australia Department of Training and Implayment, Asset secutity Training Package Implementation Kit,(1999: 33).

사설탐정 2급의 교육훈련 과목은 7개 과목으로 구성되어 있는데, 이들은 정보수집방법 선택 16시간, 법정에 증거제출 20시간, 직업적 건강과 안전유지 10시간, 실제 수사에 의한 증거수집 30시간, 인터뷰 방법과 진술 30시간으로 총 142시간을 이수하도록 되어있다.

〈표 18〉 사설탐정 3급 교과과정의 예

코 드	과 목	시 간
PRSIR 13A	정보수집방법 선택	16
PRSIR 20A	서면보고서 작성 및 편집	20
PRSIR 22A	법정에서 사용될 증거의 준비	16
PRSIR 23A	법정에 증거제출	20
PRSIR 33A	소규모 팀에 대한 지휘	20
PRSIR 34A	직원감독	20
PRSIR 36A	현장운용의 조직과 모니터(감시)	20
PRSIR 38A	직업적 건강과 안전유지	10
PRSIR 14A	감시에 의한 정보수집	30
PRSIR 19A	장비의 선택과 감시차량운용	30
PRSIR 16A	전문적 정보수집장비의 선택과 획득, 보관	40
PRSIR 21A	정보의 저장과 보호	40
PRSIR 28A	고객과의 관계유지	20
계		302

자료: Western Australia Department of training and Employment, Asset Secutiry Training Package Implementation Kit,(1999: 32).

사설탐정 3급의 교육훈련교과목은 13개 과목으로 구성되어 있는데, 이들은 정보수집방법 선택 16시간, 서면보고서 작성 및 편집 20시간, 법정에서 사용될 증거 준비 16시간, 법정에 증거제출 20시간, 소규모 팀에 대한 지휘 20시간, 직원감독 20시간, 현장운용의 조직과 모니터(감시)20시간, 직업적 건강과 안전유지 10시간, 감시에 의한 정보수집 30시간, 장비의 선택과 감시차량운용 30시간, 전문적 정보

수집 장비의 선택과 획득, 보관 40시간, 정보의 저장과 보호 40시간, 고객과의 관계유지 20시간으로 총 302시간을 이수토록 되어있다.

이 프로그램은 탐정분야의 감독자로서 일하는 사람에게 적절한 프로그램이다.

〈사진 17〉 호주 탐정 교육훈련

자료: 구글 Australia private investigator education pictures.

〈사진 18〉 호주 탐정 교육기관

PICA

PRIVATE INVESTIGATORS
College of Australia

자료: 구글 Australia private investigator education pictures.

제4절 일본 탐정제도

1. 개요[43)]

일본에서 탐정이 직업으로서 확립되기 이전의 상황에서는 명확하지는 않지만, 현재의 탐정업과 관계있는 부분이 존재한다.

1) 유사 전부터 에도시대

일본탐정의 기원을 유사 전부터 에도시대에 걸쳐 살펴보면, 탐정은 정보수집 전문가였다. 전국시대 전국무장은 전술의 필요상 조직 안에 정보수집 부문을 두면서 전문성이 있다고 인정받은 사람을 고용하였다. 또한 전문가는 아니지만 정보수집에 관계 깊은 직업을 가진 사람들은 간접적 정보수집가였다. 즉 일본의 탐정은 오랜 시간을 거쳐 정보수집가로 활동을 하였다.

일본에서 탐정이란 '비밀사항이나 사정을 은밀히 알아내는 일 또는 그 일에 종사하는 사람'을 뜻하는데, 예전에는 염탐꾼이라고 불리었고 전쟁 중에는 밀정, 간첩, 스파이라고도 하였다. 일본 전국시대에는 닌자로 불리기도 하였고 센코쿠다이묘가[44)] 고용하여 비밀리에 정보수집을 시켰다고 알려져 있고 에도시대에는 막부가 각 지역의 다이묘들이 모반계획 등에 대해 비밀리에 조사 시킨 자들을 온미쯔라고 불리었다.

2) 메이지유신시대

최근에 메이지유신에 의해 근대적 국가로 전환되면서 메이지정부가 수립되었

---

43) http://tantei-net.org/detective1.html 2018.10.14.최종검색.

44) 전국시대에 각지에서 전란을 틈타 스스로 권력을 장악한 무사출신의 다이묘가 나타나게 되었다. 이 시대에 새롭게 지배자가 된 자들을 센코쿠다이묘라 불렀다. 이 시기, 과거에 중앙에서 임명한 다이묘를 슈고다이묘라 불러서 양자를 구분하였다.

지만, 치안은 안정적이지 않았고 각지에 테러나 폭동이 자주 발생하였다. 그 때문에, 메이지정부는 정보수집과 사회문제 처리를 위해 밀정을 배치하고, 탐정이라는 용어가 일반대중에게 알려지기 시작하였으며 민간 밀정탐정기관이 설립되었다. 또한, 산업이 발전하여 주식회사나 증권거래소 등이 활발해져, 기업신용이 산업발전의 중요한 부분이 되어 왔다. 이러한 시기에 이른바 흥신소가 차례로 설립되어 일대 발전기를 맞이하기에 이르렀다.

3) 2차 세계대전 전후

2차 대전 이후, 일본의 인구이동이 많아지면서 흥신소·탐정사가 급성장하였다. 전후를 기점으로 4대 흥신소(테이코쿠, 쇼코, 징코, 테이탄)는 수십 곳의 사업장과 직원이 1,000명을 넘을 정도가 되었다. 그러나, 사회가 고도화되는 것과 동시에, 인권 존중의식이나 프라이버시 의식이 고양되어, 탐정업이 사회적 문제를 야기하는 사건이 자주 발생하였다. 패전으로 전쟁 전의 규제가 폐지되자 다시 한 번, 흥신소 탐정회사의 난립시대가 찾아왔다. 개인 신원조사의 중심은 결혼과 취업이었으며 그러나 이러한 범죄경력 및 사상 등에 대한 조사는 차별로 이어지는 내용이 적지 않았다. 특히, 동화문제의 취급이 업계에 큰 영향을 미치게 되어 이것이 협회 설립 운동 등의 싹이 되었다.

4) 1960년대 이후

1960년대 미개발빈민지역에 대한 일본사회의 집단따돌림과 이에 관한 정보를 제공한 탐정들의 불법행위가 문제가 되었고, 이를 방지키 위해 개인정보보호법 등이 제정되었다. 그리고 1985년에 탐정업협회는 사단법인이 되며, 그해 12월 탐정업은 국가공안위원회와 경찰청 소관이 되어 경찰의 행정지도를 받았다. 2007년 6월에는 「탐정업업무의적정화에관한법률」이 제정되고 시행되었다.

일본에는 일본조사협회 산하에 23개의 지역협회가 조직되어있고, 그 밑의 600여개의 탐정업체(탐정사무소, 조사회사, 흥신소)에서 약 6만명의 탐정들이 활동하고 있다(강영숙, 2007). 또 탐정산업의 시장규모는 약 2,000억엔(한화로 약 2조원) 정도로 알려져 있다.

2. 탐정의 업무범위

탐정의 업무범위는 명확히 규정되어 있지 않지만 탐정에 대한 의뢰사항을 살펴보면 다음과 같다[45].

1) 부부 및 애인관계에 있는 사람으로부터 상대방의 행동조사

불륜조사로서 남편으로부터의 의뢰가 많다. 또한 교제상대에게 새로운 애인이 있는가에 대한 의혹으로서 의뢰하는 애인이 많다.

2) 주소 · 가출조사

시대배경에 따라서 원인은 변하고 있지만 대부분 금전문제이다.

3) 범죄조사

사건은 다양한 사례가 있는데, 사원 · 아르바이트의 업무횡령에 관한 부정조사

45) http://tantei.apk7.com/ 2010.10.14.최종검색.
사단법인 일본탐정업협회에서 탐정의 주요조사로 다음을 제시하고 있다.
○ 素行調査(행실조사): · 社員の不審行動の証拠(직원의 의심스러운 행동증거), 浮気や異性関係の調査(바람 및 이성관계 조사), · 子供の非行防止(자식의 비행방지)
○ 所在調査(소재조사): · 債務者の住所の確認(채무자의 주소 확인), · 配偶者の浮気相手の自宅(배우자의 불륜상대의 자택), · 家出人の捜索(가출인의 탐색)
○ 信用(資産調査) 신용(자산조사): · 債務者の弁済余力を確認(채무자의 변제여력의 확인), · 財産分与で隠し財産を把握(재산배분과 재산숨김을 파악), · 企業信用調査(기업신용조사)
○ 身元調査(신원조사): · 経歴や背景を確認(경력 및 배경 확인), · 縁談に際しての結婚調査(혼담에 있어서 결혼조사), · 反社会的人物とのかかわり(반사회적인물과의 관계)
https://www.jda-tokyo.jp/15180016361763 2018.10.13.최종검색.

및 손님을 가장하여 물건을 훔치는 조사 등이 주류를 이루고 있다. 조사를 추진하는 동안에 범죄사건이 되는 사례도 있다.

4) 개인 · 신용조사

상거래에 관해서 자료가 불명확한 개인의 신용도를 조사한다.

5) 자식의 행동조사

부모로부터 의뢰로서 중 · 고등학생의 이성관계의 조사가 주된 목적이다. 40세 정도의 독신의 아들을 걱정하여 행동조사를 의뢰하는 경우도 있다.

6) 이지매, 스토커 등에 대한 조사

7) 교제 · 결혼에 관한 조사

결혼을 하고 있지만 다른 애인이 있는 경우 및 결혼 상대방의 품행 등을 조사. 또한, 결혼사기사건에 관계하는 것도 있다.

8) 역원 · 사원의 행동조사

인사에 관한 자료 및 영업망의 업무내외 행동조사가 많다.

9) 도청기 발견조사

회사 · 개인이 가지고 있는 정보가 제3자에게 누설될 수 있는 가능성이 있는 것으로부터 의뢰가 있다. 또한 어떤 문제에 말려들어서 도청당하는 것을 우려하는 경우도 있다.

10) 문제대책조사

돌발적 사건의 당사자가 되는 경우에 상대방 개인·기업의 신변을 명백하게 해서 대책을 세우기 위한 조사의뢰.

11) 그 외

애완동물을 찾는 것, 그 외 일체의 것이 조사의뢰 내용이 된다.

동경부조사업협회에서 조사한 고객의 일반적인 조사내용을 살펴보면 다음과 같다.

〈표 19〉 탐정의 의뢰사항

〈행동조사〉	
미행·잠복근무 등에 의한 조사대상자의 행동이나 행선지 파악	
불륜조사	• 배우자, 애인의 이성관계 등에 관한 문제의 조사와 증거촬영 • 특정인물의 행동이나 행선지, 교우관계 파악
소행조사	• 외근영업사원들의 외부활동을 추적, 확인하여 객관적인 평가 • 기업의 위기관리에 관한 종업원의 비밀누설이나 금품 등의 수수 • 근무시간 외의 취업유무 확인 • 횡령 등의 조기발견과 증거취득 • 산업폐기물 등을 불법으로 투기하는 차량이나 인물, 회사의 적발 • 특정인물의 행동, 들르는 장소, 교우관계의 파악
〈사람 찾기 및 소재조사〉	
• 가출인·실종자·첫사랑·옛 친구·은인 특정인 등의 소재 및 주소 파악 • 특정인의 근무처 확인	
〈신용조사〉	
개인 신용조사	• 특정인의 자산이나 부채 등의 조사
기업 신용조사	• 거래처의 신용도 및 현황파악, 채권회수 위험을 회피하기 위한 행위에 대상이 되는 기업에 대한 조사

〈기타조사〉	
인연 · 적성조사	• 교제상대, 애인, 결혼상대자에게 대해 우려되는 사항이나 신상 조사 • 채용 예정자나 인사이동 등의 직업에 관한 적성조사
사생활 보호조사	• 도청, 몰래카메라 등의 발견 및 조사 • 수상한 인물, 스토커에 대한 제 문제 해결 • 방범컨설팅 • 컴퓨터 및 네트워크의 안전문제 해결
재판자료 수집 등	• 변호사 · 유자격자에 대한 연대에 따라 각종 증거를 취득 • 개인 및 기업의 다양한 소송문제 등 문제에 대응하는 것
각종감정	• DNA, 지문, 필적, 인장 등의 감정

자료 : http://www.tochoukyou.jp/home/chousa.html 2018.10.16.최종검색.

〈사진 19〉 일본탐정의 업무범위

素行·浮気調査

交友関係や密会相手、立ち回り先の解明
尾行·張り込み·証拠撮影
素行調査、浮気不倫調査

所在調査

転居先の確認
債務者の居住先の特定
所在不明の知人の所在地
浮気相手の住所調査

身元·信用調査

身元調査、結婚調査
金銭信用問題の把握
隠し財産の調査
資料データ検索

자료 : https://www.cardea.jp/ 2018.11.12.최종검색.

3. 탐정업의 정의와 자격요건, 면허

1) 정의

'탐정업무'라 함은 타인의 의뢰를 받아 특정인의 소재 또는 행동에 대한 정보로서 당해의뢰에 관계되는 것을 수집할 것을 목적으로 면접에 의한 탐문, 미행, 잠복 등 기타 이러한 것에 준하는 방법에 따라 실시 조사를 하고, 그 조사결과를 당해 의뢰인에게 보고하는 업무를 말한다(제2조 1항)[46]. 단 전적으로 방송

46) 탐정업무의 정의 (제1항 관계)

(1) 다른 사람의 의뢰를 받는 것은, 계약에 의거해 타인을 위해 행하는 것을 말하며, '타인'이란, 해당 계약에 의거한 업무를 행하는 자 이외의 개인 및 법인 등을 말한다. 또, 다음과 같은 업무는, 조사를 실시하는 경우에도, 자신의 본래의 업무를 위해서 실시하는 것이며, "타인의 부탁을 받고 하는 것이 아니니" 탐정업무에 해당하지 않는다. 작가, 저술가, 프리 저널리스트, 인터넷·미디어 등이 스스로의 보도, 저작 등의 사용할 목적으로 하는 취재활동 등 학자들, 연구자 등이 스스로 학술조사 활동의 일환으로서 실시하는 조사 등의 활동. 변호사, 공인회계사, 세무사 또는 변리사 스스로 맡은 사무를 수행하기 위해 필요한 활동

(2) 특정인의 사람에는 개인 외 법인 등이 포함된다. 또한, '특정'의 정도에 대해서는 개인의 경우, 주소, 성명 등이 반드시 확실한 것은 아니지만, 조사대상자의 개성에 주목하여 이를 구체적으로 좁힐 수 있는 정도로 있는 일을 요구한다. 다음과 같은 업무는 불특정다수자로부터 특정한 유형을 기초로 대상자를 추출하는 것이며, 대상자의 개성을 전제로 한 것이 아니고, 특정인에 관한 조사라고는 말할 수 없기 때문에, 탐정업무에 해당하지 않는다.
연구조사기관 등이 실시하는 여론조사 설문조사

(3) '소재 또는 행동'에는 현재의 것뿐 아니라 과거 또는 미래의 소재 또는 행동이 포함된다. 이것들에 대한 정보 중에는, 특정시기의 개별 ·구체적인 '소재 또는 행동' 뿐만 아니라, 근무처, 소속단체 등에 대한 정보나 소행 등 일반 정보가 포함된다. 한편, 다음과 같은 업무는 "특정인의 소재 또는 행동"에 대한 정보수집을 목적으로 하는 것이 아니기 때문에, 탐정업무에 해당되지 않는다. 단순히 개인 또는 법인의 자산상황이나 경영전략 (경영전략에 의거한 행동은 제외한다.)에 대한 정보수집을 하는 것을 목적으로 하는 업무

(4) 면접에 의한 탐문, 미행, 잠복은 실지(현장)의 조사 방법의 예시이다.[기타 이것들에 비슷한 방법]은 현장에 가서 행해지는 조사(실지의 조사)의 수단이며, 예시에 거론된 방법과 동등한 정도로 대상자의 권리이익을 침해할 수 있다. 예를 들어 은닉성이 있는 카메라를 설치하고, 그 기록내용을 해석하는 방법이 이에 해당된다.
다음과 같은 업무는 현장조사를 하는 것이 아니기 때문에 탐정업무에 해당하지 않는다. 단지 전화문의나 인터넷을 이용한 정보의 검색만으로 조사를 행할 뿐인 업무. 덧붙여 실지의 조사의 대상이 되는 사람은, 정보 수집의 목적이 되는 "특정인"에 한정되지 않는다.

(5) 탐정업무는 조사결과를 해당의뢰인에게 보고하는 업무, 즉 의뢰를 받아 행하는 실지조사와 조사의 결과의 의뢰자에 대한 보고가 일체가 되어 행해지는 업무이다. 따라서, 다음과 같은 업무는 탐정업무에 해당되지 않는다. 단지 전화문의나 인터넷을 이용한 정보의 검색만으로 조사를 행할 뿐인 업무. 덧붙여 실지의 조사의 대상이 되는 사람은, 정보 수집의 목적이 되는 "특정인"에 한정되지 않는다. 실지의 조사를 통해 개인의 소재 또는 행동에 대한 정보를 넓게 수집해, 데이터베이스를 구축해두고, 그 자료를 의뢰로 제공하는 업무.

기관 · 신문사 · 통신사 · 기타 보도기관의 의뢰를 받고 그 보도용으로 공여할 목적으로 행해지는 것을 제외한다(제2조 2항). '탐정업자' 란 관할 도 · 도 · 부 · 현공안위원회에 소정의 신고를 하여 탐정업을 영위하는 자를 말한다(探偵業の業務の適正化に関する法律, 2011년 6월 3일 법률 제61호 개정, 제2조 제3항)

2) 자격요건

탐정업자의 결격사유는 다음과 같다. 성년후견인(금치산자), 피보좌인(한정치산자) 또는 파산자로 복권되지 아니한 자(제3조 1항), 금고 이상의 형에 처해지거나 이 법률의 규정을 위반하여 벌금형에 처해져서 그 집행을 종료 또는 집행을 받지 아니한 날로부터 기산하여 5년을 경과하지 않은 자(제3조 2항), 최근 5년간 이 법률 제15조의 규정(6월 이내의 영업정지)에 의한 처분을 위반 한 자(제3조 3항), 폭력단원에의한 부당한행위의 방지 등에 관한 법률 제2조 6항에 규정한 폭력단원 또는 폭력단원이 아닌 날로부터 5년을 경과하지 아니한 자(제3조 4항), 영업에 관하여 성년자와 동일한 능력을 보유하지 않은 미성년자로 그 법정대리인이 전조 각 항목에 해당될 때(제3조 5항), 법인에 소속된 종업원 중 위의 1-4까지 의 각 항목에 해당하는 자가 있을 때이다. 따라서 일본에서는 결격사유가 없다면 누구나 도 · 도 · 부 · 현공안위원회에 신고를 통해 탐정업을 영위할 수 있다(제3조 6항).

3) 면허

탐정업을 영위하려는 자는 내각부령에서 정하는 바에 따라 영업소마다 해당 영업소의 소재지를 관할하는 공안위원회에 다음의 사항을 기재한 신고서를 제출하여야 한다. 이 경우 해당 신고서에는 내각부령에서 정한 서류를 첨부하여야 한다(제4조 1항). [1. 상호, 명칭 또는 성명 및 주소, 2. 영업소의 명칭 및 소재지와 함께 해당 영업소가 주된 영업소인 경우에는 그 취지, 3. 전항목에 의해 게재한 상호, 명칭, 성명 및 게재한 명칭 외에 해당영업소의 광고 또는 선전을 할 경우에 사용하는 명칭이 있는 경우의 그 해당 명칭, 4. 법인에 있어서는 해당임원의 성명 및 주소.] 탐정업을 폐지한 때, 또는 전항에 해당하는 사항에 변경사항이 있을 때에는 내각부령이 정한 바에 따라 공안위원회에 그 취지를 기재한 신고서류를 제출하여야 한다. 이 경우에 당해 신고서에는 내각부령이 정한 서류를 첨부하여야 한다(단 업무 폐지 시에는 제외한다.)(제4조 2항). 이 경우 공안위원회는 당해신고를 한 자에 대하여 신고가 접수되었다는 것을 증명하는 서류를 교부하여야 한다(제4조 3항).

4. 교육훈련[47)]

1) 교육훈련

일본에서는 탐정업과 관련된 법률인 '탐정업 업무의 적정화에 관한 법률'에서는 교육 및 훈련에 관한 사항은 특별히 규정하고 있지 않다. 그러나 탐정업무가 가지는 다양성과 전문성으로 인하여 탐정은 조사를 수행하는데 있어서 스스로 연구하고 능력과 기술을 향상시키는 것이 필요하다.

사단법인 일본탐정업협회에서는 건전한 탐정업자의 육성을 목적으로, 그 직업에 종사하는 분에 대해서, 그 기술·능력에 관한, 아래와 같은 자격인정, 검정시험 및 강습을 "탐정기능검정"으로서 실시하고 있다.

○ 일급 탐정조사사 검정

탐문, 미행, 잠복, 촬영 등의 기술 및 능력 모두 일정한 수준 이상이라고 인정되며, 동시에 관계법령에 대한 올바른 지식도 있다고 당 협회가 인정 또는 검정시험에 합격할 것.

탐정조사사의 자격검정은, 원칙으로서 각 도·도·부·현 공안위원회에 탐정업의 신고를 실시한 사람이 대상이 된다. 국적·성별은 묻지 않는다. 시험은 매년 1회 1월의 4째 주 일요일의 13시 20시에 도쿄도 내에서 자격시험을 실시하고 있다.

47) https://www.jda-tokyo.jp/article/13980977.html 2018.10.17.최종검색.

(1) 필기시험(2시간 이내 택일, 약 50문항) 90%이상의 정답을 필요로 한다.(탐정업법 및 관련 법령 중에서 출제된다.) 필기시험 합격자는, 당일 오후에 실시되는 기능시험에의 참가자격을 얻을 수 있다.

(2) 기능시험(미행, 잠복에 관한 기능, PC의 스킬, 카메라, 사진, 비디오 취급) 강습을 포함한다(2시간 2회 합계 4시간).

○ 탐정업무관리자 검정

관련된 각종 법령의 제 규칙 등에 관한 올바른 지식과 깊은 이해를 가지는 것이 필요하며, 가맹원의 내부관리체제 강화·교육지도나 적절한 영업활동을 실시하기 위한 것으로 주로 사업자 및 관리직이 주요 대상이다. 당 협회가 인정 또는 검정에 합격할 것.

탐정업무관리자의 자격검정은, 원칙으로서 각도·도·부·현 공안위원회에 탐정업의 신고를 실시한 사람(법인의 경우는 임원, 개인의 경우는 사업주, 당 협회가 실시하는 조사사 검정합격자)이 대상이 된다. 국적·성별은 묻지 않는다. 시험은 매년 1회 3월의 4째 주 일요일의 13시~17시에 도쿄도 내에서 자격시험을 실시하고 있다.

(1) 필기시험(2시간 이내 택일 약 50문항) 95% 이상 정답을 필요로 한다.(탐정업법 및 관련 법령 중에서 출제된다.)

(2) 면접시험(관계법령에 의거한 구체적인 설문형식에 의하여 실시한다.) 강습을 포함한다(2시간 내).

2) 탐정업 현황

2018년 말의 현재신고자 수는 58,528명이며 전년대비 114명이 증가하였다.

〈표 20〉 탐정업의 신고현황 추이(2016년-2018년)

(단위: 건)

	2016년	2017년	2018년	전년대비
신규신고 수	5,691	5,738	5,852	114
개인	4,151	4,185	4,239	54
법인	1,540	1,553	1,613	60
신규신고 수	617	650	699	49
개인	430	476	509	33
법인	187	174	190	16
폐지신고 수	587	594	574	▲ 20
사망에 따른 증명서 반납 수	7	9	11	2

자료: 警察廳. (2018), 平成 30年中に おける探偵業の概況, 警察廳生活安全局生活安全企劃課 재구성

2018년「탐정업 업무의 적정화에 관한 법률」위반 등의 검거건 수 및 검거인원은 5건 4명이다.

〈표 21〉 탐정업 법률위반 검거상황 추이(2016년-2018년)

내용/년도	2016년		2017년		2018년	
	검거건수	검거인원	검거건수	검거인원	검거건수	검거인원
무신고영업	3	3	0	0	1	2
명의대여금지위반	0	0	0	0	0	0
신고서류허위기재	1	1	0	0	0	0
중요사항설명 서면 미교부	0	0	0	0	0	0
그 외 기타	1	2	5	4	2	0
총 수	5	6	5	4	3	2

자료: 警察廳. (2018), 平成 30年中に おける探偵業の概況, 警察廳生活安全局生活安全企劃課

2018년 중에 탐정업자 및 탐정종사자가 탐정업무에 관해 기타 법령 등의 규정을 위반하여 검거되었다, 주요사례로는 건물침입, 스토커행위 등에 대한 규제등에 관한 법률을 위반하였다. 2018년 중에 탐정업자에 대하여 행정처분은 영업폐지명령이 0 건, 영업정지명령이 1건, 지시가 39건으로 나타났다. 전년도에 대비하여 영업폐지명령이 -1건, 지시가 -2건이 감소하였다.

〈표 22〉 탐정업자에 대한 행정처분 현황(2016년-2018년)

내용/년도		2016년	2017년	2018년	증감(전년대비)
영업폐지명령건 수			1	0	▲ 1
결격사유	3조 1호해당				
	3조 2호해당		1		
	3조 3호해당				
	3조 4호해당				
	3조 5호해당				
	3조 6호해당				
결격사항합계 수		0	1	0	▲ 1

자료: 警察廳. (2018), 平成 30年中に おける探偵業の概況, 警察廳生活安全局生活 安全企劃課 재구성

〈표 23〉 탐정업자에 대한 행정처분(지시·정지명령) 현황(2016년-2018년)

내용/년도	2016년		2017년		2018년		증감	
	정지	지시	정지	지시	정지	지시	정지	지시
영업정지명령·지시건 수	4	53	1	41	1	39		▲2
변경신고서등 허위		14		7		8		1
실시원칙 위반		6		3		4		1
서면수리 위반		7		4		3		▲1
서면교부 위반	3	12		10		8		▲2
위법행위인지업무								
탐정업 이외 위탁								

내용/년도	2016년		2017년		2018년		증감	
	정지	지시	정지	지시	정지	지시	정지	지시
비밀의무위반		2				1		1
자료부정 등 이용						1		1
교육의무 위반								
명부 부정비· 허위		7		9		7		▲2
증명서 게시 위반		2		6		2		▲4
업무에 관한 기타 법령 위반	1	3	1	2		5		3
지시처분위반								
위반행위 합계	4	53	1	41	1	39		▲2

자료: 警察廳. (2018), 平成 30年中に おける探偵業の概況, 警察廳生活安全局生活安全企劃課 재구성

※ 1회의 명령 중에는 복수의 결격사항이 포함되어 있는 경우도 있음

3) 탐정업 위반 사례[48)]

일본에서 탐정은 가출인조사, 신원조회 등 다양한 업무를 수행하고 있지만 때로는 탐정이 법률을 위반하여 체포된 사례도 있다.

(1) 사기

탐정회사를 개시할 때 허위학력 등을 기재하여 업무를 수행했을 뿐만 아니라, 의뢰자로부터 현금을 가로채는 등 "사기"에 해당하는 혐의로 체포되었다.

(2) 공갈 및 명예훼손

탐정 중에는 의뢰인에게 금전적인 요구를 하여 "공갈"이나 명예훼손에 해당하는 행위로 체포된 사례도 있다. 예를 들어, 남편이나 연인의 외도조사를 의뢰한 여성에 대하여 조사내용을 폭로하겠다고 협박하여 고액의 현금을 요구한 탐정도

48) https://www.eiard.org/arrest/2020.01.20.최종검색.

있다. 또한 의뢰인과 함께 연인상대를 중상하여 폭로해서 명예훼손혐의로 체포된 탐정도 있다. 탐정이 위반한 조사를 수행하는 경우에는 탐정뿐만 아니라 의뢰자도 함께 죄를 범할 수 있다.

(3) 변호사법 위반

변호사의 자격을 갖추진 못한 자가 법률행위를 수행하여 변호사법을 위반하는 경우도 있다. 또한 의뢰인에게 부탁한다고 해도 탐정이 보수가 있는 중재를 수행하는 것도 인정받지 못한다.

(4) 기타

타인의 건물 및 대지에 마음대로 침입하여 몰래 도청을 수행하는 것이나 경찰관 등으로 위장하여 탐문을 하는 것도 범죄이다.

〈사진 20〉 일본 탐정사무소

ASUE
総合探偵事務所

자료 : 구글 japan private investigator pictures.

제5절 프랑스 탐정제도[49)]

1. 개요

프랑스에서는 2003년까지 탐정업은 신고제로 운영되었으나, 2003년(국내치안에 관한 법률)에서 경비업과 탐정업을 함께 규정하면서 탐정업은 허가제로 전환되었고 공인탐정의 인가제도와 자격제도 등을 규제하고 있다(정일석, 2008: 142-143).

〈사진 21〉 세계 최초의 탐정회사를 설립한 Eugene Vidocq(1883년 프랑스 파리)

자료 : 구글 france private investigator pictures.

49) 박해주, 2015: 37-39.

2. 업무범위

프랑스의 공인탐정업무는 기업과 개인을 대상하는 업무로 대별해 볼 수 있으며, 기업대상 서비스가 대부분을 차지하고 있다고 한다. 대규모의 탐정회사에서는 기업을 대상으로 회사 내의 도난 또는 정보유출 등의 사내범죄조사, 보험회사 고객의 보험사기 조사, 지불능력 등 개인의 신용 및 채용후보자의 신변조사, 도피 채무자의 발견 등의 업무를 주로 하며, 소규모의 탐정업체들의 경우는 개인을 대상으로 소송 관련 자료나 정보의 수집, 결혼 전 신원조사, 이혼, 양육비 관련 조사나 소재파악 등의 업무가 주를 이룬다(최현락, 2008: 45).

3. 탐정업의 정의 자격요건, 면허

프랑스는「국내치안에 관한 법률」제20조에서 공인탐정의 업무를 "제3자의 이익을 보호할 목적으로 정보를 수집하여 제3자에게 제공하는 자유로운 업무"라고 하여 구체적인 업무를 나열하지 않고 포괄적으로 규정하고 있다(최현락, 2008: 44). 이에 따라 프랑스에서 공인탐정은 비교적 자유롭게 광범위한 영역의 업무를 수행할 수 있다.

프랑스는 2003년 법령 개정과 함께, 탐정으로 활동하기 위해서는 먼저 탐정면허를 취득해야 한다. 탐정면허 취득요건은 전과기록이 없어야 하고, 불미스러운 행동으로 인해 면책이나 지위박탈을 받은 경험이 있는 자도 대상에서 제외된다. 위와 같은 자격요건은 탐정의 사무소와 일반직원 모두에게 해당되는 조건이며, 일반직원은 외국인이어도 관계없지만 소장의 경우는 반드시 프랑스인이어야 한다(손상철, 2005: 125).

〈표 24〉 프랑스 탐정의 면허취득 요건

-프랑스, 유럽연합 가맹국 또는 유럽경제권에 관한 합의국의 국적보유자 이어야 한다. -중범죄 또는 경범죄의 전과가 없어야 한다. -국외추방명령 또는 입국금지처분의 대상자가 아니어야 한다. -파산선고 전력이 없어야 한다. -불명예 파렴치, 공서약속에 반하는 행동 등으로 경찰당국 증인 개일정보 파일에 등록된 자가 아니어야 한다. -현재 경비업무를 하고 있지 않아야 한다.

자료: Loi No 83-629 du 12 juillet 1983, 제22조 제2항(나영민, 2006b: 32재인용)

프랑스에서 탐정업과 더불어 민간경비에 대한 전반적인 관리감독을 하는 주무관청은 내무성이다. 다소 특이한 점은 내무성이 자격제도를 관할하지만 문부성에서 자격과 관련된 교육내용을 관할하고 있다는 점이다(정일석 · 박지영, 2009: 141).

프랑스에서 탐정업을 운영하고자 하는 자는 먼저 공인탐정의 자격을 취득해야 하고 또한 사무소마다 개별허가를 얻어야 한다. 개인사업자는 사업자등록을 한 지방장관으로부터 법인사업자는 사무소가 위치한 지방장관으로부터 각각 허가를 얻어야 한다. 다만 수도 파리의 경우에는 허가를 지방장관이 아니라 경시총감으로부터 받도록 되어 있다(정일석, 2008; 151).

프랑스는 미국이나 여타 유럽 국가에 비해서 공인탐정에 대한 정부의 관리와 감독이 비교적 엄격하다고 할 수 있는데, 이는 프랑스가 특히 엄격한 사생활보호법체계를 갖추고 있어 탐정활동으로 인하여 개인의 사생활이 침해되는 것을 강도 높게 금지하고 있기 때문이다.

그리고 프랑스에서는 공인탐정의 자격을 취득하기가 매우 까다로운데 이는 수없이 많은 관련법을 제대로 알지 않고서는 공인탐정이 될 수 없기 때문이다. 프랑스 최대의 사립탐정단체인 SNARP에 의하면 2012년 약 1,000명 정도의 공인탐정이 정식회원으로 활동하고 있을 뿐이라고 한다(경찰청, 2014: 74).

Barnes Report 2013에 따르면 2012년 프랑스의 탐정관련 업체 수는 총 679개소이며 고용인원 수는 16,750명이고, 이들 회사의 연간 매출액은 3억 4천 400백만 달러(약 3,784억)라고 한다(경찰청, 2013: 75재인용).

〈사진 22〉 프랑스 탐정회사

자료: 구글 france private investigator pictures.

6장 탐정의 직업윤리

제1절 직업윤리의 개념

1. 직업의 개념

사회생활의 기초가 사회전체와 개인이라는 양극의 상호작용으로 이루어지는 것이라고 볼 때, 직업이란 이 양극을 연결하는 통로가 된다. 사회와 개인, 전체와 개체의 연결점을 직업이라고 할 수 있는데 전체는 개인의 직업을 통해서 유지되며, 개체는 직업을 통해서 전체에 귀속된다. 그러므로 직업은 사회생활의 기초를 이루는 사회생활의 골격이고 개인을 사회의 구성원으로 만드는 필수적인 자격요건이라고 할 수 있다. 직업이란 인간의 정신적·육체적 노동의 대가로 경제적 급부를 받아 그것에 의하여 생활을 유지하는 지속적인 사회활동이라고 볼 수 있는데, 이렇게 볼 때 직업은 불로소득이나 취미활동과는 구별되는 것이라고 할 수 있다. 우리가 상식적으로 알고 있는 바와 같이 직업은 무엇보다 생계의 유지를 위해 종사하는 일이라고 할 수 있기 때문에 생활에 필요한 물자를 획득하기 위한 계속적인 노동인 것이다.

인간은 하나의 생물인 이상 활동에 필요한 에너지를 확보하지 않으면 생존할 수 없고, 따라서 생존이 계속되는 한 에너지의 원천이 되는 물자를 계속해서 마련하지 않으면 안 된다. 이러한 의미의 직업적 활동을 우리는 보통 '생업' 이라고 부르기도 한다. 그렇지만 인간은 자신의 생활에 필요한 물자를 혼자서는 모두 생산할 수가 없다. 이런 의미에서 인간은 다른 사람의 도움을 필요로 하는 사회적 존재인 것이다.

누구든 자신의 생계를 유지하기 위해서는 일정한 사회적 역할을 분담해야 하고, 이 분담된 역할이 충분히 수행될 때만 사회는 유지·발전되며, 사회가 유지·발전되는 한에서만 개인의 생계가 보장되기 때문이다. 그러므로 직업은 '사회적 역할의 분담'이라는 정의가 가능해진다. 우리가 직업을 한편으로는 천직이라고 부르는 이유가 여기에 있다. 이렇게 볼 때, 생업이 직업의 주관적 측면에 대한 강조라고 한다면 사회적 역할의 분담을 강조하는 천직은 직업의 개관적 측면에 대한 강조라고 해석된다.

인간은 누구든 사회생활을 영위하면서 사회적 역할을 분담해야 하지만 모든 사람이 똑같은 역할을 분담하는 것이 아니라 자신의 재능과 소질 내지는 취미에 맞추어 사회적 역할을 분담하는 것이 바람직하다. 이렇게 볼 때, 직업은 개성의 발휘 내지는 자아실현이라는 측면에서 규정되는 것이며 '천직'의 의미 속에서 이러한 측면까지 포함되어 있다고 할 수 있다. 여기서 비로소 직업이 갖는 완전한 의미가 드러난다. 따라서 직업은 생계의 유지와 사회적 역할의 분담 및 자아실현을 목표로 하는 어느 정도 계속적인 일이나 노동이다. 직업이 갖는 이러한 복잡한 의미는 '직업'이라는 말 자체의 의미 속에서도 찾을 수 있다.

2. 윤리의 개념과 직업윤리

1) 윤리의 개념

인간생활에서 윤리라는 단어는 시대와 장소에 따라 매우 모호하여 정의를 내리기가 곤란한 문제로 여겨져 왔지만 사회의 모든 분야에서 강조되어 온 것은 사실이다.

윤리(ethics)란 일반적으로 '사람행동의 옳고 그름에 대한 표준규범'을 말하는 것으로 공동체생활을 하는 사람들이 무엇을 어떤 기준에 의해 행할 것인가에 대한 원리의 체계화 및 준거를 의미한다.[50)]

2) 직업윤리의 개념

각자의 자기의 직업에 대하여 애정을 가져야 하고 긍지를 가져야 하며 최선을 다해야 한다. 자의건 타인이건 자기가 선택하여 종사하고 있는 직업에 대하여 정성과 애정을 가져야 할 것이며, 또한 긍지를 가지고 열과 성을 기울여야 한다.

직업윤리란 직업인에게 요구하는 직업적 양심, 사회적 규범과 관련된 것인데, 동·서양에서 일상적인 용어로 사용하고 있는 직업윤리의 개념은 어떠한 직업인이 직업을 수행하는 과정에서 지켜야할 상호적 관계의 도리나 사회적으로 기대되는 내·외적인 행위규준이라고 할 수 있다.[51)]

직업윤리는 두 가지 측면을 고려하여 논의할 수 있다.

① 모든 직업에 공통되는 윤리, 즉 직업인·일반인에게 요구되는 윤리이다.

② 여러 다양한 직업들에 있어서 각각 요구되는 특수한 윤리이다.

3) 직업일반의 윤리

직업일반의 윤리란 사회의 변천에 따라 직업구조에 변화가 일어났고 이에 따라 직업의 분화가 진행되어 왔다. 그리고 많은 직업의 분화가 일어난다고 할지라도 그것이 사회의 요구에 의해서 분화되는 한 모든 직업은 일정한 사회적 역할을 담당한다고 할 수 있다. 여기서 윤리를 포괄적인 의미로 어느 사회에서 공인된 행동규준으로 해서가고 그 사회구성원 모두가 준수해야 할 사회적 규범으로 이해한다면, 모든 직업은 그 나름대로의 '특수한 직업윤리'를 갖는 셈이다. 각각의 직업이 분담하고 있는 일정한 사회적 역할은 그 직업의 종사자들이 일정한 행동규준을 준수할 때만 수행될 수 있기 때문이다. 이와 달리, 직업일반의 윤리는 어떠한 직업에 있어서든 요구되는 행동규준인바, 바꾸어 말하면 직업활동 일반의 자세나 태도라고 부를 수 있는 것이다. 물론 어떠한 시대, 어떠한 사회든 하나의 가치체계만이 존재했던 것은 아니지만 대체로 한 사회를 풍미한 지배적인 가치체계가 있었다고 할 수 있고, 이러한 지배적인 가치체계에 근거하여 직업일반의 활

50) 이상안, 2000: 61.

51) 이영배, 2001: 21.

동에 적용되는 가치체계가 도출될 때 이는 바로 '직업일반의 윤리'가 된다.

직업일반의 윤리는 다음 두 가지 점에서 특수직업의 윤리와 구별된다. 직업일반의 윤리는 특수직업의 윤리보다 근본적인 인간의 생활태도를 다룬다. 말하자면 특수직업의 윤리가 어떤 특정한 직업에서만 요구되는 규범을 문제 삼는 데 반해, 직업일반의 윤리는 직업에 대해 사람들의 보다 기본적인 태도와 마음가짐을 다룬다고 할 수 있다.

특수직업의 윤리가 직업생활에서 보통 외적인 규제력으로 나타는 데 반해서, 직업일반의 윤리는 주로 내면의 가치체계로서 존재한다. 물론, 이러한 구별이 절대적인 것은 아니며 현실 속에서 두 윤리는 함께 섞여 있지만 이러한 구별이 편리할 때가 많다.

4) 전문직업인으로서의 윤리

인간은 누구나 자기가 속해 있는 집단에 따라 직업윤리를 지니고 있다. 특히 탐정에게는 고객과의 계약에 따라 일정 비용을 받고 타인의 정보를 수집·제공한다는 점에서 부정, 비리, 사생활이나 인권을 침해할 가능성이 높기 때문에 다른 직업인보다 보다 윤리적인 행동규범이 더욱 요구된다. 따라서 탐정에게 요구되는 행동규범은 아무리 강조하여도 지나치지 않다고 말할 수 있고, 이들에게 경찰관과 같은 공직자들, 즉 국민의 수임자로서 공직을 담당·수행하는 공무원들에게 요구되는 공직윤리 이상의 전문직업인으로서의 윤리가 요구된다고 볼 수 있다.

제2절 탐정윤리[52)]와 전문직업성과의 관계

1. 탐정윤리 교육의 목적[53)]

탐정의 직무는 의뢰인의 정보를 수집·제공해 주고 그의 안전을 지켜주는 직업이기 때문에 다른 직업보다도 더 많은 사명감과 책임감, 윤리성이 요구되는 직업이다. 따라서 탐정에게는 보다 높은 수준의 윤리교육이 필요하다고 볼 수 있다.

1) 도덕성 결의의 강화

탐정윤리교육의 목적은 신념과 행위, 사명감과 행위, 의도와 행위 간의 긴밀한 일치를 도모하는 것으로 파악될 수 있다.

탐정들은 활동현장에서 내부·외부로부터의 부정, 유혹에 직면하게 될 것이므로 이러한 경우를 대비해서 윤리적인 행동을 하기 위한 동기와 유인을 자극시키는 것은 탐정 윤리교육의 하나의 목표가 된다고 할 수 있다.

2) 도덕적 감수성의 배양

탐정들은 일반적으로 복잡한 사회적·문화적 환경에서 일해야 하며, 그들이 익숙해 있는 관점 외에 다른 관점들을 취할 준비가 되어 있지 않다면 그들의 업무수행은 부적절하게 이루어질 수도 있다. 탐정윤리의 주된 목적은 도덕적 감수성의 발달, 도덕의 깊이와 넓이의 확장으로 파악될 수 있다.

3) 도덕적 전문능력의 부여

도덕적 전문능력이 무엇을 의미하느냐가 문제이다. 도덕적으로 의미 있는 행위

---

52) http://www.pinow.com/articles/376/top-3-ethical-issues-for-pis-and-how-to-handle-them.2018.4.23. 최종검색
53) 경찰대학, 1998: 11~14.

는 인간에게만 특유한 것인데, 인간은 반성적인 자기평가의 능력을 가지고 자신의 행동을 선택하기 때문이다. 이러한 선택할 수 있는 능력이 바로 도덕적 전문능력이며, 이는 개발될 수 있다. 탐정은 의뢰인의 요구에 따라 조사대상자에게 영향을 끼치는 결정을 내리는 위치에 있다. 이러한 결정을 내리는 과정에서는 여러 요소들을 고려해야 할 때도 있게 될 것이다. 탐정은 그러한 행위들이 가져올 수 있는 복잡한 결과들을 이해하고, 서로 상충하는 주장들을 중재하는 도덕적인 전문능력을 발전시키지 않는다면 인간과의 관계에서 중시되어야 할 규범들을 저버리거나 위반하는 방식으로 행동할 수 있기 때문이다.

2. 탐정의 윤리 확립 필요성

탐정들이 고객으로부터 의뢰받는 업무를 행함에 있어서, 탐정들의 의사결정 결과는 시민들의 사생활의 자유와 권리를 침해하거나 구축하는 성격이 강하기 때문에 이들의 직업윤리관의 강화는 타 어느 직업보다 필요하다고 할 수 있다. 탐정업무의 많은 부분은 비정상적인 상황과 직면할 수 있기 때문에 그러한 상황에서 올바른 의사결정을 하기 위해서는 습관적인, 일상적인 도덕적 대응만으로는 불충분하다는 것이다. 탐정들은 타인의 정보를 수집하거나 조사를 해서 그 결과를 고객에게 제공하는 업무를 수행하게 되는데, 그러한 업무 중에는 부정적 성격을 띠는 업무들도 상당수 포함되어 있기 때문에 탐정들이 적절히 발달된 도덕적 능력을 갖춘 상태에서 그러한 상황에 접근하는 것이 중요하다.

탐정들은 업무를 수행하는 중에 일반이보다 더 많은 비리, 위법, 유혹에 노출되어 있다는 점이다. 의무불이행의 유혹은 외부로부터 뿐만 아니라 내부로부터도 유래한다. 구성원의 도덕적 자율과 고결함을 파괴하지 않기 위해서는 탐정 개인의 도덕적 용기가 요구된다. 탐정들은 직업윤리가 확립되지 않으면 고객(의뢰인)으로부터 신뢰 · 지지 · 협력을 얻지 못하게 되고, 또한 탐정 본연의 업무를 제대로 수행할 수 없게 될 것이다.

3. 직업윤리와 전문직업성과의 관계

1) 전문직업의 의미

우리말에는 영어의 profession 이라는 단어에 해당하는 적절한 어휘가 없다. 따라서 이 단어는 다양하게 해석되고 있는데 전문직, 전문직업, 지적 전문직, 기능, 자유직업 등의 뜻으로 쓰이고 있다.[54] 한마디로 말해서, 전문직업이라는 것은 기술적 지식이 장기간에 걸쳐 규정된 훈련으로 얻어지는 특수한 종류의 직업으로 간주할 수 있다. profession 이라는 말은 가장 넓게는 직업이라는 의미로도 사용되지만, 그렇게 되면 모든 직종이 이 말에 포함되므로 비교적 많이 사용되는 '전문직' 이라는 것이 있다. 그러나 이 용어도 주의가 필요한데, 그 이유는 이 단어가 specialist라는 뜻으로도 사용되기 때문이다.

specialist는 '한 가지 일에 전념하는 사람', 때로는 '그 일에 능숙한 사람' 이라는 의미로 사용되는데, profession도 그 의미에서는 specialist라고 볼 수 있다.[55]

2) 전문직업의 의의 [모셔(F.Moshen)]

① 확연하게 구별되는 직무영역을 가지고 있다.
② 고등교육을 필요로 한다.
③ 직업종사자들의 일생동안 경력을 쌓는 것[56]으로 정의를 내렸다.

3) 전문성의 특성 [Eennest Greenwood]

① 체계적인 이론, ② 권위, ③ 사회적 승인, ④ 윤리강령, ⑤ 하위문화의 존재 등을 강조한다.

---

54) 石村善助, 1991: 77.
55) 이상원, 1999: 189.
56) F. Mosher, 1986: 103~133.

4) 전문성의 구성요소 [홀(R.H.Hall)][57]

① 직원의 형성, ② 훈련기준의 확립, ③ 전문협회의 조직, ④ 윤리규범의 형성을 전문성의 요소로 지적하고 있다.

5) 전문직업의 의미

전통적인 전문직업이라고 할 수 있는 의사나 변호사의 경우 그들이 자체적인 단합과 자율을 통해 전문직업의 규칙이나 기준 그리고 직업윤리(professional ethics)를 형성시켜 왔지만 정부관료제 내에서의 공직은 전문직업으로서의 자율성 면에서 많은 제약을 받고 있는 것이 사실이다. 오늘날, 법집행 분야는 다음의 내용을 포함하는 전문직업의 특징들이 포함되고 있다.

① 전문직의 활동에 대한 헌신

② 자기들의 지식에 대한 공통적인 유대감

③ 직업에서의 개인 구성원들을 이끌어 갈 윤리강령

④ 전문직업을 갖기 전에 직원들의 선발과 조사 등이다.

6) 전문직업의 기술적인 문제

전문직업이라는 것은 기술적인 지식이 장시간에 걸쳐 훈련으로 얻어지는 특수한 종류의 직업으로 간주될 수 있다. 모든 직업에서 실무자들은 어떤 직업형을 발전시켰다. 의심의 여지없이 윤리강령은 전문직업에서 필수불가결의 요소이다. 전문직업인은 규정된 일련의 직업적인 규범을 충실히 이해해야 한다. 전문직업인은 개인의 사사로운 이익이나 상업적인 이익보다는 고객의 이익을 위해서 봉사해야 한다. 전문직업인은 고객의 진정한 요구를 선별하는 총명한 능력을 갖추고 있어야 하며, 또한 고객의 요구를 관찰하고 분석하는 날카로운 지식을 갖추어야 한다.

57) Ronald Bolgel and Reed Adams

7) 전문직업의 윤리적인 문제

이것은 기술적인 문제와 함께 전문직업의 윤리의 문제이다. 전문직업인에게 주어진 기술은 과학으로 뒷받침되는 것이고, 통상 추상적인 형태로 받아들여지고 있는 것과 그 위에 장래의 발전성을 가지는 것이라고 믿어진다. 무한한 가능성을 지니고 발전의 길을 걷는 성질을 가지는 것이야말로 사람들의 신뢰와 사회적 승인을 얻을 수가 있다고 말할 수 있다. 그것이 정지하고 고갈되었을 때 그 직종의 운명은 쇠퇴의 길을 걷게 되는 것이다.[58] 이처럼 전문직업의 활동은 한편으로는 과학적 기술에 기초된 것이고, 다른 한편으로는 윤리적인 성질을 가진다고 볼 수 있다. 그리고 이 윤리적인 측면은 전문직업인에 의해 자각적 또는 자발적으로 윤리강령의 형태로 유지된다.[59]

이 윤리강령은 법규의 경우처럼 위반이나 일탈에 대한 처벌의 기준을 나타내는 것보다도 오히려 전문직업의 일상생활에 대한 행동기준을 나타내는 것, 즉 행동준칙이라는 형태를 취하는 경우가 많다. 이와 같은 준칙의 배경은 대부분의 경우 비난 또는 징계의 대상이 된다. 또한 전문직업의 윤리강령의 세세한 항목은 전문직업에 있어서 반드시 동일하지 않고 각 전문직업에 속하는 구성원을 받아들이는 방법도 동일하지 않다.[60] 하지만 이러한 것들이 전문직업의 내부에서 사회에 대한 공헌인 점은 중요하고 윤리강령이 해당 직업과 일반시민을 연결하는 중요한 것이라는 것을 간과할 수 없다. 따라서 윤리강령이 효과적으로 되기 위해서는 구성원의 노력이 있어야 하고 그 반론이 제기되지 않아야 한다. 탐정의 업무는 단순하고도 전문화된 일이라고 볼 수 없다. 따라서 탐정은 전문직업인으로 자격을 갖춘 모든 기본요소를 소유할 드문 직업인에 속한다고 보여 진다. 다른 전문직업에서 윤리강령을 가지고 있는 것과 같이 탐정제도가 도입되고 기본틀을 형성할 때 무엇보다도 윤리강령의 제정이 협회차원에서 필요하다고 생각한다.

58) 石村善助, 1991: 11.
59) 石村善助, 1991: 93-94.
60) 石村善助, 1991: 97.

제3절 탐정의 직업윤리

1. 탐정의 직업윤리

우리는 윤리의 철학적 개념 중 하나를 도덕의 관점에서, 그리고 도덕의 원칙에 부합하는 인간의 행위에 대한 연구로 간주함으로써 매우 광범위하게 나타낼 수 있다. 이러한 도덕적 원칙은 공식적인 기관에 고용된 탐정들과 비공식적 혹은 개인적으로 고용된 다른 모든 탐정들에게 동일하게 적용되고 제한된다. 도덕적 원칙은 동일하고 모두에게 똑같이 적용된다. 그러나 원칙이 적용되는 방식에는 상당한 차이가 있다. 공식기관에서는 원칙이 부과되고 그에 따른 적합성이 요구된다. 비공식기관에서는 동일한 적합성이 스스로 부과되지만, 많은 준수에 대한 요구는 거의 없다. 공식기관에서는 탐정이 행한 불법행위에 대해서 중대한 위반사항에 대한 편견을 가지고 해고를 포함한 비일관성의 징계이다. 그러나 비공식적인 기관에서는 일반적으로 양심의 가책, 당면한 일이 직업에 대한 비윤리적이라는 지식 외에는 불법행위에 대한 처벌이 없다.

탐정은 윤리를 올바른 시기에 올바른 일을 하는 과학으로 볼 수 있다. 즉 사회가 부과하는 정상적이고 일상적인 기준에 적합하고, 그리고 우리가 한 일의 옳고 그름과 관련하여 사회가 판단할 것으로 기대한다. 윤리강령은 우리가 조사임무를 수행함에 있어서 준수해야 하는 기본적인 규칙과 규정으로 간주될 수 있다. 윤리적 기준, 절차 및 행위는 우리의 작업에 대한 일상적인 적용에서 우리의 윤리적 핵심의 논리로 작용으로 간주될 수 있다. 윤리는 또한 도덕과 도덕성을 수반한다. 우리는 결국 우리가 그들의 개인적이고 총체적인 측면에서 우리의 조사활동을 수행하는 데 올바른 방법으로 행동했는가 아닌가에 대한 스스로 하는 질문에 답해야 한다. 그렇다면 우리의 윤리규범, 윤리적 절차와 행위는 어떻게 될 것인가? 더 중요한 것은, 어떤 기본개념을 채택할 것인가? 윤리강령과 윤리적 절차의 공통적 기초는 모든 조사자와 모든 분야에서 전체 또는 시간제 조사활동에 고용된 모든 개인에게 관심의 대상이 되어야 한다.[61]

따라서, 탐정의 직업윤리는 개인의 행동을 중심으로 살펴보아야 한다. 특히 업무수행과정에서 정보수집 및 고객과의 관계 등을 고려할 때 더욱 더 높은 도덕심과 사명감이 요구되는데 외국의 윤리강령에서 나타나는 탐정의 일반적인 직업윤리를 살펴보면 다음과 같다.

첫째, 사건의 수임에 있어서 불법적이거나 비윤리적인 사건, 혹은 고객의 이익과 상반되는 사건을 수입하지 못하도록 규정하고 있다. 둘째, 업무수행과정에서 취득한 정보에 대한 비밀준수의무이다. 셋째, 업무와 의뢰수수료에 대하여 계약전에 이를 명확히 하여 추후 시비가 발생하지 않도록 대비하도록 하고 있다. 넷째, 윤리규정 위반자에 대한 통보의무를 부과하고 있다.[62)]

2. 탐정의 직업윤리 현황

탐정과 관련이 있다고 판단되는 변호사의 직업윤리와 관련된 사항들을 살펴보면 다음과 같다[63)].

첫째, 품위유지의무이다. 변호사는 그 품위를 손상시키는 행위를 하여서는 아니 된다(변호사법 제24조 제1항). 변호사는 직무내외를 불문하고 품위를 해하거나, 공공복리에 반하는 행위를 하여서는 아니된다(변호사윤리장전 제2조 제3항). 이러한 품위손상행위는 대부분 변호사가 직무수행 중에 법률을 위반하거나, 그 지위를 남용하여 부당한 이익을 취하거나 하는 행위를 한 경우이다.

둘째, 비밀유지의무이다. 변호사 혹은 변호사이었던 자는 그 직무상 알게 된 비밀을 누설하여서는 아니 된다. 다만, 법률에 특별한 규정이 있는 경우에는 그러하지 아니하다(변호사법 제26조). 여기서의 비밀은 객관적 · 일반적인 입장에서 외부에 알려지지 않는 것이 의뢰인에게 상당한 이익이 있는 사항을 말한다. 실질적으로 비밀로서 보호할 가치가 있다고 인정할 수 있는 것이어야 한다. 변호사의 비밀유지의무는 고객과 신뢰관계에 있는 변호사가 비밀을 공개하지 않도록 하여

61) Arthur, 1962: 269-270.
62) 강동욱 · 윤현중, 2019: 132-133.
63) 정현근, 2009: 290-303.

의뢰인을 보호하려는데 그 목적을 두고 있다.

셋째, 이익충돌회피의무이다. 변호사가 일단 사건을 수임하여 사건처리를 하게 되면, 의뢰인의 중대한 비밀이나 정보를 입수하게 된다. 그런데 변호사가 의뢰인과 이해대립 관계에 있는 상대방으로부터 의뢰인을 상대로 하는 사건을 수임하는 것은 의뢰인의 신뢰를 깨뜨리게 된다. 변호사가 종전의 의뢰인에 관하여 알고 있는 사정이나 비밀에 해당하는 내용을 이용하는 경우에는 불공정한 결과를 초래할 수 있다. 이 같은 점을 고려하여 변호사법 제31조는 수임제한 사유를 규정하고 있다.

3. 윤리적 탐정의 태도[64)]

1) 고용의 합법성

고용의 합법성은 윤리적 측면과 관련이 있다. 탐정고용의 합법성과 관련된 윤리적 측면의 일부를 보여주는 오래된 격언이 있다. 그것은 "아무도 두 주인을 섬길 수 없다"는 것이다. 탐정에게 이 격언은 어떤 종류의 직접적인 이해관계가 충돌하는 두 명의 다른 개인으로부터 조사를 윤리강령을 위반하지 않고 받아들일 수 없다는 추가적인 의미를 지니고 있다. 탐정은 또한 윤리적으로 그가 이미 받아들인 조사와 이해 상충을 제시하는 조사를 받아들이는 것을 금지한다.

탐정은 고용 또는 조사의 대상이 그 자체로 불법이거나 불법적인 행위 확대에 기여하는 경우 윤리적으로 어떤 고용이나 조사의 내용을 받아들일 수 없다. 이것의 예는 범죄행위의 증거를 제거하거나, 감추거나, 파기하기 위한 조사, 또는 헌법에 보장된 어떤 권리를 박탈하기 위한 조사가 될 것이다. 또한 탐정은 윤리적으로 그 조사 임무만을 받아들이게 되어 있는데 그 결과는 공정하고 합법적인 목적으로 이용될 수도 있고 사용될 수 있다. 탐정은 미국정부를 전복시키려는 어떤 조직이나 다른 조직의 고용을 받아들일 수 없다. 탐정은 또한 윤리적으로 미국의 이익에 비합리적인 어떤 그룹이나 조직의 조사 고용을 거절할 의무가 있다.

64) Arthur, 1962: 270-271

2) 업무의 비밀성

업무의 비밀성 많은 조사들은 수수료에 관한 구두 합의에 지나지 않는, 다소 비공식적인 기준이 적용된다. 시간과 서비스를 위하여 그러나, 기존 합의와 관계 없이, 탐정이 자신의 고용주를 위해 수행한 모든 조사 노력의 결과는 고용주의 배타적 권리와 재산이며, 탐정이 가장 엄격하게 신뢰해야 하며, 고용주나 그의 고용주 이외의 다른 사람에게 공개할 상황은 없다. 그러나 고용주가 서면으로 지시하는 경우에는 공시를 할 수 있다. 탐정은 윤리적으로 이러한 한계를 모두 지킬 수밖에 없다. 탐정은 또한 윤리적으로 비밀정보원의 신원보호와 관련된 모든 측면과 다른 일반적인 조사를 준수할 의무가 있다.

3) 인격의 건전성

탐정은 윤리적으로 조사활동과 관련된 모든 거래에서, 그리고 일반적으로 일상생활과 활동의 다른 모든 공공 및 사적 측면에서 가능한 가장 높은 인격 기준을 준수할 의무가 있다. 조사 작업의 모든 측면, 특히 보고서 및 정보가 전달되는 다른 매체는 엄격하게 사실적이며, 완전히 정직하며, 시간과 노력의 지출이 달성할 수 있는 만큼 정확하고 완전해야 한다. 이 표준에 대한 어떠한 일탈이나 의견을 표현하거나 사실과 관련된 것은 엄격히 비윤리적이다. 종종 조사는 복잡하고, 매우 광범위하며, 많은 시간이 소요된다. 이러한 이유로 인해 일부 조사는 최대 수개월 이상까지 장기간에 걸쳐 이루어진다. 정상적인 조사활동에서 탐정은 조사과정에서 발생한 비용을 스스로 부담하게 된다. 또한 탐정이 조사과정에서 자기 이외의 사람이 부담하는 비용을 변상하는 경우도 있다. 그 외에도 탐정이 고용주를 속이기 위한 단순한 목적으로 최종 계좌에 추가되지 않은 비용에 대해 지출비용을 징수하는 경우도 있다. 모든 탐정은 어느 정도 비용계정을 "충전"하는 관행을 알고 있으며, 더 나아가 이러한 관행이 다소 일반적이라는 것을 알고 있다. 그러나 윤리적인 탐정은 다른 모든 고려사항과 관계없이 조사과정에서 발생한 모든 합법적 지출에 대해 엄격하고 정직하게 사실적인 설명을 하고, 지출계정을 충전하는 관행을 하지 않는다.

이와 유사하게, 윤리적 탐정은 현재 일하고 있는 업무의 특정 조사단계를 완료하는 데 실제로 필요한 금액보다 더 많이 고용주의 돈을 쓰지 않을 것이다. 탐정은 정보를 수집하거나 조사의 다른 측면을 수행하기 위한 몇 가지 기법이나 절차를 선택할 때, 가능한 최선의 결과의 확보와 일치하는 가장 경제적인 수단을 선택할 것이다. 윤리적 탐정은 조사나 조사의 어떤 측면에 있어서 어떤 불법적인 수단도 사용하지 않을 것이다. 개인의 권리를 침해하는 어떠한 절차나 모든 절차는 엄격히 싫어할 것이다. 또한 윤리적 탐정은 그러한 관행을 엄격히 피하게 될 것이다. 이것은 불법적인 함정, 그리고 거짓이거나 편향된 것으로 알려진 진술이나 사실이 사실로 확인되거나, 거짓이거나 편향된 것으로 알려진 근거에서 나온다. 따라서 윤리적 탐정은 결코 소문에 근거할 만한 충분한 이유가 있는 것으로 알려져 있거나 의심되고 있는 것을 사실로 확인하지 않을 것이다.

4) 일상적 활동

윤리적 탐정은 조사업무 수행에 종사하는 동안만이 아니라, 항상 최고수준의 개인행동 기준에 부응하게 될 것이다. 윤리적 탐정은 항상 점잖고 정직하고 신뢰할 수 있고 전적으로 신뢰할 수 있는 개인이라는 사회의 요구조건에 따라 살 것이며, 그의 행동 하나하나마다 특히, 자신의 행동에 대한 가장 높은 신용이 그가 일반적으로 대표하는 직업을 반영하고 있을 것이다. 윤리적 탐정은 자신의 조사의무와 책임에 대해 항상 완전히 객관적인 태도와 비인격적인 접근을 유지할 것이며, 조사 중인 사건의 진실 확보에 모든 기술과 능력을 집중할 것이며, 그가 할 수 없는 한 그가 확보한 어떤 성과에도 결코 만족하지 못할 것이다. 어떤 특정한 조사상황에서든 그들은 가능한 최고라고 솔직히 자신에게 말한다. 그리고 그가 모든 긍정적인 단서가 그것의 궁극적이고 논리적인 결론에 도달했다는 것을 확신할 수 있을 때까지. 윤리적인 탐정은 전문인으로서 항상 자신을 관리할 것이며, 전문인의 특징 중 하나인 의무의 감정적 수행을 실천할 것이다. 말할 필요도 없이, 윤리적 탐정은 항상 이러한 사실들을 최우선으로 염두에 두고, 자신의 행동이 자신의 직업신용에 반영되는지 여부에 비추어 자신의 모든 행동을 끊임없이 평가할 것이다. 윤리적 탐정은 항상 자신의 직업에 대한 지식을 늘리고,

그 직업과 밀접한 관련이 있는 다양한 절차와 기술에서 그의 기술력과 능력을 향상시키기 위해 최선을 다할 것이다.

제4절 탐정의 윤리척도 및 행동규범 확보방안

1. 탐정의 윤리척도

윤리는 도덕원칙의 체계이다. 다른 사람들은 윤리적인 행동이 "항상 올바른 일을 하는 것"이라고 말한다. 그러나 한 사람의 도덕적 원칙 또는 "올바른 것"은 같은 상황에 있는 다른 사람에게는 동일하지 않다. 사설탐정도 마찬가지이다. 각각은 서로 다른 윤리적 행동을 정의한다. 사적인 조사관으로서 윤리적인 행동을 정의하는 것이 까다로울 수 있다고 주장하는 사람들도 있다. 그러나 정말 간단하다.

윤리적 행동을 정의하는 기준은 법을 따르기 시작하는 것이다. "탐정이 연방법과 주법을 깨뜨리지 않도록 이를 이해하는 것이 중요하다." 즉, 법을 따르는 것은 좋은 출발이다. 윤리적인 행동을 정의하는 도덕적인 원칙을 확인하는 것이 윤리적인 탐정이 되는 데 중요하다.

〈사진 23〉 탐정윤리

자료: 구글 private investigator ethic pictures.

1) 정직

정직은 솔직하게 모든 사업거래 및 행동에 정직성을 유지하는 것을 의미한다. 부적절한 단축키를 사용하거나 사실을 잘못 설명하는 것은 결코 정직하고 윤리적인 행동으로 간주되지 않는다.

2) 진실성

당신이 그것을 말하고, 그것을 기록하거나, 그것을 발언한다면, 진실해야 한다. 즉 그것은 사실이어야 한다. 사실은 입증된 것이다.

정직성과 진실성은 상호의존적이지만 서로 다르다. 부정한 조사의 대상인 남편을 술집에서 관찰하는 동시에 사적인 여자친구를 관찰하는 탐정을 생각해 보라. 그들은 함께 앉아 있지도 않으며 서로에게 말을 하지도 않는다. 조사관은 보고서에서 "조사관은 쟈니바(Joseph's Bar)에서 남편과 의심되는 여자친구를 모두 목격했다."는 진술은 사실이지만 정직하지는 않다. 정직한 진술은 "남편과 의심되는 여자친구가 모두 쟈니바에서 관찰되었다. 어느 쪽도 다른 쪽과 접촉하여 관찰되지 않았다."고 진술하여야 한다.

3) 청렴

청렴은 일관된 강력한 도덕적 원칙을 말한다. 핵심단어는 일관되게 나타난다는 것이다. 정직과 진실성은 성실성의 일부이다. 무결성이란 더 많은 것을 의미한다. 간단하게 말하면, 정직성을 유지하는 것은 정직하고 진실하며 항상 아무도 다른 것을 알지 못할 때라도 항상 일관되게 올바른 일을 하는 것이다. 예를 들어 사건에 대한 연구에 30분이 걸렸다. 청구가능 한 시간을 기록할 때 1시간 동안의 요금을 청구한다. 아무도 당신을 대면할 수 없거나 당신의 주장을 반증할 수 없다. 그러나 정직성을 가진다면 30분으로 보고된다.

당신이 하는 모든 일이 윤리적인 것이라면 정말로 간단하다. 왜 그렇게 많은 것이 비윤리적 행동에 빠지게 되는가? 그곳에는 피해야 할 몇 가지 함정이 있다.

- "다른 모든 사람들도 그것을 한다!"- 이것은 완전히 정확한 진술은 아니다. 어쩌면 당신은 윤리적 기준을 위반하는 소수를 알 것이다. 이것은 변명의 여지가 없다.
- "나는 선택의 여지가 없다!"- 당신은 항상 윤리적인 선택을 했고, 어떤 것을 성취할 윤리적 방법이 없다면 하지 말아야 한다.
- "나는 법에 위배된다는 것을 몰랐다!"- 당신은 전문사설탐정이다. 당신은 법률을 알아야 한다.
- "그것은 내가 항상 해왔던 방식이다!"- 과거에 비윤리적이었고 드러나지 않았기 때문에, 당신이 그렇게 하였다고 주장하는 것은 윤리적인 태도가 아니다.

고민하고 있는 행동이 윤리적 인지를 결정하는 간단한 방법은 "Reality Show Test"를 적용하는 것이다. 당신이 리얼리티 쇼의 스타이고 당신이 하는 모든 일이 기록되어 모든 사람들이 볼 수 있도록 방송된다. "모두가 나를 볼 수 있다면 다르게 할 것인가?"라는 질문에 대답한다. 대답이 "아니오"이면 계속한다. 대답이 "예, 다르게 할 것"이라면 다음단계를 재고한다. 아직도 확실하지 않은가요? 그렇다면 다음은 다른 대안을 고려하거나 윤리적인 것을 알고 있는 동료와 상의한다.

당신이 하는 모든 일에서 정직하고 진실하며 무결성을 갖는 것은 당신이 윤리적인 길을 택하고 있음을 확신시킨다. 윤리적인 탐정이 됨으로써 전문성이 향상되고 평판을 긍정적으로 만들고 고객에게 최상의 서비스를 제공할 수 있다. 투자로서의 평판을 생각해 보라. 당신은 매일 그것을 지켜야하며 비윤리적 행위로 버릴 위험에 처하지 않아야 한다.

2. 행동규범 확보방안

일반적으로 전문직업인에게 행동규범 내지 윤리척도는 여러 가지 방법으로 확보되고 있으나 첫째, 개인 스스로의 자율적 규제를 가장 유효한 수단으로 보고 둘째, 법적 차원에서의 근무규제를 병행하게 됨을 알 수 있다.

1) 자율적 행동윤리

자율적 행동윤리란 외부의 제재나 간섭 없이 조직원들이 자신의 직업윤리를 설정하고, 이를 자율적으로 규제하여 스스로 행동윤리 및 규범을 유지·발전시켜 나가는 규범내용을 말한다. 이것은 법(예. 경찰공무원법)이나 복무규칙같이 국가가 정하는 제재적 규정이 아니라 조직원들(예. 민간조사협회)이 자발적으로 윤리강령을 제정하는 경우를 말한다.

자발적 행동윤리의 예로서 경찰조직에서는 경찰헌장 등을 들 수 있고, 외국의 경우 탐정협회의 윤리강령을 들 수 있다. 여기에서는 선진국의 탐정협회 윤리강령을 살펴보고자 한다.

○ 호주 빅토리아(Victoria) 주의 탐정협회 윤리강령

탐정협회 윤리강령은 모든 사설탐정과 피고용인이 고수하는 윤리적 목표의 기준이 된다. 그 내용은 다음과 같다.

- 우리는 오스트레일리아의 법에 따라 윤리와 전문성의 최고 기준을 고수하는 방식으로 전문업무를 수행한다.
- 우리는 윤리와 전문성 및 고객서비스의 최고기준을 장려한다.
- 우리는 요구되는 신분증과 법이 요구하는 면허를 가진 탐정의 자격범위 안에서 활동한다.
- 우리는 긍지와 존경을 나타내는 업무기준을 장려·보호·유치하고 탐정산업의 건전한 대외적 위상 증진에 노력한다.
- 우리는 모든 고객, 피고용인과 사업에 관련된 정보는 불법적 접근·누설·악화에 대응하여 보호된다는 점을 확신한다.
- 우리는 직업과 직접적으로 관련되어 있고 그 직업에 종사하기 위해 직접적으로 요구되는 고객의 정보만을 받아들이고 검토한다.
- 모든 피고용인은 이 윤리강령을 고수하여 조사활동을 보조하며, 책임을 받아들어야 하며 그렇지 못한 경우 그에 상응하는 조치가 취해진다.
- 우리는 항상 정직·성실에 기초한 행동을 행하며, 최고의 고객서비스를 기준으로 조사업무의 수행과 마무리를 행한다.

○ 미국 펜실베니아(Pennsylvania) 주 펜실베니아공인탐정협회(PALI)의 윤리강령

펜실베니아공인탐정협회(PALI) 회원은 탐정업무분야에서 윤리적인 행위의 높은 원칙들을 준수해야 한다. 각 탐정들은 항상 그들이 상대하는 모든 의뢰인들에게 언제든지 정확하고, 올바르고, 공정하고, 정중한, 높은 기준으로 대해야 한다. 회원들은 업무수행 시 이러한 높은 수준의 윤리적인 행동을 유지해야 한다, PALI의 윤리강령은 다음과 같다.

- 회원은 사법행정에서 자기들의 전문적인 업무역할을 적절한 시기에 공중에게 설명해야 한다.
- 회원은 다른 탐정이나 전문가들에게 서로 정직해야 한다. 어느 때라도 다른 탐정이나 조사원의 직업적 명성을 손상시키거나 위해를 입혀서는 아니 된다. 탐정 혹은 조사원이 업무수행 시 비윤리적, 불법, 불공정한 책임이 있을 경우 그 정보 및 사실은 윤리위원회에 문서로 통보될 것이다.
- 유능하고 업무수행을 행하는 데 자격이 있는 회원들이 서비스를 제공해야 한다. 회원들은 사적 혹은 영업상 이해관계가 충돌할 경우에 업무위임 수락을 자제해야 한다. 고객은 공정하고 정당한 대우를 받아야 한다. 탐정은 각자 의뢰받은 업무는 물론 요금(수수료)에 대한 명확한 근거와 탐정의 의무에 대해 의뢰인에게 설명해야 한다.
- 회원은 그들이 조사업무상 교섭과 그들의 고객과 입수된 정보에 대해 비밀을 지켜야 한다.
- 회원은 업무와 관계하여 유혹이 있더라도 다른 탐정과 불법적인 경쟁을 해서는 안 되며, 업무상 유혹이 있을 때에는 윤리적인 태도를 유지해야 한다.
- 회원은 서로 오도하거나 남을 속이는 태도를 지녀서는 안 된다. 회원은 직업상 품위와 명예를 불신시키거나 손상시키는 행위를 피해야 한다.
- 회원은 업무수행과 직업자체를 규율하는 어떠한 법률도 위반해서는 안 된다. 미연방 헌법이나 각 주의 헌법에서 보장하고 있는 시민의 권리를 침해서는 안 된다.
- 회원은 모든 진실과 사실에 기초하여 보고해야 하며, 그에 기초하여 정직한

의결을 표현해야 한다. 고객을 위한 조사업무 시 획득된 결과에 대해 사실적·진실적인 발표를 방해하는 사적인 느낌이나 편견이 있어서는 안 된다.

- 회원은 그들의 훈련으로 고품질의 서비스를 고객이 받을 수 있도록 기술적인 능력을 유지해야 한다. 회원은 가능한 한 기술적인 능력이 향상되고 유지될 수 있도록 항상 전문적인 성장과 훈련기회를 이용하여야 한다.
- 회원은 탐정직업을 위한 높은 표준을 촉진시키고 있는 PALI의 지침을 지원해야 한다. 회원의 의무는 최고의 우수한 수준에서 수행될 것이다.

○ 미국 텍사스 탐정협회의 윤리강령[65]

- 조사관 및 TALI 회원으로서 전문적이며 성실하고 정직함을 입증해야 한다.
- 수행할 작업, 청구할 요금 및 제공될 보고서에 대한 전체설명을 각 고객에게 제공한다.
- 고객이 별도로 지시하지 않는 한 또는 특정명령이나 법적권한이 없는 경우를 제외하고 조사에서 받은 모든 정보를 기밀로 유지한다.
- 법적, 도덕적 및 직업윤리 범위 내에서 조사의 모든 측면을 수행한다.
- 불법적이거나 비윤리적인 행위에 대해 고객에게 알리고 법률에 따라 법집행기관 또는 기타 정부기관에 협조한다.
- 전문가로서의 개선을 위해 끊임없이 노력하고, 다른 사람들의 권리를 존중한다.
- 회원으로 남아있는 한 텍사스탐정협회의 목적 및 정책을 충실하게 따른다.

○ 영국 탐정협회의 윤리강령

영국 탐정협회(ABI, The Association of British Investigators)에서는 윤리강령을 제정하여 시행하고 있으며, 탐정업계의 품위나 명예를 손상시키는 회원에게 징계처분(제명처분)을 하고 있다. 영국 탐정협회의 윤리강령은 다음과 같다.

- 회원은 도덕적 원칙에 합당한 전문적 업무를 수행하고 개인의 직업과 협회의 비난을 초래하는 잘못을 하지 않는다.

65) http://www.tali.org/how-to-join-tali 2018.4.23. 최종검색.

- 회원이 조사업무를 수행함에 있어서 의뢰인의 신분, 증명서, 도덕성, 합법성 등 을 검증한다.
- 회원은 의뢰인의 비밀과 합법적인 일은 존중해야 한다.
- 회원은 부주의로 인한, 개인정보 누설로 인한 보호와 비밀보호에 관해 보증해야 한다.
- 회원은 물론 탐정업무를 조력하는 고용인, 기타인에게도 윤리강령은 고수되어야 하며, 그에 따른 책임을 인정하도록 한다.
- 회원은 적법성, 윤리성, 도덕성의 범위 내에서 조사업무를 수행해야 한다.
- 회원은 숙달된 능력을 유지함으로써 관심을 나타내는 의뢰인을 존경하고 유리하든 불리하든 조사과정에서 확인된 일은 의뢰인에게 보고해야 하고 법규에 위반되는 의뢰인과의 계약은 하지 않아야 한다.

○ 일본 탐정협회 윤리강령

일본에서 등록된 탐정협회에서는 자체적으로 윤리강령을 제정 · 운영하고 있다. 일본조사업협회의 윤리강령을 보면 다음과 같다[66]

① 직책지각: 가맹원은 업무의 사회적 사명을 자각해서 직무를 성실 · 공정하게 행함과 동시에 국민생활에 기여하도록 항상 주의해야 한다.

② 신의성실: 가맹원은 조사를 성실하게 하고, 정확을 기하며, 요금은 적정하게 하여 업자로서 신의를 중요시 하여야 한다.

③ 법령준수: 가맹원은 업무의 수행에 있어서 항상 법령을 준수함과 동시에 사회상식을 일탈하지 않도록 하여야만 한다.

④ 인권존중: 가맹원은 항상 인권의 존중 · 옹호에 배려하고, 타인의 명예권익을 훼손하거나 부락차별조사를 하거나 해서는 안 된다.

⑤ 비밀유지: 가맹원은 업무상 습득한 사람의 비밀을 함부로 타인에게 누설하거나 발표해서는 안 된다.

⑥ 자기수련: 가맹원은 항상 인격을 연마하고, 업무의 지식 · 기능의 향상에 노력하여야만 한다.

66) 강동욱 · 윤현종. 2019: 136.

⑦ 융화협조: 가맹원은 상호 융화·협조를 꾀하고, 단결해서 업계의 발전에 노력하여야만 한다.

한국의 탐정윤리 현황 및 외국의 탐정협회 윤리강령의 내용분석을 통한 한국탐정의 윤리강령에 대한 시사점은 다음과 같다.[67]

첫째, 품위유지의무이다. 이는 탐정이 직무를 수행함에 있어서 또는 직무를 수행하는 과정에서 발생될 수 있다. 이는 곧 품위손상과 관련된 행위로서 품위손상 행위는 직무수행 중 위반하기 쉬운 법률의 위반, 혹은 정보나 그 지위를 이용하여 부당한 이익을 취하는 행위 등이라고 할 수 있다.

둘째, 비밀유지의무이다. 탐정이 그 직무상 알게 된 비밀을 누설하여 고객에게 피해를 주는 행위이다. 다만 특별한 규정이 있는 경우는 예외이다.

셋째, 이익충돌방지의무이다. 영업상 이해관계가 충돌하는 경우 업무위임은 수락하지 않아야 한다.

넷째, 정직 및 진실유지의 의무이다. 모든 사업거래 및 행동에 있어서 정직하게 행동하는 것이다.

다섯째, 설명 및 통보의무이다. 불법이나 비윤리적 행위에 대해서는 고객에게 알리고 법률에 따라서는 법 집행기관 또는 기타 정부기관에 통보해야 한다.

여섯째, 지속적인 능력개발의무이다. 탐정은 최상의 서비스를 제공하기 위하여 계속적인 전문성을 확보해야 한다.

이러한 기준에 의거하여 한국탐정 윤리강령을 제정한다면 포함 되어야 하는 내용은 다음과 같다.

○ 준법의무

- 회원은 신분증과 법이 요구하는 면허를 가진 탐정의 자격범위 안에서 활동한다.
- 회원은 업무수행과 직업자체를 규율하는 어떠한 법률도 위반해서는 안 된다. 헌법이나 각 법률에서 보장하고 있는 시민의 권리를 침해서는 안 된다.

67) 이상원·이승철, 2019: 205.

- 회원은 불법적이거나 비윤리적인 행위에 대해 고객에게 알리고 법률에 따라 법집행기관 또는 기타 정부기관에 협조한다.

○ 비밀유지 의무

- 회원은 그들이 조사업무상 교섭과 그들의 고객과 입수된 모든 정보에 대해 비밀을 지켜야 한다.

○ 이해충돌방지의무

- 회원들은 사적 혹은 영업상 이해관계가 충돌할 경우에 업무위임 수락을 하지 않아야 한다.

○ 설명의무

- 회원은 자기들의 전문적인 업무역할 및 요금(수수료)에 대한 명확한 근거와 탐정의 의무에 대해 고객에게 설명해야 한다.

○ 정직 및 진실유지의 의무

- 회원은 업무기준을 장려 · 보호 · 유치하고 탐정산업의 건전한 대외적 위상 증진에 노력한다.
- 회원은 항상 정직 · 성실에 기초한 행동을 행하며, 최고의 고객서비스를 기준으로 조사업무를 수행한다.
- 회원은 다른 탐정이나 전문가들에게 서로 정직해야 한다. 어느 때라도 다른 탐정이나 조사원의 직업적 명성을 손상시키거나 위해를 입혀서는 아니 된다.
- 회원은 업무와 관계하여 유혹이 있더라도 다른 탐정과 불법적인 경쟁을 해서는 안 되며, 업무상 유혹이 있을 때에는 윤리적인 태도를 유지해야 한다.
- 회원은 모든 진실과 사실에 기초하여 보고해야 하며, 그에 기초하여 정직한 의견을 표현해야 한다. 고객을 위한 조사업무 시 획득된 결과에 대해 사실적 · 진실적인 발표를 방해하는 사적인 느낌이나 편견이 있어서는 안 된다.

○ 능력개발의 의무

- 회원은 그들의 훈련으로 고품질의 서비스를 고객이 받을 수 있도록 기술적인 능력을 유지해야 한다.

○ 기타 윤리의무

- 회원은 물론 탐정업무를 조력하는 고용인, 기타인에게도 윤리강령은 고수되어야 하며, 그에 따른 책임을 인정하도록 한다.

〈사진 24〉 탐정윤리헌장

자료: 구글 private investigator ethic pictures.

2) 법적규제

탐정에 대한 법적규제 (법적 강제)는 자율적 행동윤리 (행동강령)에 대한 보완적 정치라고 볼 수 있다. 탐정이 법규에 위반하여 업무를 수행하였을 때 받게 되는 형사법적 처벌이나 직무수행 시에 부과되는 의무를 위반하였을 때 받게 되는 처벌이 이에 해당된다고 볼 수 있다.

독일탐정은 독일탐정직업강령으로[68] 권리 및 의무를 규정하고 있는데 이는 자율적 행동규제와 법적 행동규제가 다소 혼합된 형태를 가지고 있다.

독일탐정강령은 6개의 장, 24개의 조항으로 구성되어 있다. 제1장 기본의무

68) 경재웅, 2019 : 74-79.

(Grundpflichten), 2장 직업상의무 (Berufspflichten), 3장 국가와 법원에 대한 특별의무(Besondere Berufspflichten gegenüber Behörden und Gerichten), 4장 협업상특별의무(Besondere Berufspflichten bei beruflicher Zusammenarbeit), 5장 의뢰인에 대한 특별의무(Besondere Berufspflichten gegenüber Auftraggebern), 6장상업상거래에대한 특별의무(BesondereBerufspflichten bei der geschäftsmäβigen Erledigung)를 규정한다.[69] 구체적으로 내용을 살펴보면 다음과 같다.

(1) 기본적 의무

ⓐ 양심의 의무

탐정은 필요한 업무를 수행함에 필요한 전문지식과 시간을 조유하고 있을 경우에 수임하여야 하며, 적법한 이익만을 추구하여야 한다. 계약상 업무실행은 객관적인 최고수준과 허용 가능한 모든 수단을 사용하여 최고의 전문지식으로 수행하여야 하며, 고객의 이익이 최우선적으로 고려되어야 하며 고객 및 고객의 이익에 위험을 초래할 수 있는 모든 것은 피해야 한다.

ⓑ 데이터보호의 의무

연방국가의 데이터보호규정에 따라 데이터보호 감독기관은 탐정에 대하여 등록을 요구할 수 있기 때문에(등록의무), 탐정기관은 독일정보보호법의 제4조g조 제2항 및 제2a항에 따라 별도의 개인데이터목록을 작성하고 있어야 한다.

ⓒ 기밀유지의 의무

탐정은 원칙적으로 개인조사를 수행함에 있어서 고객이 제공하거나 업무수행 중 취득한 모든 정보에 대하여 기밀로 취급해야 하며, 무단해킹 등으로부터 서면 및 전자기록 등을 보호하여야 할 의무를 진다. 다만, 통지의무 및 증인 제공의무에 관한 법규적용에서 예외가 있다.

---

69) 2015년 7월 10일 마지막으로 개정되어 시행되고 있다.

ⓓ 이해충돌방지의 의무

예기치 못한 요인으로 인해 이해충돌의 상황이 발생되는 경우 탐정은 이를 행하여서는 안되며, 수임하는 것은 선의의 위반으로 간주되어 계약은 무효가 된다. 탐정이 같은 이해관계의 일방을 위해 수임한 경우 그 반대 당사자와 계약을 체결할 수 없다.

ⓔ 직업수행 상 의무

탐정들은 객관적이고 협조적일 의무가 있다. 그러나 이러한 협력의 원칙과 고객이익 사이에 충돌이 있는 경우 고객이익이 우선한다. 탐정 간의 직업적 분쟁이 발생하는 경우, 상호우호적인 합의를 우선으로 하며, 법적절차를 개시하기 전에 탐정업을 대표하는 협회의 중재/청산기관의 조정을 거치는 것을 원칙으로 한다.

또한 고객의 지시는 일반적으로 구속력 있는 법적기준 및 탐정에 대한 전문규정을 위반하는 것을 정당화 할 수 없다.

ⓕ 광고 및 공개 프레젠테이션에서의 의무

탐정은 모든 형태의 불공정성 반경쟁적인 광고행위(부적절한, 모호한 호해의 소지가 있는 회사명, 불법한 비즈니스 기록 및 프레젠테이션의 미디어를 통한 공개 등)를 하지 않을 의무를 진다. 특정자격에 대한 언급은 그 분야의 적절한 이론적 지식과 실무경험을 입증할 수 있는 경우에 할 수 있으며, 원칙적으로 불법 및 존재하지 않는 가상의 타이틀 사용은 금지된다. 공인된 독일 및 외국전문협회의 회원에 대한 참조는 허용된다.

또한, 탐정은 언론 및 문화영역에서 전체직업의 이익을 고려하여야 할 의무를 지며, 특히 출판물의 경우, 엄격한 재량기준(직업상 작업방법 및 수단 및 개인조사의 방법 등)에 따라 제한된다.

(2) 계약체결 상의 의무

ⓐ 계약 상 기본의무

탐정은 타인의 이익에 대하여 자신의 이익과 같이 인식할 책임을 지며(자기주의 의무), 원칙적으로 계약의 체결로 발생하며, 조사서비스의 제공으로 소멸하나 계약 상 합의한 경우 후속 조치를 수행할 의무가 있다(증거제공 의무 등).

탐정과 고객 간의 관계는 계약에 의한 합의된 신뢰 관계이다. 불법적 사용의 위험이 있는 상업적 조사의 수임 및 수행은 허용되지 않으며, 서면계약을 통해 준수사항 및 수집된 정보에 대한 공개 보장을 약정하여야 한다. 또한 제3자를 위한 계약을 체결 전 적법성 및 법적이익의 내용을 신중히 검토하여 서면으로 문서화 할 것을 요구한다.

ⓑ 계약체결 상 특수의무(계약 및 이용약관)

탐정과 고객은 신의와 성실의 특별한 관계에 바탕을 하며, 업무수행 시 타인의 이익을 최우선 할 의무를 진다. 직원관계에 있는 자 이외의 제3자(전문가 등)의 사용 및 이익관여는 고객의 동의하에 이루어져야 한다. 독일민법 제24조(신의성실의 원칙) 및 138조(불공정행위, 폭리), 제817조(선량한 풍속 및 법률위반)에 따른 선량한 풍속 및 불공정 행위, 선의의 원칙을 위한한 계약 및 이용약관은 법률에 반하여 무효이다.

탐정전문협회에서 승인한 계약 및 이용약관의 사용이 권장되며, 의뢰인에게 약관에 대하여 명확하게 설명할 의무를 진다(설명의무). 탐정은 보수를 위한 목적으로 한 상업행위를 수행하기 때문에 독일 민법 제611조(고용계약 상 정형적 의무), 제631조(도급계약상 정형적 의무)의 적용을 받는다. 위임의 범위는 고객이 적법한 이익 범위를 넘지 말아야 하며, 계약은 원칙적으로 이용약관을 참조하여 서면으로 하되, 예외는 허용된다.

ⓒ 계약내용 이행 상의 위무

업무이행은 독일 민법상 선의의 원칙에 따라 수행되어야 하며 이에 따라 이행불가능한 위임은 받지 말아야 한다. 또한 객관적으로 진실하게 업무를 수행하여야 하며 고객에게 조사활동의 필수과정에 대하여 통지하여야 한다. 특별한 전문지식, 인력 또는 자재 등의 보조가 필요한 경우 탐정은 적합한 기한을 준수하여야 한다. 체결된 계약은 반드시 계약의 내용에 부합하여 이행되어야 하며 합의된 기한을 준수하여야 한다. 탐정은 적절한 의뢰비 수령 후 날짜와 서명을 표시한 영수증을 발행하여야 한다.

ⓓ 보고의 의무

모든 형태의 보고는 가능한 객관성 및 정확성을 갖추어 작성되어야 하며, 발견된 사실은 증거로 인정할 수 있도록 법적검토를 거쳐야 한다. 의뢰와 관련된 조사의 보고는 원칙적으로 고객에게만 서면을 통하여 하여야 하며, 이 보고서는 데이터보호규정을 준수하여 계약내용 및 합법적 이익이 적용되는 정보 내에서 명확한 문체로 상세히 구체적으로 오류 없이 작성되어야 한다.

또한 필요한 경우 증거를 첨부하여야 하며, 서면보고서 사본은 해당데이터 보고규정의 보정기간에 따라 탐정이 안전하게 보관하여야 하며 별도의 승인절차 없이 열람할 수 없도록 하여야 한다.

ⓔ 계약의 완료 및 수임료지급

탐정과 고객 간의 수임료 책정은 자유계약원칙에 따르며, 체결 시 가액을 명시하여야 하며 원칙적으로 서면양식으로 하여야 한다. 수임료의 변동은 기한의 지연과 같이 개별적, 예외적으로 제한되어야 한다. 탐정은 비용의 선납을 요구할 수 있으며, 관습 등에 따라 정액요금에 추가하여 비용을 청구할 수 있고 성공보수의 합의 또한 허용된다. 고객의 궁박, 경솔, 무경험을 이용하여 착취를 목적으로 한 비용 계약 또는 제3자가 채무의 이행을 약정하거나 허용하는 계약의 경우 불공정성이 현저한 경우 법률에 위반되어 무효이다.

계산은 수수료, 자재비용, 필요경비의 명확한 구분이 있어야 한다. 자재비용은 차량 및 기술지원의 사용에 대한 경비가 포함되며, 차량경비의 경우, 시간에 따라 계산된 차량의 사용에 대한 고정요금 산정이 허용되어야 한다. 추가차량요금은 원칙적으로 허용되지 않는다. 업무와 관련한 필요기구의 사용 비용계산은 계약에 따라 자유로이 정할 수 있다.

(3) 독일당국과 법원에 대한 직업 상 특별의무

국가기관 및 법원에 대하여 탐정은 개인으로서만 아니라 전문직업으로서 의무를 진다. 그러므로 대중 및 법정은 증인으로서 탐정에 대하여 일반증인 진술보다 높은 기준의 진실성, 정확성, 완전성을 요구한다. 탐정은 관련법규를 준수하여 법원, 당국, 공무원 및 전문가에 대한 정보를 요청하여야 하며, 법원 및 당국으로부터 제공받은 원본문서 또는 사본문서는 정해진 기간에 따라 신중히 보관 반환하여야 하며, 허가받지 않은 타인의 인지로부터 보호할 의무를 진다. 독일형법 제138조에 따른 미신고 처벌사항을 제외하고, 형법 및 기타법률이 정한 범죄에 대하여 사법당국에 신고할 의무는 없다.

(4) 전문직업 상 협력의무 및 직원 등에 관한 의무

ⓐ 동료에 대한 행동 및 부정행위 금지의무

직업적 협력의 의무를 규정하여 흠결이 있는 업무수행을 통한 직업적 명예를 저해한 행위, 동료탐정에 대한 부적절한 행위 및 침해를 금지한다. 타 탐정의 업무수행을 부당하게 침해하는 모든 조치는 법에 위배되며, 특히 불법적으로 획득한 주소 데이터를 이용한 고객 모집행위, 타 탐정의 직원과의 공모를 하여 부당한 이득을 취하는 행위, 부당하게 낮은 보수의 수임을 제안하는 행위, 타 탐정 또는 그의 업무를 비하하는 행위 등은 금지된다.

ⓑ 동료와 협업 시 의무

동료탐정과 공동으로 업무를 수행하는 경우, 다른 업무의 수행과 동일한 정도의 주의로 수행하여야 하며 기일을 준수해야 한다. 또한, 수임료의 배분은 계약 시 합리적인 기준에 의하여 사전에 합의에 따라 정하며 비용의 처리는 업무완료 시로 하며, 완료 전 계약을 해지하는 것은 허용된다.

ⓒ 전문규범 위반 시 처리규정

동료탐정이 법률을 위반하여 행동함에 때한 합리적인 증거가 있는 경우, 탐정은 이 규정의 위반에 대하여 탐정업을 대표하는 협회이사회에 통보하여 시정 또는 징계조치를 요청하여야 하며 위 증거가 인정되기 전까지 당해 탐정은 위 요청에 이의를 제기할 수 있다. 통보가 있는 경우 협회 및 관할기관은 지체없이 사실을 조사하고 필요한 조치를 할 의무가 있으며, 당해 탐정이 시정명령을 이행하지 않을 경우 적절한 법적 절차를 개시하여야 한다.

조사결과 중대한 과실, 의도적인 계약의무위반 및 직업상 명예훼손하는 행위 기타 불법행위 또는 부작위가 있는 경우, 직업버 제35조에 따른 거래금지신청이 허용된다. 해당탐정에 대하여 구두 또는 서면을 통한 충분한 해명의 기회를 제공하여야 한다.

ⓓ 직원 및 직원과의 관계

상업적으로 독립적인 탐정은 직원과 관계에 있어서 완전한 개인적 자유와 독립성을 유지해야 한다. 탐정은 직원의 선발, 지도 및 감독에 양심 및 주의에 따라 행사하고 직원은 법정규정 및 전문규범을 준수할 의무가 있다. 탐정은 항상 직원에 대하여 우월적 위치에서 직원의 전문교육 및 신중한 관리를 하여야 하며, 직원의 생명과 건강을 보호하는데 필요한 조치를 포함하여 사회복지를 보장할 의무를 준수하여야 한다. 직원은 탐정업의 종사자로서 명예로운 장식으로 신중하게 업무를 수행해야 하며, 영업의 기밀을 유지할 의무를 재직 중 되직 후까지 진다.

7장 탐정과 법률

제1절 탐정 관련 법률위반

1. 심부름센터 및 흥신소 법률위반 사항

1) 불법 심부름센터

불법 심부름센터를 운영하며 미행, 도청, 살인 등을 의뢰받아 돈을 챙긴 업자들과 이들에게 불법행위를 의뢰한 사람들이 무더기로 적발됐다. 서울지방경찰청 광역수사대는 3일 돈을 받고 무단으로 타인의 위치를 추적한 혐의(신용정보의 이용 및 보호에 관한 법률 위반 등)로 심부름센터 운영자 A씨(37)를 구속하고 또 다른 업체 대표와 관계자 등 20명을 불구속 입건했다고 밝혔다. 경찰은 또 이들 3개 업체에 불법행위를 의뢰한 206명 가운데 실제 그 결과를 얻은 72명을 불구속 입건했다.

경찰에 따르면 해당 업체는 2009년 4월부터 최근까지 인터넷 포털사이트의 `키워드 광고`를 통해 의뢰인을 모집해 각종 불법행위의 대가로 총 20억원의 부당이득을 챙긴 혐의를 받고 있다. 이들은 위치추적의 대가로 하루 당 50~70만원을 받았으며 차량에 위치추적기를 달아 대상자의 행적을 확인했다. 이들 업체는 '국내 1위 민간조사 업체', '검 · 경 출신 특수조사팀' 등의 표현을 동원해 고도의 정보능력을 갖춘 것처럼 홍보했지만 사실은 홈쇼핑 ARS와 택배회사 앱 등의 허술한 시스템을 이용해 개인정보를 산 것으로 드러났다.

경찰 관계자는 "의뢰 건수는 많았지만 업체들은 실제 일을 할 능력이 없었던 것으로 보인다"며 "위치추적기를 활용해 단순 위치정보만 파악했기 때문에 의뢰자가 원하는 정보는 제공할 수 없었다"고 말했다. 이들은 처음에는 합법이라며 의뢰인을 안심시켜 놓고 대금 지불 후에는 불법성을 거론하며 의뢰인을 협박하기도 했다.

결과물 없이 업체에 돈만 떼인 상당수의 의뢰인들은 이들 업체가 사기라는 것을 깨달은 후에도 형사처벌을 우려해 환불을 포기했다고 경찰은 전했다. 경찰 관계자는 "의뢰인 가운데 여성이 62%, 대졸 이상 학력자가 60%에 달했으며 직업은 주부, 회사원, 교수, 의사 등 다양했다"며 "남 · 녀 구분 없이 배우자의 불륜을 의심해 위치추적을 요구한 사례가 가장 많았다"고 설명했다(매일경제, 2013.06.03.).

2) 심부름센터 단속

경찰청은 2013년 6개월 간(1월 8일~ 7월 7일) 심부름센터 불법행위를 집중 단속해 40건을 적발해 332명을 검거했다고 9일 밝혔다. 이번 검거인원은 지난해 1년 간 8건 적발에 10명 검거와 비교하면 절반 기간에 33배 증가한 수치다. 이번 단속은 청부살인 · 폭력 등 강력범죄로 이어질 수 있고, 개인정보 노출이 우려되는 심부름센터의 불법행위를 근절하기 위해 실시됐다. 단속 결과 심부름센터에서는 개인 사생활 조사를 주 업무로 삼고 있는 것으로 확인됐다.

적발된 불법행위 유형은 △특정인의 소재 · 연락처 등 개인의 사생활을 불법으로 조사하는 행위(68% · 27건) △개인정보를 불법으로 누설 · 제공하거나 제공받는 행위(18% · 7건) △동의 없이 피해자 차량 등에 위치추적기를 부착해 위치정보를 수집하는 행위(12% · 5건) △폭행 · 협박으로 채권을 추심하는 행위(2% · 1건) 순으로 나타났다.

의뢰한 567명 중에는 주부가 196명(34%)으로 가장 많았다. 회사원 152명(27%)과 자영업자 78명(14%), 전문직 35명(6%)이 뒤를 이었다. 의뢰인 성별은 여성이 342

명(60%)으로 남성 225명(40%)보다 높게 나타났다. 경찰청은 의뢰인의 주된 직업이 주부로 나타난 점으로 미뤄 주로 배우자의 불륜 등 부정행위를 의심해 심부름센터에 의뢰하는 경우가 많은 것으로 판단했다(머니투데이, 2013.07.09) .

3) 불법 사이버 흥신소

2014년 이후 올해 8월까지 경찰에 검거된 개인·위치정보 침해 건수만 3,200여건에 이르는 것으로 나타났다. 경찰청은 8월 이후부터 10월말까지 개인정보 침해사범 특별단속 실시 기간으로 현재 개인정보 불법 수집·제공·매매행위 등 중점단속 중이다.

12일 국회 과학기술정보방송통신위원회 소속 송희경 자유한국당 의원이 경찰청으로부터 제출받은 '2014~2017년도 개인·위치정보침해 유형 검거건수' 현황에 따르면 ▲2014년 635건 ▲2015년 296건 ▲2016년 2,125건 ▲2017년(8월 기준) 186건으로 총 3,200여건이다. 간통죄가 폐지된 이듬해인 2016년에는 전년대비 10배 가까이 폭증했다.

경찰청에서는 개인·위치정보침해를 주로 하는 '심부름센터(흥신소)'에 대해 운영자는 물론이며 의뢰자를 전원 형사처벌하겠다는 원칙으로 엄정 대응하겠다고 밝혔다. 하지만, 여전히 포털 상에서 흥신소가 버젓이 홍보되고 있다. 흥신소가 IT시대를 맞아 사이버 흥신소로 진화를 거듭하고 있지만 온라인으로 파고든 사이버 흥신소에 대해 단속이 미치지 못하고 있다.

송희경 의원은 "IT를 악용해 개인 사생활과 개인정보를 불법으로 훔쳐보는 사이버 흥신소에 대한 강력한 단속과 제재가 필요하다"며 "온·오프라인 가리지 않고 벌어지는 프라이버시 침해를 막기 위해 사이버 흥신소의 주 영업장소인 포털사이트에 대한 규제를 강화해야 한다"고 말했다(ZDNet Korea, 2017.10.12.).

4) 불법 흥신소 단속

서울 강서구 전처 살인사건의 피의자 김모(48)씨가 전부인 이모(47)씨의 연락처 및 주소를 알아내기 위해 '심부름센터(일명 흥신소)'를 이용했다고 유가족이 진술하면서 흥신소의 불법성이 도마 위에 올랐다. 강서구 전처 살인 피의자도 흥신소를 이용하였다. 피의자는 온라인에서 광고 중인 일부 흥신소에 특정인의 전화번호를 제공하며 명의자 이름과 주소를 알아봐 달라고 의뢰한 결과, 업체들은 "손쉽게 조회가 가능하다"며 건당 50만~80만원의 비용을 요구했다. 업계에 따르면 이들은 일명 '조회업자'로 불리는 통신업자들과 뒷거래를 하면서 의뢰인들이 보낸 정보를 바탕으로 가입자의 이름과 연락처, 고지서 주소 등을 조회한다.

한 업체 관계자는 "현장조사의 경우 보통 100만원 이상의 비용이 든다"고 전했다. 의뢰된 차량에 위치파악 정보시스템(GPS)을 부착해 동선을 파악해주거나, 미행을 통해 일상생활 사진을 찍어 제공한다는 것이다. 심지어 스마트폰을 복제해 일명 '쌍둥이 폰'을 제작해 준다는 업체도 있었다. 스마트폰 명의자의 통화, 메시지, 사진, 결제 등의 모든 행위를 실시간으로 그대로 감시할 수 있다는 것이다. 현행 '신용정보의 이용에 관한 법률 및 위치정보의 보호에 관한 법률'에 따르면 신용정보회사가 아닐 경우 개인의 연락처 및 소재를 알아내는 것은 불법이며,[70] 이동성 물건의 위치정보를 수집하는 것도 모두 처벌된다(중앙일보, 2018.11.05.).

2. 법률위반 사례

【불법 차량위치추적장치 부착사건】

〈사례1〉

타인의 차량에 동의 없이 위치추적 장치를 부착하여 위치정보를 수집한 피고인에게 위치정보보호및이용등에관한법률 위반죄를 적용하여 벌금형을 선고한 사례, 서울시 북부지방법원(2016고단2689위치정보의보호및이용등에관한법률위반)

70) 최근에는 헤어진 여자친구 차량에 위치추적기를 부착하고 스토킹을 한 30대가 집행유예를 선고 받았다. 그는 주차된 전 여자친구 차량에 수차례 위치추적기를 부착했고, 경찰 조사를 받은 후에도 똑같은 범행을 저지른 것으로 드러났다. 지난 2월 '청담동 주식부자' 이희진(33) 씨의 부모를 살해한 김다운(34)도 위치추적기를 악용한 것으로 나타났다. 그는 범행 1년여 전부터 4번에 걸쳐 위치추적기를 이용해 피해자들의 동선을 파악했으며, 범행 당일에도 이씨 아버지의 차량에 이를 부착해 차량을 추적한 것으로 확인됐다(범죄 도구 악용 '위치추적기'...규제 못하나. 2019년10월15일 뉴스핌).

〈사례2〉

“피해자가 운행하는 승용차 뒤 범퍼부분에 GPS단말기를 몰래 부착한 피고인에게 위치정보보호및이용에관한법률위반으로 집행유예선고”

대구지방법원 경주지원은 피고인이 피해자로부터 일방적으로 이별통보를 받자 피해자가 다른 남자를 만난다고 의심하고, 피해자가 운행하는 승용차 뒤 범퍼부분에 GPS단말기를 몰래 부착하여 피해자의 위치정보를 수집한 사안에 대하여 피고인에게 위치정보보호및이용에관한법률위반으로 집행유예와 사회봉사를 선고하였다(대구지방법원 경주지원 2019.4.10.선고2018고단710판결). 징역 8월, 2년간 집행유예, 120시간 사회봉사)

〈사례3〉

“바람을 판다고 의심해 애인의 승용차에 위치추적기를 달아 위지정보를 수집한 A시에게 벌금형이 선고”

피고인은 자신과 사귀었던 C가 같은 아파트에 거주하는 남자인 D를 사귀는 것으로 의심하여 그 사실관계를 파악하기 위하여 인터넷에서 구입한 위치추적기를 자동차에 부착하는 방법으로 C승용차의 위치정보를 자신의 휴대폰으로 전송받아 C의 동의를 얻지 않고 그 위치정보를 수집하였다. 이 사안에 대하여 피고인을 벌금 4백만원을 선고하였다(2017고단2175위치정보의보호및이용등에관한법률위반)

아내가 남편의 위치추적은? 또는 스파이 앱을 깔아도 되나요? 불법입니다.

남편의 위치추적은 위치정보보호및이용에관한법률위반 제15조 1항의 위반이며, 동법 제40조에 따라 3년 이하의 징역 혹은 3천만원이하의 벌금에 처해질 수 있습니다. 남편의 구글계정 비번을 무단으로 입력해서 접속하신다면 정보통신법 제48조 정보통신망 침입에 해당하여 5년이하 또는 5천만원이하의 벌금형이 규정되어 있습니다(법률사무소 이룸 2020.1.20.검색).

제2절 탐정 관련 법률

1. 위치정보의 보호 및 이용 등에 관한 법률[71)]

제1장 총칙

제1조(목적) 이 법은 위치정보의 유출·오용 및 남용으로부터 사생활의 비밀 등을 보호하고 위치정보의 안전한 이용환경을 조성하여 위치정보의 이용을 활성화함으로써 국민생활의 향상과 공공복리의 증진에 이바지함을 목적으로 한다.

제3장 위치정보의 보호

제1절 통칙

제15조(위치정보의 수집 등의 금지) ① 누구든지 개인위치정보주체의 동의를 받지 아니하고 해당 개인위치정보를 수집·이용 또는 제공하여서는 아니 된다. 다만, 다음 각 호의 어느 하나에 해당하는 경우에는 그러하지 아니하다. 〈개정 2012. 5. 14., 2018. 4. 17.〉

1. 제29조제1항에 따른 긴급구조기관의 긴급구조요청 또는 같은 조 제7항에 따른 경보발송요청이 있는 경우
2. 제29조제2항에 따른 경찰관서의 요청이 있는 경우
3. 다른 법률에 특별한 규정이 있는 경우

② 누구든지 타인의 정보통신기기를 복제하거나 정보를 도용하는 등의 방법으로 개인위치정보사업자 및 위치기반서비스사업자(이하 "개인위치정보사업자 등"이라 한다)를 속여 타인의 개인위치정보를 제공받아서는 아니된다. 〈개정 2018. 4. 17.〉

71) 법률 제15608호, 2018. 4. 17, 일부개정.

③ 위치정보를 수집할 수 있는 장치가 부착된 물건을 판매하거나 대여·양도하는 자는 위치정보 수집장치가 부착된 사실을 구매하거나 대여·양도받는 자에게 알려야 한다. 〈개정 2018. 4. 17.〉

제16조(위치정보의 보호조치 등) ① 위치정보사업자등은 위치정보의 누출, 변조, 훼손 등을 방지하기 위하여 위치정보의 취급·관리 지침을 제정하거나 접근권한자를 지정하는 등의 관리적 조치와 방화벽의 설치나 암호화 소프트웨어의 활용 등의 기술적 조치를 하여야 한다. 이 경우 관리적 조치와 기술적 조치의 구체적 내용은 대통령령으로 정한다.

② 위치정보사업자등은 위치정보 수집·이용·제공사실 확인자료를 위치정보시스템에 자동으로 기록되고 보존되도록 하여야 한다.

③ 방송통신위원회는 위치정보를 보호하고 오용·남용을 방지하기 위하여 소속 공무원으로 하여금 제1항의 규정에 의한 기술적·관리적 조치의 내용과 제2항의 규정에 의한 기록의 보존실태를 대통령령이 정하는 바에 의하여 점검하게 할 수 있다. 〈개정 2008. 2. 29.〉

④ 제3항에 따라 기술적·관리적 조치의 내용과 기록의 보존실태를 점검하는 공무원은 그 권한을 표시하는 증표를 지니고 이를 관계인에게 내보여야 한다. 〈개정 2015. 2. 3.〉

제17조(위치정보의 누설 등의 금지) 위치정보사업자등과 그 종업원이거나 종업원이었던 자는 직무상 알게 된 위치정보를 누설·변조·훼손 또는 공개하여서는 아니된다.

제2절 개인위치정보의 보호

제18조(개인위치정보의 수집) ①위치정보사업자가 개인위치정보를 수집하고자 하는 경우에는 미리 다음 각호의 내용을 이용약관에 명시한 후 개인위치정보주체의 동의를 얻어야 한다. 〈개정 2018. 4. 17.〉

1. 위치정보사업자의 상호, 주소, 전화번호 그 밖의 연락처
2. 개인위치정보주체 및 법정대리인(제25조제1항의 규정에 의하여 법정대리

인의 동의를 얻어야 하는 경우로 한정한다)의 권리와 그 행사방법

3. 위치정보사업자가 위치기반서비스사업자에게 제공하고자 하는 서비스의 내용
4. 위치정보 수집사실 확인자료의 보유근거 및 보유기간
5. 그 밖에 개인위치정보의 보호를 위하여 필요한 사항으로서 대통령령이 정하는 사항

② 개인위치정보주체는 제1항의 규정에 의한 동의를 하는 경우 개인위치정보의 수집의 범위 및 이용약관의 내용 중 일부에 대하여 동의를 유보할 수 있다.

③ 위치정보사업자가 개인위치정보를 수집하는 경우에는 수집목적을 달성하기 위하여 필요한 최소한의 정보를 수집하여야 한다.

제19조(개인위치정보의 이용 또는 제공) ①위치기반서비스사업자가 개인위치정보를 이용하여 서비스를 제공하고자 하는 경우에는 미리 다음 각호의 내용을 이용약관에 명시한 후 개인위치정보주체의 동의를 얻어야 한다. 〈개정 2018. 4. 17.〉

1. 위치기반서비스사업자의 상호, 주소, 전화번호 그 밖의 연락처
2. 개인위치정보주체 및 법정대리인(제25조제1항의 규정에 의하여 법정대리인의 동의를 얻어야 하는 경우로 한정한다)의 권리와 그 행사방법
3. 위치기반서비스사업자가 제공하고자 하는 위치기반서비스의 내용
4. 위치정보 이용·제공사실 확인자료의 보유근거 및 보유기간
5. 그 밖에 개인위치정보의 보호를 위하여 필요한 사항으로서 대통령령이 정하는 사항

② 위치기반서비스사업자가 개인위치정보를 개인위치정보주체가 지정하는 제3자에게 제공하는 서비스를 하고자 하는 경우에는 제1항 각호의 내용을 이용약관에 명시한 후 제공받는 자 및 제공목적을 개인위치정보주체에게 고지하고 동의를 얻어야 한다.

③ 제2항의 규정에 의하여 위치기반서비스사업자가 개인위치정보를 개인위치정보주체가 지정하는 제3자에게 제공하는 경우에는 매회 개인위치정보주체에게 제공받는 자, 제공일시 및 제공목적을 즉시 통보하여야 한다.

④ 위치기반서비스사업자는 제3항에도 불구하고 대통령령으로 정하는 바에 따라 개인위치정보주체의 동의를 받은 경우에는 최대 30일의 범위에서 대통령령으로 정하는 횟수 또는 기간 등의 기준에 따라 모아서 통보할 수 있다. 〈신설 2015. 2. 3.〉

⑤ 개인위치정보주체는 제1항 · 제2항 및 제4항에 따른 동의를 하는 경우 개인위치정보의 이용 · 제공목적, 제공받는 자의 범위 및 위치기반서비스의 일부와 개인위치정보주체에 대한 통보방법에 대하여 동의를 유보할 수 있다. 〈개정 2015. 2. 3.〉

제21조(개인위치정보 등의 이용 · 제공의 제한 등) 위치정보사업자등은 개인위치정보주체의 동의가 있거나 다음 각 호의 어느 하나에 해당하는 경우를 제외하고는 개인위치정보 또는 위치정보 수집 · 이용 · 제공사실 확인자료를 제18조제1항 및 제19조제1항 · 제2항에 의하여 이용약관에 명시 또는 고지한 범위를 넘어 이용하거나 제3자에게 제공하여서는 아니된다. 〈개정 2015. 2. 3.〉

1. 위치정보 및 위치기반서비스 등의 제공에 따른 요금정산을 위하여 위치정보 수집 · 이용 · 제공사실 확인자료가 필요한 경우
2. 통계작성, 학술연구 또는 시장조사를 위하여 특정 개인을 알아볼 수 없는 형태로 가공하여 제공하는 경우

제25조(법정대리인의 권리) ① 위치정보사업자등이 14세 미만의 아동으로부터 제18조제1항, 제19조제1항 · 제2항 또는 제21조의 규정에 의하여 개인위치정보를 수집 · 이용 또는 제공하고자 하는 경우에는 그 법정대리인의 동의를 얻어야 하고, 대통령령으로 정하는 바에 따라 법정대리인이 동의하였는지를 확인하여야 한다. 〈개정 2018. 12. 24.〉

② 제18조제2항 · 제19조제5항 및 제24조의 규정은 제1항의 규정에 의하여 법정대리인이 동의를 하는 경우에 이를 준용한다. 이 경우 "개인위치정보주체"는 "법정대리인"으로 본다. 〈개정 2015. 2. 3.〉

제6장 벌칙

제39조(벌칙) 다음 각 호의 어느 하나에 해당하는 자는 5년 이하의 징역 또는 5천만원 이하의 벌금에 처한다. 〈개정 2012. 5. 14., 2015. 2. 3., 2018. 4. 17.〉

1. 제5조제1항의 규정을 위반하여 허가를 받지 아니하고 위치정보사업을 하는 자 또는 거짓이나 그 밖의 부정한 방법으로 허가를 받은 자
2. 제17조의 규정을 위반하여 개인위치정보를 누설·변조·훼손 또는 공개한 자
3. 제18조제1항·제2항 또는 제19조제1항·제2항·제5항을 위반하여 개인위치정보주체의 동의를 얻지 아니하거나 동의의 범위를 넘어 개인위치정보를 수집·이용 또는 제공한 자 및 그 정을 알고 영리 또는 부정한 목적으로 개인위치정보를 제공받은 자
4. 제21조의 규정을 위반하여 이용약관에 명시하거나 고지한 범위를 넘어 개인위치정보를 이용하거나 제3자에게 제공한 자
5. 제29조제8항을 위반하여 개인위치정보를 긴급구조 외의 목적에 사용한 자
6. 제29조제11항을 위반하여 개인위치정보주체의 동의를 받지 아니하거나 긴급구조 외의 목적으로 개인위치정보를 제공하거나 제공받은 자

제40조(벌칙) 다음 각 호의 어느 하나에 해당하는 자는 3년 이하의 징역 또는 3천만원 이하의 벌금에 처한다. 〈개정 2007. 12. 21., 2015. 2. 3., 2018. 4. 17.〉

1. 제5조제7항의 규정을 위반하여 변경허가를 받지 아니하고 위치정보사업을 하는 자 또는 거짓이나 그 밖의 부정한 방법으로 변경허가를 받은 자

1의2. 제5조의2제1항을 위반하여 신고를 하지 아니하고 개인위치정보를 대상으로 하지 아니하는 위치정보사업을 하는 자 또는 거짓이나 그 밖의 부정한 방법으로 신고한 자

2. 제9조제1항, 제9조의2제1항 단서 또는 같은 조 제4항을 위반하여 신고를 하지 아니하고 위치기반서비스사업을 하는 자 또는 거짓이나 그 밖의 부정한 방법으로 신고한 자
3. 제13조제1항에 따른 사업의 폐지명령을 위반한 자
4. 제15조제1항을 위반하여 개인위치정보주체의 동의를 받지 아니하고 해당 개

인위치정보를 수집 · 이용 또는 제공한 자

5. 제15조제2항을 위반하여 타인의 정보통신기기를 복제하거나 정보를 도용하는 등의 방법으로 개인위치정보사업자등을 속여 타인의 개인위치정보를 제공받은 자

제43조(과태료) ① 다음 각 호의 어느 하나에 해당하는 자에게는 2천만원 이하의 과태료를 부과한다. 〈개정 2015. 2. 3., 2018. 4. 17.〉

1. 제5조제4항의 규정에 의한 허가조건을 위반한 자
2. 제7조제1항을 위반하여 인가를 받지 아니하고 사업을 양수하거나 합병 · 분할한 자
3. 제8조제1항 또는 제2항을 위반하여 승인을 받지 아니하고 사업의 전부 또는 일부를 휴업하거나 폐업한 자
4. 제20조제1항의 규정을 위반하여 개인위치정보의 제공을 거절한 자
5. 제24조제2항의 규정을 위반하여 일시적인 중지 요구를 거절 또는 기술적 수단을 갖추지 아니한 자

② 다음 각 호의 어느 하나에 해당하는 자에게는 1천만원 이하의 과태료를 부과한다. 〈개정 2012. 5. 14., 2015. 2. 3., 2018. 4. 17.〉

1. 제7조제4항 또는 제10조제1항을 위반하여 사업의 양수, 상속 또는 합병 · 분할의 신고를 하지 아니한 자 또는 거짓이나 그 밖의 부정한 방법으로 사업의 양수, 상속 또는 합병 · 분할의 신고를 한 자
2. 제8조제1항 · 제2항 또는 제11조제1항 · 제2항을 위반하여 사업의 전부 또는 일부의 휴업 · 폐업을 신고하지 아니한 자
3. 제12조제1항을 위반하여 이용약관을 공개하지 아니하거나 이용약관의 변경이유 및 변경내용을 공개하지 아니한 자

3의2. 제12조제2항에 따른 이용약관 변경명령을 위반한 자

4. 제15조제3항을 위반하여 위치정보 수집장치가 부착된 사실을 알리지 아니한 자
5. 제18조제1항 또는 제19조제1항의 규정을 위반하여 이용약관명시의무를 다하지 아니한 자

6. 제18조제3항의 규정을 위반하여 개인위치정보를 수집한 자
7. 제19조제2항부터 제4항까지의 규정을 위반하여 고지 또는 통보를 하지 아니한 자
8. 제22조의 규정을 위반하여 사업의 양도등의 통지를 하지 아니한 자
9. 제24조제3항의 규정을 위반하여 열람, 고지 또는 정정요구를 거절한 자
10. 제25조제1항의 규정을 위반하여 법정대리인의 동의를 얻지 아니하고 개인위치정보를 수집·이용 또는 제공한 자
11. 제29조제1항 또는 제2항에 따른 긴급구조요청을 허위로 한 자
12. 제29조제6항을 위반하여 개인위치정보의 제공사실을 통보하지 아니한 자
13. 제36조제1항에 따른 관계 물품·서류 등을 제출하지 아니하거나 거짓으로 제출한 자(제38조의3에 따라 준용되는 자를 포함한다)
14. 제36조제2항에 따른 검사를 정당한 사유 없이 거부·방해 또는 기피한 자(제38조의3에 따라 준용되는 자를 포함한다)

2. 개인정보 보호법[72)]

제1장 총칙

제1조(목적) 이 법은 개인정보의 처리 및 보호에 관한 사항을 정함으로써 개인의 자유와 권리를 보호하고, 나아가 개인의 존엄과 가치를 구현함을 목적으로 한다. 〈개정 2014.3.24.〉

제3장 개인정보의 처리

제1절 개인정보의 수집, 이용, 제공 등

제15조(개인정보의 수집 · 이용) ① 개인정보처리자는 다음 각 호의 어느 하나에 해당하는 경우에는 개인정보를 수집할 수 있으며 그 수집 목적의 범위에서 이용할 수 있다.

1. 정보주체의 동의를 받은 경우
2. 법률에 특별한 규정이 있거나 법령상 의무를 준수하기 위하여 불가피한 경우
3. 공공기관이 법령 등에서 정하는 소관 업무의 수행을 위하여 불가피한 경우
4. 정보주체와의 계약의 체결 및 이행을 위하여 불가피하게 필요한 경우
5. 정보주체 또는 그 법정대리인이 의사표시를 할 수 없는 상태에 있거나 주소불명 등으로 사전 동의를 받을 수 없는 경우로서 명백히 정보주체 또는 제3자의 급박한 생명, 신체, 재산의 이익을 위하여 필요하다고 인정되는 경우
6. 개인정보처리자의 정당한 이익을 달성하기 위하여 필요한 경우로서 명백하게 정보주체의 권리보다 우선하는 경우. 이 경우 개인정보처리자의 정당한 이익과 상당한 관련이 있고 합리적인 범위를 초과하지 아니하는 경우에 한한다.

② 개인정보처리자는 제1항제1호에 따른 동의를 받을 때에는 다음 각 호의 사

72) 법률 제14839호, 2017.7.26., 타법개정

항을 정보주체에게 알려야 한다. 다음 각 호의 어느 하나의 사항을 변경하는 경우에도 이를 알리고 동의를 받아야 한다.

1. 개인정보의 수집 · 이용 목적
2. 수집하려는 개인정보의 항목
3. 개인정보의 보유 및 이용 기간
4. 동의를 거부할 권리가 있다는 사실 및 동의 거부에 따른 불이익이 있는 경우에는 그 불이익의 내용

제16조(개인정보의 수집 제한) ① 개인정보처리자는 제15조제1항 각 호의 어느 하나에 해당하여 개인정보를 수집하는 경우에는 그 목적에 필요한 최소한의 개인정보를 수집하여야 한다. 이 경우 최소한의 개인정보 수집이라는 입증책임은 개인정보처리자가 부담한다.

② 개인정보처리자는 정보주체의 동의를 받아 개인정보를 수집하는 경우 필요한 최소한의 정보 외의 개인정보 수집에는 동의하지 아니할 수 있다는 사실을 구체적으로 알리고 개인정보를 수집하여야 한다. 〈신설 2013.8.6.〉

③ 개인정보처리자는 정보주체가 필요한 최소한의 정보 외의 개인정보 수집에 동의하지 아니한다는 이유로 정보주체에게 재화 또는 서비스의 제공을 거부하여서는 아니 된다. 〈개정 2013.8.6.〉

제17조(개인정보의 제공) ① 개인정보처리자는 다음 각 호의 어느 하나에 해당되는 경우에는 정보주체의 개인정보를 제3자에게 제공(공유를 포함한다. 이하 같다)할 수 있다.

1. 정보주체의 동의를 받은 경우
2. 제15조제1항제2호 · 제3호 및 제5호에 따라 개인정보를 수집한 목적 범위에서 개인정보를 제공하는 경우

② 개인정보처리자는 제1항제1호에 따른 동의를 받을 때에는 다음 각 호의 사항을 정보주체에게 알려야 한다. 다음 각 호의 어느 하나의 사항을 변경하는 경우에도 이를 알리고 동의를 받아야 한다.

1. 개인정보를 제공받는 자
2. 개인정보를 제공받는 자의 개인정보 이용 목적

3. 제공하는 개인정보의 항목
4. 개인정보를 제공받는 자의 개인정보 보유 및 이용 기간
5. 동의를 거부할 권리가 있다는 사실 및 동의 거부에 따른 불이익이 있는 경우에는 그 불이익의 내용

③ 개인정보처리자가 개인정보를 국외의 제3자에게 제공할 때에는 제2항 각 호에 따른 사항을 정보주체에게 알리고 동의를 받아야 하며, 이 법을 위반하는 내용으로 개인정보의 국외 이전에 관한 계약을 체결하여서는 아니 된다.

제18조(개인정보의 목적 외 이용·제공 제한) ① 개인정보처리자는 개인정보를 제15조제1항에 따른 범위를 초과하여 이용하거나 제17조제1항 및 제3항에 따른 범위를 초과하여 제3자에게 제공하여서는 아니 된다.

② 제1항에도 불구하고 개인정보처리자는 다음 각 호의 어느 하나에 해당하는 경우에는 정보주체 또는 제3자의 이익을 부당하게 침해할 우려가 있을 때를 제외하고는 개인정보를 목적 외의 용도로 이용하거나 이를 제3자에게 제공할 수 있다. 다만, 제5호부터 제9호까지의 경우는 공공기관의 경우로 한정한다.

1. 정보주체로부터 별도의 동의를 받은 경우
2. 다른 법률에 특별한 규정이 있는 경우
3. 정보주체 또는 그 법정대리인이 의사표시를 할 수 없는 상태에 있거나 주소불명 등으로 사전 동의를 받을 수 없는 경우로서 명백히 정보주체 또는 제3자의 급박한 생명, 신체, 재산의 이익을 위하여 필요하다고 인정되는 경우
4. 통계작성 및 학술연구 등의 목적을 위하여 필요한 경우로서 특정 개인을 알아 볼 수 없는 형태로 개인정보를 제공하는 경우
5. 개인정보를 목적 외의 용도로 이용하거나 이를 제3자에게 제공하지 아니하면 다른 법률에서 정하는 소관 업무를 수행할 수 없는 경우로서 보호위원회의 심의 · 의결을 거친 경우
6. 조약, 그 밖의 국제협정의 이행을 위하여 외국정부 또는 국제기구에 제공하기 위하여 필요한 경우
7. 범죄의 수사와 공소의 제기 및 유지를 위하여 필요한 경우

8. 법원의 재판업무 수행을 위하여 필요한 경우
9. 형(刑) 및 감호, 보호처분의 집행을 위하여 필요한 경우

③ 개인정보처리자는 제2항제1호에 따른 동의를 받을 때에는 다음 각 호의 사항을 정보주체에게 알려야 한다. 다음 각 호의 어느 하나의 사항을 변경하는 경우에도 이를 알리고 동의를 받아야 한다.

1. 개인정보를 제공받는 자
2. 개인정보의 이용 목적(제공 시에는 제공받는 자의 이용 목적을 말한다)
3. 이용 또는 제공하는 개인정보의 항목
4. 개인정보의 보유 및 이용 기간(제공 시에는 제공받는 자의 보유 및 이용 기간을 말한다)
5. 동의를 거부할 권리가 있다는 사실 및 동의 거부에 따른 불이익이 있는 경우에는 그 불이익의 내용

④ 공공기관은 제2항제2호부터 제6호까지, 제8호 및 제9호에 따라 개인정보를 목적 외의 용도로 이용하거나 이를 제3자에게 제공하는 경우에는 그 이용 또는 제공의 법적 근거, 목적 및 범위 등에 관하여 필요한 사항을 행정안전부령으로 정하는 바에 따라 관보 또는 인터넷 홈페이지 등에 게재하여야 한다. 〈개정 2013.3.23., 2014.11.19., 2017.7.26.〉

⑤ 개인정보처리자는 제2항 각 호의 어느 하나의 경우에 해당하여 개인정보를 목적 외의 용도로 제3자에게 제공하는 경우에는 개인정보를 제공받는 자에게 이용 목적, 이용 방법, 그 밖에 필요한 사항에 대하여 제한을 하거나, 개인정보의 안전성 확보를 위하여 필요한 조치를 마련하도록 요청하여야 한다. 이 경우 요청을 받은 자는 개인정보의 안전성 확보를 위하여 필요한 조치를 하여야 한다.

[제목개정 2013.8.6.]

제19조(개인정보를 제공받은 자의 이용 · 제공 제한) 개인정보처리자로부터 개인정보를 제공받은 자는 다음 각 호의 어느 하나에 해당하는 경우를 제외하고는 개인정보를 제공받은 목적 외의 용도로 이용하거나 이를 제3자에게 제공하여서는 아니 된다.

1. 정보주체로부터 별도의 동의를 받은 경우
2. 다른 법률에 특별한 규정이 있는 경우

제22조(동의를 받는 방법) ① 개인정보처리자는 이 법에 따른 개인정보의 처리에 대하여 정보주체(제6항에 따른 법정대리인을 포함한다. 이하 이 조에서 같다)의 동의를 받을 때에는 각각의 동의 사항을 구분하여 정보주체가 이를 명확하게 인지할 수 있도록 알리고 각각 동의를 받아야 한다. 〈개정 2017.4.18.〉

② 개인정보처리자는 제1항의 동의를 서면(「전자문서 및 전자거래 기본법」 제2조제1호에 따른 전자문서를 포함한다)으로 받을 때에는 개인정보의 수집·이용 목적, 수집·이용하려는 개인정보의 항목 등 대통령령으로 정하는 중요한 내용을 행정안전부령으로 정하는 방법에 따라 명확히 표시하여 알아보기 쉽게 하여야 한다. 〈신설 2017.4.18., 2017.7.26.〉

③ 개인정보처리자는 제15조제1항제1호, 제17조제1항제1호, 제23조제1항제1호 및 제24조제1항제1호에 따라 개인정보의 처리에 대하여 정보주체의 동의를 받을 때에는 정보주체와의 계약 체결 등을 위하여 정보주체의 동의 없이 처리할 수 있는 개인정보와 정보주체의 동의가 필요한 개인정보를 구분하여야 한다. 이 경우 동의 없이 처리할 수 있는 개인정보라는 입증책임은 개인정보처리자가 부담한다. 〈개정 2016.3.29., 2017.4.18.〉

④ 개인정보처리자는 정보주체에게 재화나 서비스를 홍보하거나 판매를 권유하기 위하여 개인정보의 처리에 대한 동의를 받으려는 때에는 정보주체가 이를 명확하게 인지할 수 있도록 알리고 동의를 받아야 한다. 〈개정 2017.4.18.〉

⑤ 개인정보처리자는 정보주체가 제3항에 따라 선택적으로 동의할 수 있는 사항을 동의하지 아니하거나 제4항 및 제18조제2항제1호에 따른 동의를 하지 아니한다는 이유로 정보주체에게 재화 또는 서비스의 제공을 거부하여서는 아니 된다. 〈개정 2017.4.18.〉

⑥ 개인정보처리자는 만 14세 미만 아동의 개인정보를 처리하기 위하여 이 법에 따른 동의를 받아야 할 때에는 그 법정대리인의 동의를 받아야 한다. 이 경우 법정대리인의 동의를 받기 위하여 필요한 최소한의 정보는 법정대리인

의 동의 없이 해당 아동으로부터 직접 수집할 수 있다. 〈개정 2017.4.18.〉

⑦ 제1항부터 제6항까지에서 규정한 사항 외에 정보주체의 동의를 받는 세부적인 방법 및 제6항에 따른 최소한의 정보의 내용에 관하여 필요한 사항은 개인정보의 수집매체 등을 고려하여 대통령령으로 정한다. 〈개정 2017.4.18.〉

제2절 개인정보의 처리 제한

제23조(민감정보의 처리 제한) ① 개인정보처리자는 사상・신념, 노동조합・정당의 가입・탈퇴, 정치적 견해, 건강, 성생활 등에 관한 정보, 그 밖에 정보주체의 사생활을 현저히 침해할 우려가 있는 개인정보로서 대통령령으로 정하는 정보(이하 "민감정보"라 한다)를 처리하여서는 아니 된다. 다만, 다음 각 호의 어느 하나에 해당하는 경우에는 그러하지 아니하다. 〈개정 2016. 3. 29.〉

1. 정보주체에게 제15조제2항 각 호 또는 제17조제2항 각 호의 사항을 알리고 다른 개인정보의 처리에 대한 동의와 별도로 동의를 받은 경우
2. 법령에서 민감정보의 처리를 요구하거나 허용하는 경우

② 개인정보처리자가 제1항 각 호에 따라 민감정보를 처리하는 경우에는 그 민감정보가 분실・도난・유출・위조・변조 또는 훼손되지 아니하도록 제29조에 따른 안전성 확보에 필요한 조치를 하여야 한다. 〈신설 2016. 3. 29.〉

제24조(고유식별정보의 처리 제한) ① 개인정보처리자는 다음 각 호의 경우를 제외하고는 법령에 따라 개인을 고유하게 구별하기 위하여 부여된 식별정보로서 대통령령으로 정하는 정보(이하 "고유식별정보"라 한다)를 처리할 수 없다.

1. 정보주체에게 제15조제2항 각 호 또는 제17조제2항 각 호의 사항을 알리고 다른 개인정보의 처리에 대한 동의와 별도로 동의를 받은 경우
2. 법령에서 구체적으로 고유식별정보의 처리를 요구하거나 허용하는 경우

② 삭제 〈2013. 8. 6.〉

③ 개인정보처리자가 제1항 각 호에 따라 고유식별정보를 처리하는 경우에는

그 고유식별정보가 분실·도난·유출·위조·변조 또는 훼손되지 아니하도록 대통령령으로 정하는 바에 따라 암호화 등 안전성 확보에 필요한 조치를 하여야 한다. 〈개정 2015. 7. 24.〉

④ 행정안전부장관은 처리하는 개인정보의 종류·규모, 종업원 수 및 매출액 규모 등을 고려하여 대통령령으로 정하는 기준에 해당하는 개인정보처리자가 제3항에 따라 안전성 확보에 필요한 조치를 하였는지에 관하여 대통령령으로 정하는 바에 따라 정기적으로 조사하여야 한다. 〈신설 2016. 3. 29., 2017. 7. 26.〉

⑤ 행정안전부장관은 대통령령으로 정하는 전문기관으로 하여금 제4항에 따른 조사를 수행하게 할 수 있다. 〈신설 2016. 3. 29., 2017. 7. 26.〉

제25조(영상정보처리기기의 설치·운영 제한) ① 누구든지 다음 각 호의 경우를 제외하고는 공개된 장소에 영상정보처리기기를 설치·운영하여서는 아니 된다.

1. 법령에서 구체적으로 허용하고 있는 경우
2. 범죄의 예방 및 수사를 위하여 필요한 경우
3. 시설안전 및 화재 예방을 위하여 필요한 경우
4. 교통단속을 위하여 필요한 경우
5. 교통정보의 수집·분석 및 제공을 위하여 필요한 경우

② 누구든지 불특정 다수가 이용하는 목욕실, 화장실, 발한실(發汗室), 탈의실 등 개인의 사생활을 현저히 침해할 우려가 있는 장소의 내부를 볼 수 있도록 영상정보처리기기를 설치·운영하여서는 아니 된다. 다만, 교도소, 정신보건 시설 등 법령에 근거하여 사람을 구금하거나 보호하는 시설로서 대통령령으로 정하는 시설에 대하여는 그러하지 아니하다.

③ 제1항 각 호에 따라 영상정보처리기기를 설치·운영하려는 공공기관의 장과 제2항 단서에 따라 영상정보처리기기를 설치·운영하려는 자는 공청회·설명회의 개최 등 대통령령으로 정하는 절차를 거쳐 관계 전문가 및 이해관계인의 의견을 수렴하여야 한다.

④ 제1항 각 호에 따라 영상정보처리기기를 설치·운영하는 자(이하 "영상정보처리기기운영자"라 한다)는 정보주체가 쉽게 인식할 수 있도록 다음 각 호

의 사항이 포함된 안내판을 설치하는 등 필요한 조치를 하여야 한다. 다만, 「군사기지 및 군사시설 보호법」 제2조제2호에 따른 군사시설, 「통합방위법」 제2조제13호에 따른 국가중요시설, 그 밖에 대통령령으로 정하는 시설에 대하여는 그러하지 아니하다. 〈개정 2016.3.29.〉

1. 설치 목적 및 장소
2. 촬영 범위 및 시간
3. 관리책임자 성명 및 연락처
4. 그 밖에 대통령령으로 정하는 사항

⑤ 영상정보처리기기운영자는 영상정보처리기기의 설치 목적과 다른 목적으로 영상정보처리기기를 임의로 조작하거나 다른 곳을 비춰서는 아니 되며, 녹음기능은 사용할 수 없다.

⑥ 영상정보처리기기운영자는 개인정보가 분실·도난·유출·위조·변조 또는 훼손되지 아니하도록 제29조에 따라 안전성 확보에 필요한 조치를 하여야 한다. 〈개정 2015.7.24.〉

⑦ 영상정보처리기기운영자는 대통령령으로 정하는 바에 따라 영상정보처리기기 운영·관리 방침을 마련하여야 한다. 이 경우 제30조에 따른 개인정보처리방침을 정하지 아니할 수 있다.

⑧ 영상정보처리기기운영자는 영상정보처리기기의 설치·운영에 관한 사무를 위탁할 수 있다. 다만, 공공기관이 영상정보처리기기 설치·운영에 관한 사무를 위탁하는 경우에는 대통령령으로 정하는 절차 및 요건에 따라야 한다.

제26조(업무위탁에 따른 개인정보의 처리 제한) ① 개인정보처리자가 제3자에게 개인정보의 처리 업무를 위탁하는 경우에는 다음 각 호의 내용이 포함된 문서에 의하여야 한다.

1. 위탁업무 수행 목적 외 개인정보의 처리 금지에 관한 사항
2. 개인정보의 기술적·관리적 보호조치에 관한 사항
3. 그 밖에 개인정보의 안전한 관리를 위하여 대통령령으로 정한 사항

② 제1항에 따라 개인정보의 처리 업무를 위탁하는 개인정보처리자(이하 "위탁자"라 한다)는 위탁하는 업무의 내용과 개인정보 처리 업무를 위탁받아 처

리하는 자(이하 "수탁자"라 한다)를 정보주체가 언제든지 쉽게 확인할 수 있도록 대통령령으로 정하는 방법에 따라 공개하여야 한다.

③ 위탁자가 재화 또는 서비스를 홍보하거나 판매를 권유하는 업무를 위탁하는 경우에는 대통령령으로 정하는 방법에 따라 위탁하는 업무의 내용과 수탁자를 정보주체에게 알려야 한다. 위탁하는 업무의 내용이나 수탁자가 변경된 경우에도 또한 같다.

④ 위탁자는 업무 위탁으로 인하여 정보주체의 개인정보가 분실·도난·유출·위조·변조 또는 훼손되지 아니하도록 수탁자를 교육하고, 처리 현황 점검 등 대통령령으로 정하는 바에 따라 수탁자가 개인정보를 안전하게 처리하는지를 감독하여야 한다. 〈개정 2015.7.24.〉

⑤ 수탁자는 개인정보처리자로부터 위탁받은 해당 업무 범위를 초과하여 개인정보를 이용하거나 제3자에게 제공하여서는 아니 된다.

⑥ 수탁자가 위탁받은 업무와 관련하여 개인정보를 처리하는 과정에서 이 법을 위반하여 발생한 손해배상책임에 대하여는 수탁자를 개인정보처리자의 소속 직원으로 본다.

⑦ 수탁자에 관하여는 제15조부터 제25조까지, 제27조부터 제31조까지, 제33조부터 제38조까지 및 제59조를 준용한다.

제8장 보칙

제59조(금지행위) 개인정보를 처리하거나 처리하였던 자는 다음 각 호의 어느 하나에 해당하는 행위를 하여서는 아니 된다.

1. 거짓이나 그 밖의 부정한 수단이나 방법으로 개인정보를 취득하거나 처리에 관한 동의를 받는 행위
2. 업무상 알게 된 개인정보를 누설하거나 권한 없이 다른 사람이 이용하도록 제공하는 행위
3. 정당한 권한 없이 또는 허용된 권한을 초과하여 다른 사람의 개인정보를 훼손, 멸실, 변경, 위조 또는 유출하는 행위

제60조(비밀유지 등) 다음 각 호의 업무에 종사하거나 종사하였던 자는 직무상 알게 된 비밀을 다른 사람에게 누설하거나 직무상 목적 외의 용도로 이용하여서는 아니 된다. 다만, 다른 법률에 특별한 규정이 있는 경우에는 그러하지 아니하다.

1. 제8조에 따른 보호위원회의 업무
2. 제33조에 따른 영향평가 업무
3. 제40조에 따른 분쟁조정위원회의 분쟁조정 업무

제9장 벌칙

제70조(벌칙) 다음 각 호의 어느 하나에 해당하는 자는 10년 이하의 징역 또는 1억원 이하의 벌금에 처한다. 〈개정 2015.7.24.〉

1. 공공기관의 개인정보 처리업무를 방해할 목적으로 공공기관에서 처리하고 있는 개인정보를 변경하거나 말소하여 공공기관의 업무 수행의 중단·마비 등 심각한 지장을 초래한 자
2. 거짓이나 그 밖의 부정한 수단이나 방법으로 다른 사람이 처리하고 있는 개인정보를 취득한 후 이를 영리 또는 부정한 목적으로 제3자에게 제공한 자와 이를 교사·알선한 자

제71조(벌칙) 다음 각 호의 어느 하나에 해당하는 자는 5년 이하의 징역 또는 5천만원 이하의 벌금에 처한다. 〈개정 2016.3.29.〉

1. 제17조제1항제2호에 해당하지 아니함에도 같은 항 제1호를 위반하여 정보주체의 동의를 받지 아니하고 개인정보를 제3자에게 제공한 자 및 그 사정을 알고 개인정보를 제공받은 자
2. 제18조제1항·제2항, 제19조, 제26조제5항 또는 제27조제3항을 위반하여 개인정보를 이용하거나 제3자에게 제공한 자 및 그 사정을 알면서도 영리 또는 부정한 목적으로 개인정보를 제공받은 자
3. 제23조제1항을 위반하여 민감정보를 처리한 자
4. 제24조제1항을 위반하여 고유식별정보를 처리한 자

5. 제59조제2호를 위반하여 업무상 알게 된 개인정보를 누설하거나 권한 없이 다른 사람이 이용하도록 제공한 자 및 그 사정을 알면서도 영리 또는 부정한 목적으로 개인정보를 제공받은 자
6. 제59조제3호를 위반하여 다른 사람의 개인정보를 훼손, 멸실, 변경, 위조 또는 유출한 자

제72조(벌칙) 다음 각 호의 어느 하나에 해당하는 자는 3년 이하의 징역 또는 3천만원 이하의 벌금에 처한다.

1. 제25조제5항을 위반하여 영상정보처리기기의 설치 목적과 다른 목적으로 영상 정보처리기기를 임의로 조작하거나 다른 곳을 비추는 자 또는 녹음기능을 사용한 자
2. 제59조제1호를 위반하여 거짓이나 그 밖의 부정한 수단이나 방법으로 개인정보를 취득하거나 개인정보 처리에 관한 동의를 받는 행위를 한 자 및 그 사정을 알면서도 영리 또는 부정한 목적으로 개인정보를 제공받은 자
3. 제60조를 위반하여 직무상 알게 된 비밀을 누설하거나 직무상 목적 외에 이용한 자

제75조(과태료) ① 다음 각 호의 어느 하나에 해당하는 자에게는 5천만원 이하의 과태료를 부과한다. 〈개정 2017.4.18.〉

1. 제15조제1항을 위반하여 개인정보를 수집한 자
2. 제22조제6항을 위반하여 법정대리인의 동의를 받지 아니한 자
3. 제25조제2항을 위반하여 영상정보처리기기를 설치 · 운영한 자

② 다음 각 호의 어느 하나에 해당하는 자에게는 3천만원 이하의 과태료를 부과한다. 〈개정 2013.8.6., 2014.3.24., 2015.7.24., 2016.3.29., 2017.4.18.〉

1. 제15조제2항, 제17조제2항, 제18조제3항 또는 제26조제3항을 위반하여 정보주체에게 알려야 할 사항을 알리지 아니한 자
2. 제16조제3항 또는 제22조제5항을 위반하여 재화 또는 서비스의 제공을 거부한 자
3. 제20조제1항 또는 제2항을 위반하여 정보주체에게 같은 항 각 호의 사실을 알리지 아니한 자

4. 제21조제1항을 위반하여 개인정보를 파기하지 아니한 자
4의2. 제24조의2제1항을 위반하여 주민등록번호를 처리한 자
4의3. 제24조의2제2항을 위반하여 암호화 조치를 하지 아니한 자
5. 제24조의2제3항을 위반하여 정보주체가 주민등록번호를 사용하지 아니할 수 있는 방법을 제공하지 아니한 자
6. 제23조제2항, 제24조제3항, 제25조제6항 또는 제29조를 위반하여 안전성 확보에 필요한 조치를 하지 아니한 자
7. 제25조제1항을 위반하여 영상정보처리기기를 설치·운영한 자
7의2. 제32조의2제6항을 위반하여 인증을 받지 아니하였음에도 거짓으로 인증의 내용을 표시하거나 홍보한 자
8. 제34조제1항을 위반하여 정보주체에게 같은 항 각 호의 사실을 알리지 아니한 자
9. 제34조제3항을 위반하여 조치 결과를 신고하지 아니한 자
10. 제35조제3항을 위반하여 열람을 제한하거나 거절한 자
11. 제36조제2항을 위반하여 정정·삭제 등 필요한 조치를 하지 아니한 자
12. 제37조제4항을 위반하여 처리가 정지된 개인정보에 대하여 파기 등 필요한 조치를 하지 아니한 자
13. 제64조제1항에 따른 시정명령에 따르지 아니한 자

③ 다음 각 호의 어느 하나에 해당하는 자에게는 1천만원 이하의 과태료를 부과한다. 〈개정 2017.4.18.〉

1. 제21조제3항을 위반하여 개인정보를 분리하여 저장·관리하지 아니한 자
2. 제22조제1항부터 제4항까지의 규정을 위반하여 동의를 받은 자
3. 제25조제4항을 위반하여 안내판 설치 등 필요한 조치를 하지 아니한 자
4. 제26조제1항을 위반하여 업무 위탁 시 같은 항 각 호의 내용이 포함된 문서에 의하지 아니한 자
5. 제26조제2항을 위반하여 위탁하는 업무의 내용과 수탁자를 공개하지 아니한 자
6. 제27조제1항 또는 제2항을 위반하여 정보주체에게 개인정보의 이전 사실

을 알리지 아니한 자

7. 제30조제1항 또는 제2항을 위반하여 개인정보 처리방침을 정하지 아니하거나 이를 공개하지 아니한 자
8. 제31조제1항을 위반하여 개인정보 보호책임자를 지정하지 아니한 자
9. 제35조제3항 · 제4항, 제36조제2항 · 제4항 또는 제37조제3항을 위반하여 정보주체에게 알려야 할 사항을 알리지 아니한 자
10. 제63조제1항에 따른 관계 물품 · 서류 등 자료를 제출하지 아니하거나 거짓으로 제출한 자
11. 제63조제2항에 따른 출입 · 검사를 거부 · 방해 또는 기피한 자

④ 제1항부터 제3항까지의 규정에 따른 과태료는 대통령령으로 정하는 바에 따라 행정안전부장관과 관계 중앙행정기관의 장이 부과 · 징수한다. 이 경우 관계 중앙행정기관의 장은 소관 분야의 개인정보처리자에게 과태료를 부과 · 징수한다. 〈개정 2013.3.23., 2014.11.19., 2017.7.26.〉

3. 통신비밀보호법[73)]

제1조(목적) 이 법은 통신 및 대화의 비밀과 자유에 대한 제한은 그 대상을 한정하고 엄격한 법적 절차를 거치도록 함으로써 통신비밀을 보호하고 통신의 자유를 신장함을 목적으로 한다.

제2조(정의) 이 법에서 사용하는 용어의 정의는 다음과 같다. 〈개정 2001.12.29., 2004.1.29., 2005.1.27.〉

1. "통신"이라 함은 우편물 및 전기통신을 말한다.
2. "우편물"이라 함은 우편법에 의한 통상우편물과 소포우편물을 말한다.
3. "전기통신"이라 함은 전화·전자우편·회원제정보서비스·모사전송·무선호출 등과 같이 유선·무선·광선 및 기타의 전자적 방식에 의하여 모든 종류의 음향·문언·부호 또는 영상을 송신하거나 수신하는 것을 말한다.
6. "검열"이라 함은 우편물에 대하여 당사자의 동의없이 이를 개봉하거나 기타의 방법으로 그 내용을 지득 또는 채록하거나 유치하는 것을 말한다.
7. "감청"이라 함은 전기통신에 대하여 당사자의 동의없이 전자장치·기계장치등을 사용하여 통신의 음향·문언·부호·영상을 청취·공독하여 그 내용을 지득 또는 채록하거나 전기통신의 송·수신을 방해하는 것을 말한다.
8. "감청설비"라 함은 대화 또는 전기통신의 감청에 사용될 수 있는 전자장치·기계장치 기타 설비를 말한다. 다만, 전기통신 기기·기구 또는 그 부품으로서 일반적으로 사용되는 것 및 청각교정을 위한 보청기 또는 이와 유사한 용도로 일반적으로 사용되는 것중에서, 대통령령이 정하는 것은 제외한다.

8의2. "불법감청설비탐지"라 함은 이 법의 규정에 의하지 아니하고 행하는 감청 또는 대화의 청취에 사용되는 설비를 탐지하는 것을 말한다.

9. "전자우편"이라 함은 컴퓨터 통신망을 통해서 메시지를 전송하는 것 또는 전송된 메시지를 말한다.
10. "회원제정보서비스"라 함은 특정의 회원이나 계약자에게 제공하는 정보서비스 또는 그와 같은 네트워크의 방식을 말한다.

---

73) 법률 제15493호, 2018.3.20., 일부개정.

11. "통신사실확인자료"라 함은 다음 각목의 어느 하나에 해당하는 전기통신사실에 관한 자료를 말한다.
   가. 가입자의 전기통신일시
   나. 전기통신개시·종료시간
   다. 발·착신 통신번호 등 상대방의 가입자번호
   라. 사용도수
   마. 컴퓨터통신 또는 인터넷의 사용자가 전기통신역무를 이용한 사실에 관한 컴퓨터통신 또는 인터넷의 로그기록자료
   바. 정보통신망에 접속된 정보통신기기의 위치를 확인할 수 있는 발신기지국의 위치추적자료
   사. 컴퓨터통신 또는 인터넷의 사용자가 정보통신망에 접속하기 위하여 사용하는 정보통신기기의 위치를 확인할 수 있는 접속지의 추적자료

제3조(통신 및 대화비밀의 보호) ①누구든지 이 법과 형사소송법 또는 군사법원법의 규정에 의하지 아니하고는 우편물의 검열·전기통신의 감청 또는 통신사실확인자료의 제공을 하거나 공개되지 아니한 타인간의 대화를 녹음 또는 청취하지 못한다. 다만, 다음 각호의 경우에는 당해 법률이 정하는 바에 의한다. 〈개정 2000.12.29., 2001.12.29., 2004.1.29., 2005.3.31., 2007.12.21., 2009.11.2.〉

제9조(통신제한조치의 집행) ① 제6조 내지 제8조의 통신제한조치는 이를 청구 또는 신청한 검사·사법경찰관 또는 정보수사기관의 장이 집행한다. 이 경우 체신관서 기타 관련기관등(이하 "통신기관등"이라 한다)에 그 집행을 위탁하거나 집행에 관한 협조를 요청할 수 있다. 〈개정 2001.12.29.〉

② 통신제한조치의 집행을 위탁하거나 집행에 관한 협조를 요청하는 자는 통신기관등에 통신제한조치허가서(제7조제1항제2호의 경우에는 대통령의 승인서를 말한다. 이하 이 조, 제16조제2항제1호 및 제17조제1항제1호·제3호에서 같다) 또는 긴급감청서등의 표지의 사본을 교부하여야 하며, 이를 위탁받거나 이에 관한 협조요청을 받은 자는 통신제한조치허가서 또는 긴급감청서등의 표지 사본을 대통령령이 정하는 기간동안 보존하여야 한다. 〈개정

2001.12.29.〉

③ 통신제한조치를 집행하는 자와 이를 위탁받거나 이에 관한 협조요청을 받은 자는 당해 통신제한조치를 청구한 목적과 그 집행 또는 협조일시 및 대상을 기재한 대장을 대통령령이 정하는 기간동안 비치하여야 한다. 〈신설 2001.12.29.〉

④ 통신기관등은 통신제한조치허가서 또는 긴급감청서등에 기재된 통신제한조치 대상자의 전화번호 등이 사실과 일치하지 않을 경우에는 그 집행을 거부할 수 있으며, 어떠한 경우에도 전기통신에 사용되는 비밀번호를 누설할 수 없다. 〈신설 2001.12.29.〉

제9조의2(통신제한조치의 집행에 관한 통지) ① 검사는 제6조제1항 및 제8조제1항의 규정에 의한 통신제한조치를 집행한 사건에 관하여 공소를 제기하거나, 공소의 제기 또는 입건을 하지 아니하는 처분(기소중지 결정을 제외한다)을 한 때에는 그 처분을 한 날부터 30일 이내에 우편물 검열의 경우에는 그 대상자에게, 감청의 경우에는 그 대상이 된 전기통신의 가입자에게 통신제한조치를 집행한 사실과 집행기관 및 그 기간 등을 서면으로 통지하여야 한다.

② 사법경찰관은 제6조제1항 및 제8조제1항의 규정에 의한 통신제한조치를 집행한 사건에 관하여 검사로부터 공소를 제기하거나 제기하지 아니하는 처분(기소중지 결정을 제외한다)의 통보를 받거나 내사사건에 관하여 입건하지 아니하는 처분을 한 때에는 그 날부터 30일 이내에 우편물 검열의 경우에는 그 대상자에게, 감청의 경우에는 그 대상이 된 전기통신의 가입자에게 통신제한조치를 집행한 사실과 집행기관 및 그 기간 등을 서면으로 통지하여야 한다.

③ 정보수사기관의 장은 제7조제1항제1호 본문 및 제8조제1항의 규정에 의한 통신제한조치를 종료한 날부터 30일 이내에 우편물 검열의 경우에는 그 대상자에게, 감청의 경우에는 그 대상이 된 전기통신의 가입자에게 통신제한조치를 집행한 사실과 집행기관 및 그 기간 등을 서면으로 통지하여야 한다.

④ 제1항 내지 제3항의 규정에 불구하고 다음 각호의 1에 해당하는 사유가 있

는 때에는 그 사유가 해소될 때까지 통지를 유예할 수 있다.

1. 통신제한조치를 통지할 경우 국가의 안전보장·공공의 안녕질서를 위태롭게 할 현저한 우려가 있는 때
2. 통신제한조치를 통지할 경우 사람의 생명·신체에 중대한 위험을 초래할 염려가 현저한 때

⑤ 검사 또는 사법경찰관은 제4항의 규정에 의하여 통지를 유예하고자 하는 경우에는 소명자료를 첨부하여 미리 관할지방검찰청검사장의 승인을 얻어야 한다. 다만, 군검사 및 군사법경찰관이 제4항의 규정에 의하여 통지를 유예하고자 하는 경우에는 소명자료를 첨부하여 미리 관할 보통검찰부장의 승인을 얻어야 한다. 〈개정 2016.1.6.〉

⑥ 검사, 사법경찰관 또는 정보수사기관의 장은 제4항 각호의 사유가 해소된 때에는 그 사유가 해소된 날부터 30일 이내에 제1항 내지 제3항의 규정에 의한 통지를 하여야 한다. [본조신설 2001.12.29.]

제9조의3(압수·수색·검증의 집행에 관한 통지) ① 검사는 송·수신이 완료된 전기통신에 대하여 압수·수색·검증을 집행한 경우 그 사건에 관하여 공소를 제기하거나 공소의 제기 또는 입건을 하지 아니하는 처분(기소중지결정을 제외한다)을 한 때에는 그 처분을 한 날부터 30일 이내에 수사대상이 된 가입자에게 압수·수색·검증을 집행한 사실을 서면으로 통지하여야 한다.

② 사법경찰관은 송·수신이 완료된 전기통신에 대하여 압수·수색·검증을 집행한 경우 그 사건에 관하여 검사로부터 공소를 제기하거나 제기하지 아니하는 처분의 통보를 받거나 내사사건에 관하여 입건하지 아니하는 처분을 한 때에는 그 날부터 30일 이내에 수사대상이 된 가입자에게 압수·수색·검증을 집행한 사실을 서면으로 통지하여야 한다. [본조신설 2009.5.28.]

제10조(감청설비에 대한 인가기관과 인가절차) ①감청설비를 제조·수입·판매·배포·소지·사용하거나 이를 위한 광고를 하고자 하는 자는 과학기술정보통신부장관의 인가를 받아야 한다. 다만, 국가기관의 경우에는 그러하지 아니하다. 〈개정 1997.12.13., 2008.2.29., 2013.3.23., 2017.7.26.〉

② 삭제 〈2004.1.29.〉

③ 과학기술정보통신부장관은 제1항의 인가를 하는 경우에는 인가신청자, 인가연월일, 인가된 감청설비의 종류와 수량등 필요한 사항을 대장에 기재하여 비치하여야 한다. 〈개정 1997.12.13., 2008.2.29., 2013.3.23., 2017.7.26.〉

④ 제1항의 인가를 받아 감청설비를 제조·수입·판매·배포·소지 또는 사용하는 자는 인가연월일, 인가된 감청설비의 종류와 수량, 비치장소등 필요한 사항을 대장에 기재하여 비치하여야 한다. 다만, 지방자치단체의 비품으로서 그 직무수행에 제공되는 감청설비는 해당 기관의 비품대장에 기재한다.

⑤ 제1항의 인가에 관하여 기타 필요한 사항은 대통령령으로 정한다.

제10조의2(국가기관 감청설비의 신고) ① 국가기관(정보수사기관을 제외한다)이 감청설비를 도입하는 때에는 매 반기별로 그 제원 및 성능 등 대통령령이 정하는 사항을 과학기술정보통신부장관에게 신고하여야 한다. 〈개정 2008.2.29., 2013.3.23., 2017.7.26.〉

② 정보수사기관이 감청설비를 도입하는 때에는 매 반기별로 그 제원 및 성능 등 대통령령이 정하는 사항을 국회 정보위원회에 통보하여야 한다.[본조신설 2001.12.29.]

제10조의3(불법감청설비탐지업의 등록 등) ① 영리를 목적으로 불법감청설비탐지업을 하고자 하는 자는 대통령령이 정하는 바에 의하여 과학기술정보통신부장관에게 등록을 하여야 한다. 〈개정 2008.2.29., 2013.3.23., 2017.7.26.〉

② 제1항의 규정에 의한 등록은 법인에 한하여 할 수 있다.

③ 제1항의 규정에 의한 등록을 하고자 하는 자는 대통령령이 정하는 이용자보호계획·사업계획·기술·재정능력·탐지장비 그 밖에 필요한 사항을 갖추어야 한다. 〈개정 2008.2.29.〉

④ 제1항의 규정에 의한 등록의 변경요건 및 절차, 등록한 사업의 양도·양수·승계·휴지·폐지 및 그 신고, 등록업무의 위임 등에 관하여 필요한 사항은 대통령령으로 정한다. [본조신설 2004.1.29.]

제10조의4(불법감청설비탐지업자의 결격사유) 법인의 대표자가 다음 각 호의 어느 하나에 해당하는 경우에는 제10조의3에 따른 등록을 할 수 없다. 〈개정 2005.3.31., 2014.10.15., 2015.12.22.〉

1. 피성년후견인 또는 피한정후견인
2. 파산선고를 받은 자로서 복권되지 아니한 자
3. 금고 이상의 실형을 선고받고 그 집행이 종료(집행이 종료된 것으로 보는 경우를 포함한다)되거나 집행이 면제된 날부터 2년이 경과되지 아니한 자
4. 금고 이상의 형의 집행유예 선고를 받고 그 유예기간중에 있는 자
5. 법원의 판결 또는 다른 법률에 의하여 자격이 상실 또는 정지된 자
6. 제10조의5에 따라 등록이 취소(제10조의4제1호 또는 제2호에 해당하여 등록이 취소된 경우는 제외한다)된 법인의 취소 당시 대표자로서 그 등록이 취소된 날부터 2년이 경과되지 아니한 자 [본조신설 2004.1.29.]

제10조의5(등록의 취소) 과학기술정보통신부장관은 불법감청설비탐지업을 등록한 자가 다음 각호의 1에 해당하는 경우에는 그 등록을 취소하거나 6월 이내의 기간을 정하여 그 영업의 정지를 명할 수 있다. 다만, 제1호 또는 제2호에 해당하는 경우에는 그 등록을 취소하여야 한다. 〈개정 2008.2.29., 2013.3.23., 2017.7.26.〉

1. 거짓 그 밖의 부정한 방법으로 등록 또는 변경등록을 한 경우
2. 제10조의4의 규정에 의한 결격사유에 해당하게 된 경우
3. 영업행위와 관련하여 알게된 비밀을 다른 사람에게 누설한 경우
4. 불법감청설비탐지업 등록증을 다른 사람에게 대여한 경우
5. 영업행위와 관련하여 고의 또는 중대한 과실로 다른 사람에게 중대한 손해를 입 힌 경우
6. 다른 법률의 규정에 의하여 국가 또는 지방자치단체로부터 등록취소의 요구가 있는 경우 [본조신설 2004.1.29.]

제11조(비밀준수의 의무) ① 통신제한조치의 허가・집행・통보 및 각종 서류작성 등에 관여한 공무원 또는 그 직에 있었던 자는 직무상 알게 된 통신제한조치에 관한 사항을 외부에 공개하거나 누설하여서는 아니된다.

② 통신제한조치에 관여한 통신기관의 직원 또는 그 직에 있었던 자는 통신제한조치에 관한 사항을 외부에 공개하거나 누설하여서는 아니된다.

③ 제1항 및 제2항에 규정된 자 외에 누구든지 이 법에 따른 통신제한조치로

알게 된 내용을 이 법에 따라 사용하는 경우 외에는 이를 외부에 공개하거나 누설하여서는 아니 된다. 〈개정 2018.3.20.〉

④ 법원에서의 통신제한조치의 허가절차 · 허가여부 · 허가내용 등의 비밀유지에 관하여 필요한 사항은 대법원규칙으로 정한다. [전문개정 2001.12.29.]

제14조(타인의 대화비밀 침해금지) ① 누구든지 공개되지 아니한 타인간의 대화를 녹음하거나 전자장치 또는 기계적 수단을 이용하여 청취할 수 없다.

② 제4조 내지 제8조, 제9조제1항 전단 및 제3항, 제9조의2, 제11조제1항 · 제3항 · 제4항 및 제12조의 규정은 제1항의 규정에 의한 녹음 또는 청취에 관하여 이를 적용한다. 〈개정 2001.12.29.〉

제16조(벌칙) ① 다음 각 호의 어느 하나에 해당하는 자는 1년 이상 10년 이하의 징역과 5년 이하의 자격정지에 처한다. 〈개정 2014.1.14., 2018.3.20.〉

1. 제3조의 규정에 위반하여 우편물의 검열 또는 전기통신의 감청을 하거나 공개되지 아니한 타인간의 대화를 녹음 또는 청취한 자
2. 제1호에 따라 알게 된 통신 또는 대화의 내용을 공개하거나 누설한 자

② 다음 각호의 1에 해당하는 자는 10년 이하의 징역에 처한다. 〈개정 2005.5.26.〉

1. 제9조제2항의 규정에 위반하여 통신제한조치허가서 또는 긴급감청서등의 표지의 사본을 교부하지 아니하고 통신제한조치의 집행을 위탁하거나 집행에 관한 협조를 요청한 자 또는 통신제한조치허가서 또는 긴급감청서등의 표지의 사본을 교부받지 아니하고 위탁받은 통신제한조치를 집행하거나 통신제한조치의 집행에 관하여 협조한 자
2. 제11조제1항(제14조제2항의 규정에 의하여 적용하는 경우 및 제13조의5의 규정에 의하여 준용되는 경우를 포함한다)의 규정에 위반한 자

③ 제11조제2항(제13조의5의 규정에 의하여 준용되는 경우를 포함한다)의 규정에 위반한 자는 7년 이하의 징역에 처한다. 〈개정 2005.5.26.〉

④ 제11조제3항(제14조제2항의 규정에 의하여 적용하는 경우 및 제13조의5의 규정에 의하여 준용되는 경우를 포함한다)의 규정에 위반한 자는 5년 이하의 징역에 처한다. 〈개정 2005.5.26.〉

[전문개정 2001.12.29.]

제17조(벌칙) ①다음 각 호의 어느 하나에 해당하는 자는 5년 이하의 징역 또는 3천만원 이하의 벌금에 처한다. 〈개정 2004.1.29., 2018.3.20.〉

1. 제9조제2항의 규정에 위반하여 통신제한조치허가서 또는 긴급감청서등의 표지의 사본을 보존하지 아니한 자
2. 제9조제3항(제14조제2항의 규정에 의하여 적용하는 경우를 포함한다)의 규정에 위반하여 대장을 비치하지 아니한 자
3. 제9조제4항의 규정에 위반하여 통신제한조치허가서 또는 긴급감청서등에 기재된 통신제한조치 대상자의 전화번호 등을 확인하지 아니하거나 전기통신에 사용되는 비밀번호를 누설한 자
4. 제10조제1항의 규정에 위반하여 인가를 받지 아니하고 감청설비를 제조·수입·판매·배포·소지·사용하거나 이를 위한 광고를 한 자
5. 제10조제3항 또는 제4항의 규정에 위반하여 감청설비의 인가대장을 작성 또는 비치하지 아니한 자

5의2. 제10조의3제1항의 규정에 의한 등록을 하지 아니하거나 거짓으로 등록하여 불법감청설비탐지업을 한 자

6. 삭제 〈2018.3.20.〉

② 다음 각호의 1에 해당하는 자는 3년 이하의 징역 또는 1천만원 이하의 벌금에 처한다. 〈개정 2004.1.29., 2008.2.29., 2013.3.23., 2017.7.26.〉

1. 제3조제3항의 규정을 위반하여 단말기기 고유번호를 제공하거나 제공받은 자
2. 제8조제2항 후단 또는 제9항 후단의 규정에 위반하여 긴급통신제한조치를 즉시 중지하지 아니한 자
3. 제9조의2(제14조제2항의 규정에 의하여 적용하는 경우를 포함한다)의 규정에 위반하여 통신제한조치의 집행에 관한 통지를 하지 아니한 자
4. 제13조제7항의 규정에 위반하여 통신사실확인자료제공 현황등을 과학기술정보통신부장관에게 보고하지 아니하였거나 관련자료를 비치하지 아니한 자[전문개정 2001.12.29.]

4. 보험사기방지 특별법 (약칭: 보험사기방지법)74)

제1조(목적) 이 법은 보험사기행위의 조사・방지・처벌에 관한 사항을 정함으로써 보험계약자, 피보험자, 그 밖의 이해관계인의 권익을 보호하고 보험업의 건전한 육성과 국민의 복리증진에 이바지함을 목적으로 한다.

제2조(정의) 이 법에서 사용하는 용어의 뜻은 다음과 같다.

1. "보험사기행위"란 보험사고의 발생, 원인 또는 내용에 관하여 보험자를 기망하여 보험금을 청구하는 행위를 말한다.
2. "보험회사"란 「보험업법」 제4조에 따른 허가를 받아 보험업을 경영하는 자를 말한다.

제3조(다른 법률과의 관계) 보험사기행위의 조사・방지 및 보험사기행위자의 처벌에 관하여는 다른 법률에 우선하여 이 법을 적용한다.

제4조(보험사기행위의 보고 등) 보험회사는 보험계약의 보험계약자, 피보험자, 보험금을 취득할 자, 그 밖에 보험계약 또는 보험금 지급에 관하여 이해관계가 있는 자(이하 "보험계약자등"이라 한다)의 행위가 보험사기행위로 의심할 만한 합당한 근거가 있는 경우에는 금융위원회에 보고할 수 있다.

제5조(보험계약자등의 보호) ① 보험회사는 보험사고 조사 과정에서 보험계약자등의 개인정보를 침해하지 아니하도록 노력하여야 한다.

② 보험회사는 대통령령으로 정하는 사유 없이 보험사고 조사를 이유로 보험금의 지급을 지체 또는 거절하거나 삭감하여 지급하여서는 아니 된다.

제6조(수사기관 등에 대한 통보) ① 금융위원회, 금융감독원, 보험회사는 보험계약자 등의 행위가 보험사기행위로 의심할 만한 합당한 근거가 있는 경우에는 관할 수사기관에 고발 또는 수사의뢰하거나 그 밖에 필요한 조치를 취하여야 한다.

② 제1항에 따라 관할 수사기관에 고발 또는 수사의뢰를 한 경우에는 해당 보험사고와 관련된 자료를 수사기관에 송부하여야 한다.

---

74) 시행 2016. 9. 30. 법률 제14123호, 2016. 3. 29. 제정.

제7조(수사기관의 입원적정성 심사의뢰 등) ① 수사기관은 보험사기행위 수사를 위하여 보험계약자등의 입원이 적정한 것인지 여부(이하 "입원적정성"이라 한다)에 대한 심사가 필요하다고 판단되는 경우 「국민건강보험법」 제62조에 따른 건강보험심사평가원(이하 "건강보험심사평가원"이라 한다)에 그 심사를 의뢰할 수 있다.

② 건강보험심사평가원은 제1항에 따른 의뢰를 받은 경우 보험계약자등의 입원적정성을 심사하여 그 결과를 수사기관에 통보하여야 한다.

제8조(보험사기죄) 보험사기행위로 보험금을 취득하거나 제3자에게 보험금을 취득하게 한 자는 10년 이하의 징역 또는 5천만원 이하의 벌금에 처한다.

제9조(상습범) 상습으로 제8조의 죄를 범한 자는 그 죄에 정한 형의 2분의 1까지 가중한다.

제10조(미수범) 제8조 및 제9조의 미수범은 처벌한다.

제11조(보험사기죄의 가중처벌) ① 제8조 및 제9조의 죄를 범한 사람은 그 범죄행위로 인하여 취득하거나 제3자로 하여금 취득하게 한 보험금의 가액(이하 이 조에서 "보험사기이득액"이라 한다)이 5억원 이상일 때에는 다음 각 호의 구분에 따라 가중 처벌한다.

2. 보험사기이득액이 5억원 이상 50억원 미만일 때: 3년 이상의 유기징역

② 제1항의 경우 보험사기이득액 이하에 상당하는 벌금을 병과할 수 있다.

제12조(비밀유지의무) 보험사기행위 조사업무에 종사하는 자 또는 해당 업무에 종사하였던 자는 직무수행 중 취득한 정보나 자료를 타인에게 제공 또는 누설하거나 직무상 목적 외의 용도로 사용하여서는 아니 된다.

제13조(권한의 위탁) 금융위원회는 필요한 경우에는 이 법에 따른 권한의 일부를 대통령령으로 정하는 바에 따라 금융감독원의 원장에게 위탁할 수 있다.

제14조(벌칙) 제12조를 위반하여 직무수행 중 취득한 정보나 자료를 타인에게 제공 또는 누설하거나 목적 외의 용도로 사용한 자는 3년 이하의 징역 또는 3천만원 이하의 벌금에 처한다.

제15조(과태료) ① 제5조제2항을 위반하여 보험금의 지급을 지체 또는 거절하거나 보험금을 삭감하여 지급한 보험회사에게는 1천만원 이하의 과태료를 부과한다.

② 제1항에 따른 과태료는 대통령령으로 정하는 바에 따라 금융위원회가 부과·징수한다.

제16조(준용규정) 제11조를 위반하여 처벌받은 사람에 대하여는 「특정경제범죄 가중처벌 등에 관한 법률」 제14조를 준용한다.

5. 형법[75)]

제260조(폭행, 존속폭행) ① 사람의 신체에 대하여 폭행을 가한 자는 2년 이하의 징역, 500만원 이하의 벌금, 구류 또는 과료에 처한다. 〈개정 1995.12.29.〉

제276조(체포, 감금, 존속체포, 존속감금) ① 사람을 체포 또는 감금한 자는 5년 이하의 징역 또는 700만원 이하의 벌금에 처한다. 〈개정 1995.12.29.〉

제283조(협박, 존속협박) ① 사람을 협박한 자는 3년 이하의 징역, 500만원 이하의 벌금, 구류 또는 과료에 처한다. 〈개정 1995.12.29.〉

제316조(비밀침해) ① 봉함 기타 비밀장치한 사람의 편지, 문서 또는 도화를 개봉한 자는 3년 이하의 징역이나 금고 또는 500만원 이하의 벌금에 처한다. 〈개정 1995.12.29.〉

② 봉함 기타 비밀장치한 사람의 편지, 문서, 도화 또는 전자기록등 특수매체기록을 기술적 수단을 이용하여 그 내용을 알아낸 자도 제1항의 형과 같다. 〈신설 1995.12.29.〉

제319조(주거침입, 퇴거불응) ① 사람의 주거, 관리하는 건조물, 선박이나 항공기 또는 점유하는 방실에 침입한 자는 3년 이하의 징역 또는 500만원 이하의 벌금에 처한다. 〈개정 1995.12.29.〉

② 전항의 장소에서 퇴거요구를 받고 응하지 아니한 자도 전항의 형과 같다.

제347조(사기) ① 사람을 기망하여 재물의 교부를 받거나 재산상의 이익을 취득한 자는 10년 이하의 징역 또는 2천만원 이하의 벌금에 처한다. 〈개정 1995.12.29.〉

② 전항의 방법으로 제삼자로 하여금 재물의 교부를 받게 하거나 재산상의 이익을 취득하게 한 때에도 전항의 형과 같다.

제347조의2(컴퓨터등 사용사기) 컴퓨터등 정보처리장치에 허위의 정보 또는 부정한 명령을 입력하거나 권한 없이 정보를 입력·변경하여 정보처리를 하

75) 법률 제13719호, 2016.1.6., 일부개정.

게 함으로써 재산상의 이익을 취득하거나 제3자로 하여금 취득하게 한 자는 10년 이하의 징역 또는 2천만원 이하의 벌금에 처한다. [전문개정 2001.12.29.]

6. 신용정보의 이용 및 보호에 관한 법률[76]

제1장 총칙

제1조(목적) 이 법은 신용정보업을 건전하게 육성하고 신용정보의 효율적 이용과 체계적 관리를 도모하며 신용정보의 오용·남용으로부터 사생활의 비밀 등을 적절히 보호함으로써 건전한 신용질서의 확립에 이바지함을 목적으로 한다.

제2조(정의) 이 법에서 사용하는 용어의 뜻은 다음과 같다. 〈개정 2011.5.19., 2015.3.11.〉

1. "신용정보"란 금융거래 등 상거래에 있어서 거래 상대방의 신용을 판단할 때 필요한 다음 각 목의 정보로서 대통령령으로 정하는 정보를 말한다.
   가. 특정 신용정보주체를 식별할 수 있는 정보
   나. 신용정보주체의 거래내용을 판단할 수 있는 정보
   다. 신용정보주체의 신용도를 판단할 수 있는 정보
   라. 신용정보주체의 신용거래능력을 판단할 수 있는 정보
   마. 그 밖에 가목부터 라목까지와 유사한 정보
2. "개인신용정보"란 신용정보 중 개인의 신용도와 신용거래능력 등을 판단할 때 필요한 정보로서 대통령령으로 정하는 정보를 말한다.
3. "신용정보주체"란 처리된 신용정보로 식별되는 자로서 그 신용정보의 주체가 되는 자를 말한다.
4. "신용정보업"이란 제4조제1항 각 호에 따른 업무의 전부 또는 일부를 업(業)으로 하는 것을 말한다.
5. "신용정보회사"란 신용정보업을 할 목적으로 제4조에 따라 금융위원회의 허가를 받은 자를 말한다.
6. "신용정보집중기관"이란 신용정보를 집중하여 관리·활용하는 자로서 제25조제1항에 따라 금융위원회로부터 허가받은 자를 말한다.

76) 법률 제14823호, 2017.4.18., 일부개정.

7. “신용정보제공·이용자”란 고객과의 금융거래 등 상거래를 위하여 본인의 영업과 관련하여 얻거나 만들어 낸 신용정보를 타인에게 제공하거나 타인으로부터 신용정보를 제공받아 본인의 영업에 이용하는 자와 그 밖에 이에 준하는 자로서 대통령령으로 정하는 자를 말한다.
8. “신용조회업무”란 신용정보를 수집·처리하는 행위, 신용정보주체의 신용도·신용거래능력 등을 나타내는 신용정보를 만들어 내는 행위 및 의뢰인의 조회에 따라 신용정보를 제공하는 행위를 말한다.
9. “신용조사업무”란 타인의 의뢰를 받아 신용정보를 조사하고, 그 신용정보를 그 의뢰인에게 제공하는 행위를 말한다.
10. “채권추심업무”란 채권자의 위임을 받아 변제하기로 약정한 날까지 채무를 변제하지 아니한 자에 대한 재산조사, 변제의 촉구 또는 채무자로부터의 변제금 수령을 통하여 채권자를 대신하여 추심채권을 행사하는 행위를 말한다.
11. 채권추심의 대상이 되는 "채권"이란 「상법」에 따른 상행위로 생긴 금전채권, 판결 등에 따라 권원(權原)이 인정된 민사채권으로서 대통령령으로 정하는 채권, 특별법에 따라 설립된 조합·공제조합·금고 및 그 중앙회·연합회 등의 조합원·회원 등에 대한 대출·보증, 그 밖의 여신 및 보험 업무에 따른 금전채권 및 다른 법률에서 신용정보회사에 대한 채권추심의 위탁을 허용한 채권을 말한다.
12. 삭제 〈2013.5.28.〉
13. “처리”란 다음 각 목의 어느 하나에 해당하는 행위를 말한다.
    가. 컴퓨터를 이용하여 신용정보를 입력·저장·가공·편집·검색·삭제 또는 출력하는 행위
    나. 신용정보를 배달·우송 또는 전송 등의 방법으로 타인에게 제공하는 행위
    다. 그 밖에 가목 또는 나목과 비슷한 행위

제19조(신용정보전산시스템의 안전보호) ① 신용정보회사등은 신용정보전산시스템(제25조제6항에 따른 신용정보공동전산망을 포함한다. 이하 같다)에 대한 제3자의 불법적인 접근, 입력된 정보의 변경·훼손 및 파괴, 그 밖의 위

험에 대하여 대통령령으로 정하는 바에 따라 기술적·물리적·관리적 보안대책을 수립·시행하여야 한다. 〈개정 2015. 3. 11.〉

② 신용정보제공·이용자가 다른 신용정보제공·이용자 또는 신용조회회사와 서로 이 법에 따라 신용정보를 제공하는 경우에는 금융위원회가 정하여 고시하는 바에 따라 신용정보 보안관리 대책을 포함한 계약을 체결하여야 한다.

제40조(신용정보회사등의 금지사항) 신용정보회사등은 다음 각 호의 행위를 하여서는 아니 되며, 신용정보회사등이 아니면 제4호 본문의 행위를 업으로 하거나 제5호의 행위를 하여서는 아니 된다. 〈개정 2015.3.11.〉

1. 의뢰인에게 허위 사실을 알리는 일
2. 신용정보에 관한 조사 의뢰를 강요하는 일
3. 신용정보 조사 대상자에게 조사자료 제공과 답변을 강요하는 일
4. 특정인의 소재 및 연락처(이하 "소재등"이라 한다)를 알아내거나 금융거래 등 상거래관계 외의 사생활 등을 조사하는 일. 다만, 채권추심업을 허가받은 신용정보회사가 그 업무를 하기 위하여 특정인의 소재등을 알아내는 경우 또는 다른 법령에 따라 특정인의 소재등을 알아내는 것이 허용되는 경우에는 그러하지 아니하다.
5. 정보원, 탐정, 그 밖에 이와 비슷한 명칭을 사용하는 일
6. 삭제 〈2013.5.28.〉
7. 개인신용정보 또는 개인식별정보를 대통령령으로 정하는 전자적 매체나 방식을 이용하여 영리목적의 광고성 정보를 전송하는 행위에 이용하는 일. 다만, 다음 각 목의 어느 하나에 해당하는 경우는 제외한다.
   가. 신용정보주체로부터 별도의 동의를 받은 경우
   나. 기존에 체결한 금융거래의 유지 및 관리를 위하여 필요한 경우
   다. 그 밖에 대통령령으로 정하는 경우

제41조(채권추심회사의 금지 사항) ① 채권추심회사는 자기의 명의를 빌려주어 타인으로 하여금 채권추심업을 하게 하여서는 아니 된다.

② 채권추심회사는 다른 법령에서 허용된 경우 외에는 상호 중에 "신용정보"라는 표현이 포함된 명칭 이외의 명칭을 사용하여서는 아니 된다. 다만, 채권

추심회사가 신용조회업 또는 「자본시장과 금융투자업에 관한 법률」 제335조의3제1항에 따라 신용평가업인가를 받아 신용평가업을 함께하는 경우에는 그러하지 아니하다. 〈개정 2013.5.28.〉

제42조(업무 목적 외 누설금지 등) ① 신용정보회사등과 제17조제2항에 따라 신용정보의 처리를 위탁받은 자의 임직원이거나 임직원이었던 자(이하 "신용정보업관련자"라 한다)는 업무상 알게 된 타인의 신용정보 및 사생활 등 개인적 비밀(이하 "개인비밀"이라 한다)을 업무 목적 외에 누설하거나 이용하여서는 아니 된다.

② 신용정보회사등과 신용정보업관련자가 이 법에 따라 신용정보회사등에 신용정보를 제공하는 행위는 제1항에 따른 업무 목적 외의 누설이나 이용으로 보지 아니한다.

③ 제1항을 위반하여 누설된 개인비밀을 취득한 자(그로부터 누설된 개인비밀을 다시 취득한 자를 포함한다)는 그 개인비밀이 제1항을 위반하여 누설된 것임을 알게 된 경우 그 개인비밀을 타인에게 제공하거나 이용하여서는 아니 된다.

④ 신용정보회사등과 신용정보업관련자로부터 개인신용정보를 제공받은 자는 그 개인신용정보를 타인에게 제공하여서는 아니 된다. 다만, 이 법 또는 다른 법률에 따라 제공이 허용되는 경우에는 그러하지 아니하다.

제42조의2(과징금의 부과 등) ① 금융위원회는 다음 각 호의 어느 하나에 해당하는 행위가 있는 경우에는 해당 신용정보회사등에게 대통령령으로 정하는 위반행위와 관련한 매출액의 100분의 3 이하에 해당하는 금액을 과징금으로 부과할 수 있다. 다만, 제1호에 해당하는 행위가 있는 경우에는 50억원 이하의 과징금을 부과할 수 있다.

1. 제19조제1항을 위반하여 개인비밀을 분실·도난·누출·변조 또는 훼손당한 경우
2. 제42조제1항을 위반하여 개인비밀을 업무 목적 외에 누설하거나 이용한 경우
3. 제42조제3항을 위반하여 불법 누설된 개인비밀임을 알고 있음에도 그 개

인비밀을 타인에게 제공하거나 이용한 경우

제50조(벌칙) ① 제42조제1항 또는 제3항을 위반한 자는 10년 이하의 징역 또는 1억원 이하의 벌금에 처한다.

② 다음 각 호의 어느 하나에 해당하는 자는 5년 이하의 징역 또는 5천만원 이하의 벌금에 처한다.

1. 제4조제2항 또는 제10조제1항을 위반하여 허가 또는 인가를 받지 아니하고 제4조제1항 각 호의 업무를 한 자
2. 거짓이나 그 밖의 부정한 방법으로 제4조제2항 또는 제10조제1항에 따른 허가 또는 인가를 받은 자
3. 제16조를 위반한 자
4. 제17조제6항을 위반한 자
5. 권한 없이 제19조제1항에 따른 신용정보전산시스템의 정보를 변경·삭제하거나 그 밖의 방법으로 이용할 수 없게 한 자 또는 권한 없이 신용정보를 검색·복제하거나 그 밖의 방법으로 이용한 자
6. 제32조제1항 또는 제2항(제34조에 따라 준용하는 경우를 포함한다)을 위반한 자
7. 제33조(제34조에 따라 준용하는 경우를 포함한다)를 위반한 자
8. 제42조제4항을 위반한 자

③ 다음 각 호의 어느 하나에 해당하는 자는 3년 이하의 징역 또는 3천만원 이하의 벌금에 처한다.

1. 제14조제2항에 따른 업무정지 기간에 업무를 한 자
2. 신용정보집중기관이 아니면서 제25조제6항에 따른 공동전산망을 구축한 자
3. 제40조제1호부터 제5호까지의 어느 하나를 위반한 자
4. 제41조제1항을 위반한 자
5. 제41조의2제1항을 위반하여 모집업무수탁자가 불법취득신용정보를 모집업무에 이용하였는지 등을 확인하지 아니한 자

④ 다음 각 호의 어느 하나에 해당하는 자는 1년 이하의 징역 또는 1천만원 이하의 벌금에 처한다.

1. 제9조제1항을 위반하여 승인 없이 주식을 취득한 자
2. 제9조제2항에 따른 명령을 위반하여 승인 없이 취득한 주식을 처분하지 아니한 자
3. 제17조제2항을 위반하여 일정한 요건을 갖추지 아니한 자에게 신용정보의 처리를 위탁한 자 및 그 위탁을 받은 자
4. 제18조제2항을 위반한 자
5. 제20조제2항을 위반한 자
6. 제27조제3항을 위반하여 위임직채권추심인으로 금융위원회에 등록하지 아니하고 채권추심업무를 한 자
7. 제27조제4항을 위반한 자
8. 제27조제5항을 위반하여 추심채권이 아닌 채권을 추심하거나 등록되지 아니한 위임직채권추심인, 다른 채권추심회사의 소속으로 등록된 위임직채권추심인 또는 업무정지 중인 위임직채권추심인을 통하여 채권추심업무를 한 자
9. 제27조제7항에 따른 업무정지 중에 채권추심업무를 한 자

[전문개정 2015.3.11.]

8장 정보수집

제1절 지능파일 수집[77)]

지능형 파일을 만드는 것은 모든 조사관의 첫 번째 단계이다. 대부분의 경우 표적의 정보파일을 모으는 것으로 시작한다. 잠재적 사위, 속임수 배우자, 부정직한 사업 파트너에 대한 자산 복구 수행 또는 실종자 추적 여부에 관계없이 필요한 기본 정보이다. 프로파일을 조립하면 전자적 탐지, 관청에서 수집 한 데이터 수집, 쓰레기 수거에 이르기까지 모든 것을 수반한다.

1. 목표와 관련된 모든 데이터를 수집해야 한다.

지능파일에 필요한 대부분은 공개기록에서 나온다. 공공기록(공공시설, 유권자 등록, 경찰서, 소방서 및 세무사)은 법률에 따라 기록에 대한 접근할 권리가 있다.

아마추어 PI 작업을 시도하는 대부분의 사람들이 집, 직장, 도서관 또는 인터넷 카페에서 컴퓨터에 접근할 수 있다. 중요한 것은 이 정보를 수집할 곳을 아는 것이다. 많은 경우 온라인에서 공개된 공식기록을 열람하여 주제에 관해 필요한 모든 것을 찾을 수 있다. 그러나 조심하여야 한다. 인터넷을 통해 얻은 정보는 불완전할 수 있다. 당신이 보다 철저한 정보를 얻으려면 법원, 시청, 세무서 및 지

77) Chuck Chamber, 2005: 64-70.

역사회의 법집행기관에 가야 한다.

공공기록을 인터넷에서 열람하는 것은 저렴하다. 만약 당신이 컴퓨터에 접근할 수 없다면 걱정할 필요가 없다. 더 많은 노력을 기울이면 시간이 오래 걸리지만 모두 직접할 수 있다.

2. 지능파일을 시작하려면 무엇이 필요한가?

이 작업은 2분 ~ 2주 정도 소요될 수 있지만 기본사항을 먼저 수집하지 않으면 목표의 비밀스런 삶의 핵심을 쉽게 놓칠 수 있다. 공공기록검색(온라인 및 법원에서)은 불완전할 수 있다. 확실한 지능파일을 작성하려면 다른 기본데이터와 숨겨진 기록을 열수 있는 몇 가지 필수정보가 필요하다.

■ 이름
■ 생년월일
■ 주소
■ 유선전화번호 및 휴대전화번호
■ 전자메일 주소

대부분의 고객은 이러한 기본 사항 중 적어도 하나 이상을 가지고 있다. 각 목록을 사용하여 나머지 목록을 찾을 수 있다.

3. 유용한 추가 정보

■ 기업, 단체
■ 법인 또는 단체의 현재 주소
■ 즐겨찾기 또는 현재 애완동물 이름

첫째, 주소 얻기이다. 주소를 얻을 수 있다면, 정보파일을 준비하고, 자산을 발견하거나, 감시를 시작하는 중요한 출발점이 된다. 자산숨기기의 가장 중요한 규칙은 사는 곳을 숨기는 것이다. 자산을 숨기려면 자신을 숨길 필요가 있다. 따라서 자산발견 및 감시는 곧 전출배우자 또는 사업파트너의 새로운 주택을 찾는 것으로 시작된다.

둘째, 감시의 실시이다. 이름이나 주소가 없거나 전화번호가 없는 경우, 직장이나 만나기로 한 지점에서 그나 그녀가 주소에 들어가서 머무를 때까지 일정기간 동안 그곳에서 지능파일을 시작해야 한다. 그 동안 당신은 고정된 감시를 수행하거나, 쓰레기를 조사하거나, 둘 다 할 수 있다. 조치해야 할 수준(예 : 자동차 위장)을 결정하고 목표의 집을 따라 가야한다.

셋째, 공기업에서 주소를 확인한다. 대부분의 공공회사는 주소 또는 거소를 공개하지 않지만 회사는 매우 협조적일 수도 있다. 예를 들어, "111 Elm St.에서 고객을 식별하려고 합니다." 라고 협조를 구할 때 매우 효과적이다. 그러나 가지고 있는 것이 이름이고 주소를 찾고 있는 경우 구실을 만들도록 노력해야 한다.

넷째, 전화번호에서 주소를 가져온다. 청구서의 전화번호, 발신자 ID, 남편의 주머니에서 찾은 메모, 일정표 또는 기타 출처를 가지고 있는 경우 주소와 종종 발신자의 이름을 얻을 수 있다.

다섯째, 지갑과 수표 책, 신용카드 등에서도 정보를 습득할 수 있다. 이러한 경우는 의뢰인의 친구, 지인, 친족 등을 통하여 정보를 수집할 수 있다.[78]

78) 개인정보도난의 경우 피싱, 해킹, 스파이웨어 등 컴퓨터를 이용한 사례는 11.6%에 불과하고 가장 많은 것은 도난 또는 습득한 지갑과 수표 책, 신용카드였다(최연준 · 이주락, 2017: 180).

〈사진 25〉 지능정보 수집

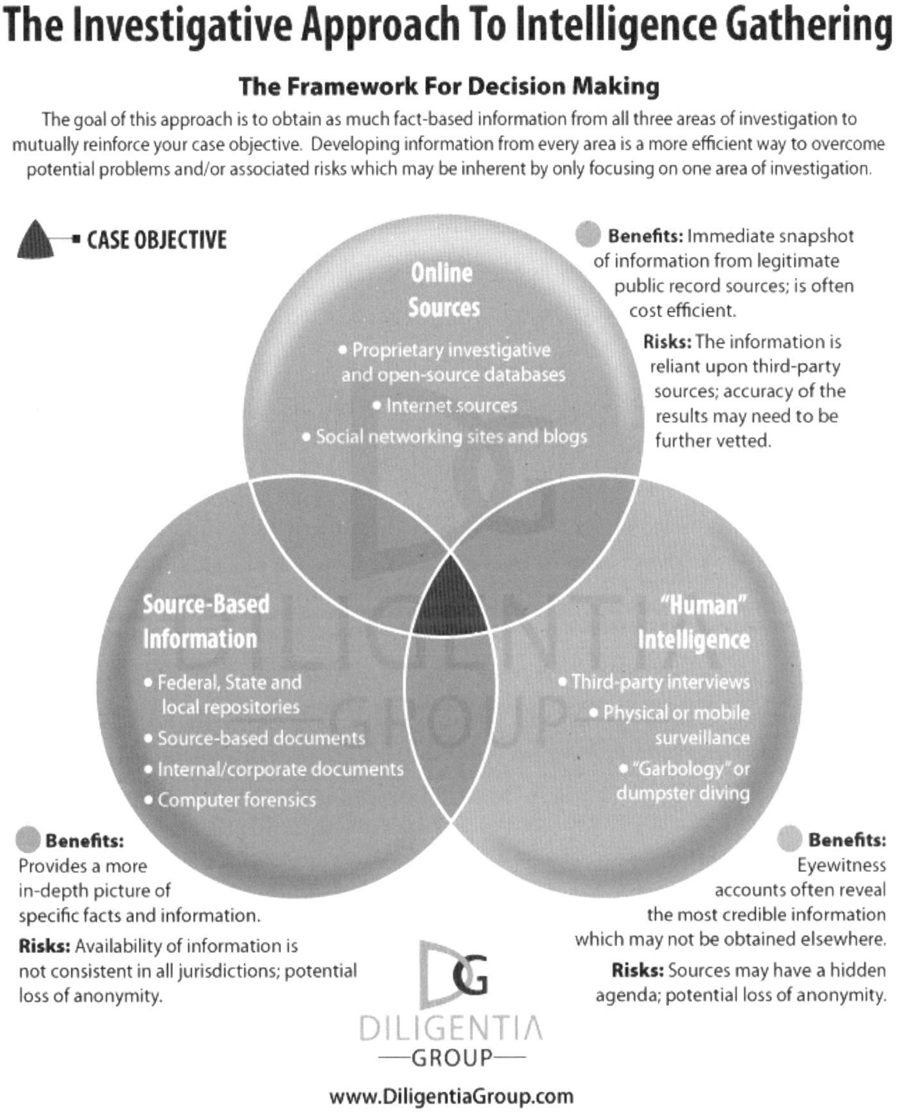

자료 : 구글 private investigator dumpster diving.

제2절 쓰레기통 조사[79)]

규칙적인 기초에 의하여 쓰레기통을 조사하는 것은 많은 사건을 해결하는 방법이다. 법률은 이러한 효과적인 정보의 형태 및 증거수집에 대해서 인정하고 있다. 쓰레기가 거리에 있는 한 법원의 판결은 모든 사람이 가져가는 것은 합법적인 것으로 간주 되었다. IRS와 FBI는 항상 그것을 이용한다. 그러나 만약 휴지통이 집 옆에 있으면 쓰레기를 가져가는 것은 실제로 훔치는 것이다. 그것은 불법이다. 당신의 목표물이 거리에 있는 쓰레기통으로 이동되기까지 기다리는 것이 필요하다.

예컨데, 라텍스 장갑을 끼고. 아무에게도 들키지 않는 것이 필요하다. 왜냐하면 당신은 일정시간 안에 그 쓰레기통을 조사할 수 있기 때문이다. 이는 대부분의 사적인 조사와 마찬가지로 당신은 그러한 장소에서 준비하고 기다릴 필요가 있다.

대상자가 아침이나 밤에 쓰레기를 버리는가?, 대상자가 사용하는 쓰레기봉투의 유형과 색깔은 무엇인가?, 같은 유형의 쓰레기봉투에 신문을 보관하는지? 쓰레기를 수거하는 시간은 언제인가?, 감시를 하거나, 이웃에게 물어 보아야 한다, 또는 공공시설에 전화하여 시간을 확인할 수도 있다.

1. 준비 및 실행

- 수거 30분 전에 도착하라. 수거시간이 10:00이면 9:30에 도착한다.
- 당신이 가져온 봉투와 쓰레기봉투를 바꿀 수 있다.

2. 짐 가방

당신은 30초 안에 완료해야 한다. 쓰레기통을 보는 어떤 사람도 어떤 차이점을

79) Chuck Chamber, 2005: 269-272.

알 수가 없다. 왜냐하면 그 백은 같아 보이기 때문이다. 당신은 발견되지 않은 채로 떠나야 한다. 이것은 한 번 이상 이것을 할 의도가 있는 경우 중요하다.

3. 조사시간

- 외진장소로 이동하라.
- 바람에 날리지 않는 곳을 선택하라.
- 가방을 열었을 때 환기가 잘되는 곳에 있어야 한다.
- 가방을 비우고 펼친다.
- 고무장갑을 착용하고 정렬을 시작한다.
- 기록을 문서화 한다(테이프 레코더, 캠코더 또는 종이와 펜 사용).
- 케이스에 중요한 증거를 포장하고 라벨을 붙힌다.
- 봉투를 보관하라. 반환주소 및 비즈니스 이름이 중요하다.
- 재무제표(신용카드, 은행, 주식, 신탁, 법인 및 비즈니스 계좌, 운이 좋다면 계좌 번호, 위치 및 금액 포함)
- 반송주소가 있는 금융기관의 봉투
- 찢어진 종이, 특히 신중하게 조각으로 조각난 경우. 조각들을 맞추어 나중에 하나의 가방에 넣고 나중에 재구성한다.
- 연애편지, 카드 및 기타 유익한 서신

당신이 발견 하고자 하는 사람의 인생전체가 쓰레기통에 있다. 목표물이 무엇을 마셔야하는지, 저녁식사를 무엇으로 먹었는지, 그리고 채권수집자가 그 또는 그녀를 따르고 있는지를 알 수 있다. 처방전 병은 당신이 모르는 의학적 문제를 나타낸다. 목표가 이동할 준비가 되었음을 나타내는 메모를 찾을 수 있다.

대부분의 사람들은 습관이 있는 생물이다. 쓰레기는 감시에 중요한 대상의 습관을 결정하는 데 도움이 된다. 이 가방에는 음식패키지, 개 트랙티켓, 빈 목욕제품, 애완동물(감시에 중요)의 증거, 목표의 담배브랜드 등 생활습관이 있다. 당신은 목표의 생활양식에 대한 명확한 이해를 얻을 수 있다. 그 또는 그녀는 에스프

레소 또는 일반 커피를 마시는 가? 식료품 영수증을 보라. 친구 및 친척의 메모와 전화번호가 있는가? 글씨가 적힌 종이를 발견한다.

〈사진 26〉 쓰레기통 조사

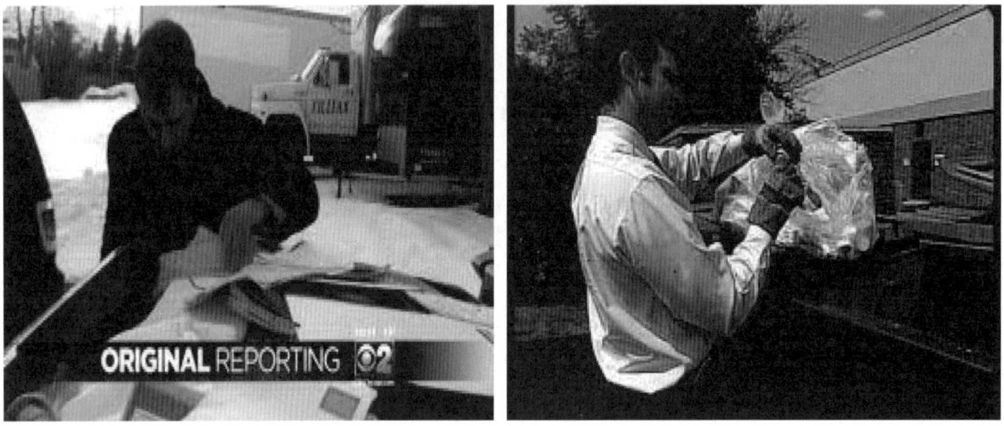

자료 : 구글 private investigator dumpster diving.

9장 개별조사

제1절 보험사기 조사[80)]

1. 보험사기 조사의 기본적인 원칙

보험사기는[81)] 번창하는 수십억 달러 규모의 산업으로, 2006년 미국경제에 800억 달러에 이르렀다. 보험사기는 보험회사, 자동차를 부수는 조직범죄 단체, 자동차 가치의 과대평가하는 것에 의한 배상금지급 및 허위서류 작성 등이 포함된다.[82)] 보험사기는 소비자에 대한 보험료를 증가시키고 전체시스템을 더 비싸게 만든다. 이것은 부정직한 행위자 덕택이다.

보험사기 조사전술, 방법 및 추세에 대해 알아야 할 6가지 사항은 다음과 같다.

---

80) https://www.trustify.info/for-business/insight/insurance-fraud-investigations, 2018.11.12. 최종검색.

81) 한국에서 2018년 보험사기 적발금액은 7,982억원(적발인원 79,179명)이다. 보험사기 유형별로는 허위·과다 사고, 사고내용조작, 고의사고, 허위입원 등의 순서로 나타났다(금융감독원 보험사기방지센터). 2017년도 적발된 보험사기 중 손해보험에서 발생한 보험사기가 전체 적발금액의 90%를 차지했는데 손해보험 중에는 자동차보험(43.9%), 장기손해보험(41.7%) 순으로 나타나고 있는데 이는 실손의료보험 관련 보험사기 증가의 영향으로 판단됨(KRI리포트, 2019.1.21. 포커스)

82) 반보험사기연합(Coalition Against Insurance Fraud)에 따르면, 사기적인 보험청구로 매년 800억 달러가 지불된다. 이로 인해 평균가구는 매년 높은 보험료로 950달러를 지불하게 된다. 또한, 단계적 사고로 인해 책임을 지게 되면 고소위험이 높아질 수 있다.

1) 보험사기는 일반적이다.

사기는 사람들이 생각하는 것보다 더 흔하다. 이것은 부분적으로 사람들이 보험사기에 대해 생각할 때 실제로 사례의 소수를 대표하는 "어려운" 보험사기를 생각하기 때문이다. 청구서의 출처가 전적으로 제조되었기 때문에 건물을 태우거나 차량을 일방적으로 추락시키는 행위는 전적인 보험사기라고 한다. 반면에, 부드러운 보험사기는 단순히 합법적인 주장의 가치를 부풀리는 것으로 구성되어 있기 때문에 훨씬 더 일반적이다. 이러한 유형의 사기는 보험사기 조사의 대부분을 차지한다.

2) 자료분석은 사례를 신고할 수 있지만 사기를 입증할 수는 없다.

통계분석은 의료, 자동차 및 일반 보험회사에 대한 잠재적인 사기성 주장을 쉽게 신고할 수는 있지만 실제로 보험사기를 조사하는 업무는 사설탐정과 같은 전문인력에게만 해당된다. 잠재적으로 사기성주장이 보험조사원의 책상을 가로 질러 왔을 때 그들은 구 학교 거물에서부터 고급 웹 연구에 이르기까지, 고용인이 취할 수 있는 다양한 전술을 가지고 있으며, 청구를 부정하는 것을 정당화 하기 위한 증거를 수집하거나 심지어 청구인을 상대로 법적조치를 취하기도 한다.

3) 잠복근무와 감시는 여전히 보험범죄자를 붙잡는 중요한 방법이다.

왜 감시가 중요한가? 감시를 통해 누군가의 주장이 자신의 행동으로 뒷받침 될 수 있다. 누군가가 부상을 입었다면, 그들의 활동과 생활방식은 그것과 일치해야 한다. 그렇지 않은 경우 사기의 가능성이 높다. 그리고 감시는 그 증거를 제공할 수 있다.

종종 근로자 보상사기를 조사하거나 의료청구내역을 조사하는데 사용되는 감시가 그것이다. 사설탐정은 누군가를 지켜보고 기다린 다음 관찰한다. 이런 식으로 증거를 수집하는 것은 합법적이지만 까다롭다. 추적을 너무 가깝게 따라 가면 괴롭힘을 당할 수도 있다. 사설탐정은 이러한 종류의 감시를 안전하고 신중하게 수행하는 방법을 알고 있어야 한다.

4) 소셜미디어는(SNS) 사기성을 확인할 수 있다.

사기한 사람들은 조심스럽게 생각할 것이다. 그러나 다리부상을 주장하면서 사기성 주장을 자랑하는 것에서 스키를 타는 사진을 찍는 것에 이르기까지 사람들이 소셜미디어에 공개적으로 흔적을 게시하는 빈도에 충격을 받을 수 있다. 이것은 소셜미디어 조사가 사설탐정의 조사에서 매우 유용한 도구가 된다.

그러나 때로는 사진을 단순히 스크린 샷 하는 것보다 조금 더 복잡해진다. 불행히도 사진과 지위를 업로드하는 모든 사람에게는 자신의 잘못을 숨기려는 사람들이 있다. 사기범은 자신의 행동을 숨기기 위해 대체 소셜미디어 계정을 만들거나 감시를 피하기 위해 개인정보 설정을 향상시키는 것으로 알려져 있다.

다행히도 사설탐정은 개인과 관련된 모든 소셜미디어 계정을 추적하고 그로부터 유용한 증거를 수집하는 데 능숙하다. 누군가가 활동이나 사기의 증거를 숨기려고 할 때조차도 신중한 분석으로 미끄러짐을 발견할 수 있다. 예를 들어, 친구나 가족이 알지 못하는 사진을 게시하거나 사진의 위치자료가 자신의 주장과 일치하지 않는 여행증거를 제공할 수 있다.

5) 배경조사는 사설탐정의 문제해결을 돕는다.

통계분석에 따르면 누군가의 세부정보를 얻는다면 개인이 더 많은 조사가 필요하다는 것을 알 수 있다. 예를 들어, 개인의 체포와 범죄기록에 대한 일상적인 확인은 과거에 사기에 대한 유죄판결을 나타낼 수 있다.

사기가 의심되는 부분의 다른 부분은 주장이 틀리거나 부풀릴 수 있음을 나타낼 수 있다. 사설탐정은 누군가의 재정상태를 조사하고, 신용점수를 확인하고, 과거의 유죄판결을 찾고, 누군가 다른 보험회사와 분쟁의 역사가 있는지 여부를 알아낼 수 있다. 이러한 유형의 재정적 증거는 사건에 대한 흥미로운 통찰력을 제공할 수 있다. 예를 들어 재정적 어려움이 보험사기의 주요원인이며 과거의 분쟁의 역사는 사기성을 나타낼 수 있다.

배경조사의 정보는 사기에 대한 절대적인 증거를 제공하지는 못하지만 거의 대부분 더 엄격한 조사를 통해 문제를 제기할 근거를 제공한다. 이 자료로 준비한 사설탐정은 보험금청구가 유효한지 여부를 결정하기 위해 결정적으로 행동할 수 있다.

6) 실습조사는 어려운 경우에 대한 답변을 얻는다.

배경조사가 끝나면 보험조사를 통해 모든 당사자들이 진술한 것이 완전하고 정확하다는 것을 입증해야 한다. 현장조사는 청구에 관련된 각 사람, 청구자에서 계약자 및 계약자 등을 면담하고 진술을 확인하는 과정을 수반할 수 있다.

사설탐정은 사진을 찍는다. 이런 종류의 작업은 예기치 않은 왜곡을 발견할 수 있다. 때로는 청구인은 의사 또는 자동차 수리점과 같은 계약자로부터의 과다청구 및 기타 회계부정의 희생자이다. 때로 계약자, 청구인 및 보험회사가 가짜 또는 위조된 서류로 보험대리인에 의해 사기당하는 경우가 있다. 각 참가자와 대화함으로써 사기꾼을 빨리 식별할 수 있는 진술내용에 대한 불일치를 찾을 수 있다.

때로는 신체적 증거도 중요하다. 보험사기 조사는 보험회사의 위험관리전략에서 중요한 부분이다. 사기성 주장은 보험료를 인상하여 보험업계의 재정과 일반대중 모두에게 피해를 준다. 극단적인 경우, 보험사기는 불필요한 (그리고 위험한) 의료절차를 통해 관련된 사람들의 삶에 직접적으로 영향을 미칠 수 있으며 (그러나 여전히 치명적인) 자동차충돌을 연출할 수 있다. 보험사기 조사 사설탐정은 허구에서 진실을 분류하여 무의미한 소비자와 보험업계에 수백만 달러를 절약할 수 있게 한다.

2. 보험사기의 유형[83)]

○ 보험사기 조사는 어떻게 시작되는가?

보험사기 조사에서 정보를 찾는 데 사용되는 몇 가지 방법이 있다. 대부분은 주장이 사실인지 거짓인지를 결정하는 데 사용된다. 다음은 일반적으로 사용되는

83) https://www.pinow.com/investigations/insurance-fraud 2018.11.15. 최종검색.

몇 가지 기술이다.

- 주장을 확인하기 위한 감시
- 의료보고서 / 내역검색
- 이전의 주장 / 사고검색
- 보험적용 범위분석
- 목격자 인터뷰
- 의사청구서 검색 및 분석
- 청구인 배상확인

1) 건강보험

이 조사는 누군가가 받지 못하고 있는 건강관리를 위해 돈을 받고 있는지 또는 유효하지 않거나 필요한 건강보험청구를 제출하고 있는지를 결정한다. 조사관은 청구기록을 검색하여 의사와 환자가 사기를 저지하기 위해 결탁하지 않도록 한다.

2) 자동차보험

일부 범죄자는 의도적으로 다른 차량과 충돌하는 사고를 겪은 다음 다른 운전자를 고소하여 청구를 제기한다. 다른 사람들은 차량절도 사기를 시도하여 도난당하지 않은 자동차의 돈을 얻으려고 한다.

3) 주택보험

조사관은 주택 보험사기로 허위청구를 포함한 재난사기를 발견한다. 그들은 종종 청구자가 청구가 제기되기 직전에 보상범위를 업그레이드했는지 여부를 결정한다. 조사관은 또한 재산피해 보상청구의 유효성을 확인한다.

4) 생명보험

이러한 유형의 조사는 너무 많은 생명보험을 요구하거나 아직 살아있는 동안 주장하는 사람들의 사례를 밝힌다. 조사관들은 또한 생명보험을 주장하는 사람들의 존재를 확인한다.

5) 근로자 보상보험

근로자가 부상보상을 청구할 때 근로자 보상조사는 부상의 심각성과 그 사람이 일하는 동안 사고가 발생했는지 여부를 확인한다.

6) 보험회사

나쁜관행은 보험회사 자체에서도 발생할 수 있다. 보험회사가 돈을 가지고 있지만 충분히 보상하지 않는 경우, 조사관은 조사결과로 생긴 것으로 법원사건을 도울 수 있다.

〈사진 27〉 보험사기 조사

자료: 구글 Insurance Fraud Investigation picture.

〈그림 2〉 보험사기 적발 현황

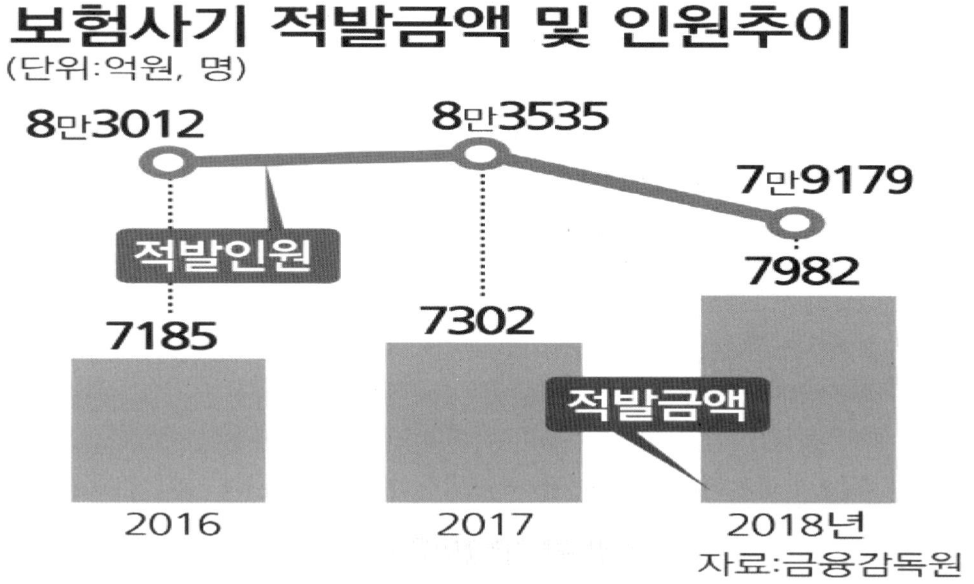

자료: 디지털타임스. 2019.4.23. 보험사기 적발 줄었는데 금액은 역대최대

제2절 복지사기 조사[84]

복지사기는 다양한 사회복지 혜택수령자가 필요를 만들거나 과장하기 위해 신청서류를 위조했을 때 발생한다. 많은 복지수급자와 다른 유형의 사회복지 수혜자는 진실로 그들이 받는 돈이나 혜택을 받을 가치가 없다. 이 사람들은 자신의 어려움 수준을 왜곡하고 이러한 혜택을 불법적으로 받고 있다.

푸드스탬프 사기, 의료지원 사기, 근로자 보상사기 및 불법수거 및 인플레이션의 고려를 고려할 때 사회서비스 사기로 매년 미국인 납세자에게 수십억 달러의 비용이 부과되고 일부전문가는 1조 달러 정도로 추산한다. 법인 및 개별 수령인이 이용할 수 있는 모든 사회적 혜택 중 전문가들은 모든 혜택의 10% ~ 25%가

84) https://www.private-investigator-info.org/welfare-fraud-investigation.html 2018.11.15. 최종검색.

부당하고 불법적으로 지급된다는 것에 동의한다.[85] 사기성 사회복지수급에 대한 전 세계적인 비용을 고려할 때 문제의 금액은 매우 크다고 볼 수 있다.

1. 복지사기 조사의 이유

복지사기는 다른 유형의 사회복지 도난과 마찬가지로 2가지 기본 유형으로 나눈다. 첫 번째 유형은 합법적으로 혜택을 받을 자격이 있는 수령인을 포함하지만 각 수당 프로그램에서 더 많은 돈이나 유형의 물품을 받기 위해 필요한 수준을 과장한다. 두 번째 유형의 혜택자격을 얻지 못하거나 돈이나 지원이 필요하지 않은 사람들이 승인을 얻기 위해 문서를 위조하고 변조했을 때 발생한다.

복지는 사람들이 어려운 삶의 환경에 의해 희생당했을 때 생존할 수 있도록 일시적인 수단으로 고안되었다. 그것은 인생에서 자신의 지위를 향상 시키려 하지 않고 사람들에게 보상하는 끝없는 돈을 제공하는 것이 아니라 단순히 돈을 더 원하지만 그 프로그램에 합법적으로 자격이 없는 사람의 수입을 보충하기 위한 것이 결코 아니다.

수령인이 지불할 금액이 없을 때 수혜자가 잘못 신청할 수 있다. 수령인은 서류미비로 불법으로 일할 수 있기 때문에 실제보다 더 많이 필요하다고 말할 수 있다. 수신자는 이미 범죄 활동을 포함하여 다른 기업을 통해 일하거나 돈이 생긴 후에도 합법적인 혜택을 계속 받을 수 있다. 사실, 미국에서 복지수급자의 비율이 높을수록 매년 수십억 달러의 정부 이익을 받는 동안 수익성 있는 범죄활동에 종사하고 있는 것으로 생각된다.

2. 복지사기 조사 및 기타 사회복지 사기

복지는 기회주의 범죄자들에 의해 매일 악용되는 사회서비스로 빙산의 일각에

85) 한국의 경우 2017년 보건복지부가 국정감사에 제출한 자료에 의하면 지난해 복지사기로 발생한 부정수급액이 무려 1021억 원에 이르고 있다. 이는 3년 전인 2013년 553억원 보다 두 배 이상 많은 것이다(재경일보. 2017.9. 28).

불과하다. 불법수거와 관련된 다른 일반적인 사회복지혜택에는 푸드스탬프, 사회보장, 장애, 메디케어, 메디케이드, 세금공제, 노동보상, 아메리카 인디언원조, 지원 또는 난민 및 불법체류자 지원, 학생대출 및 보조금, 다양한 재난구호 혜택 및 다른 많은 것들을 포함한다. 이 프로그램 중 누구도 무료유인물을 원하는 범인을 보상하기 위해 설계되거나 구현된 프로그램이 없다. 대신, 모든 사람들은 진정으로 도움이 필요한 사람들을 돕기 위해 만들어졌으며, 유감스럽게도 가장 큰 고통을 겪고 있는 바로 그 사람들이다. 사실상 모든 혜택프로그램은 이익절도의 사례를 밝히기 위해 끊임없이 기록을 검토 한 후 가해자를 처벌하기 위해 계속적으로 기록을 조사하는 진실된 조사관의 노력이 필요하다.

복지사기의 유형으로는 기초생활수급은 물론이고 기초연금, 국민연금, 건강보험 할 것 없이 거의 모든 부문의 사회보험에서 적지 않은 규모의 부정수급이 발생하고 있다. 남의 명의로 커다란 임대빌딩을 가지고 있으면서 기초생활수급자로 등록하여 매월 기초생활비를 받고 나아가 무상급식혜택까지, 실업자에게 지급되는 고용보험의 실업수당도 교묘하게 서류를 조작하여 빼어 먹는 사례가 적지 않다. 어린이와 아동들에게 지급되는 보육 및 교육지원비가 엉뚱한 것에 남용되는 탈법사례는 여전히 줄어들지 않고 있다.

그리고 요양기관의 부정수급으로 환자를 허위로 등록하고, 진료도 하지 않고 실제와 다르게 진료한 것처럼 허위로 진료서류를 조작하거나 과잉진료를 통하여 요양급여를 부당하게 빼어먹는 불법행위 등이다.[86)]

3. 복지사기 조사전문가

사기조사관은 거의 모든 사회복지프로그램에 고용되어 있으며 사회혜택을 훔치는 범인을 파악하기 위해 연방, 주 및 지방 법집행기관과 긴밀히 협력하고 있다. 사기행위에 대한 처벌은 많은 경우 벌금형에서 징역형에 이르기까지 형사 및 민사처벌에 처해진다. 이 조사관은 가능한 모든 유형의 이익절도를 보고 들었으며 범죄자들이 계속해서 법을 앞설 수 없도록 끊임없이 노력하고 있다. 그러나

86) 재경일보. 2017.9. 28.

범죄자들은 영리하며 종종 이러한 노력이 그들에게 전혀 영향을 미치지 않는다면 잡히기 전에 수백만 달러의 이익을 훔친다. 많은 유죄당사자들이 투옥되며, 돈을 회수할 수 있는 경우, 자금은 일반적으로 몰수되어 원래의 출처로 돌아간다. 그러나 대부분의 경우, 돈은 오래 전에 사라졌고 이러한 혜택을 받는 사람에게 혜택이 돌아갈 수 없다.

우리 모두는 정부지출에 대한 책임이 있으며 돈이 할당 된 곳에서 적극적인 역할을 해야 한다. 사회복지 혜택을 훔치는 사람에 대해 알고 있는 경우, 그 사람들을 보고하고 기소를 촉진하여 각자의 희생을 계속하지 않도록 하는 것은 본래의 책임이다. 도둑질은 돈이 어디서 왔는지에 관계없이 도난한다. 복지사기는 희생자가 없는 범죄라고 생각하는 것은 바보 같은 짓이다. 우리 모두가 그 희생자이다.87)

〈사진 28〉 복지사기 조사

자료: 네이버 Welfare Fraud Investigation 이미지.

87) 지난달 WP가 보도한 미국 수도 워싱턴DC 지방공무원들의 '복지수당 사기' 사건도 비슷한 경우다. 사회복지 프로그램 운용 절차를 조작해 지원금을 부당하게 지급한 뒤, 그 돈의 일부를 돌려받아 왔던 것이다. 저소득층을 위한 영양보충지원프로그램(SNAP), 빈곤가구임시생활지원(TANF) 등이 범죄에 악용됐다. 워싱턴DC 복지사업국(DHS)에서 13년간 근무한 드미트리어스 맥밀런(48)은 지난해 4~7월 복지수당 수급대상 305명에게 779차례, 총 150만 달러의 보조금을 건넸다. 그런 뒤 이들에게 총 38만달러를 요구해 최소 15만 달러를 현금 리베이트로 챙겼다. 다른 공무원 게리 할러데이(49)는 대상자의 가짜 계좌를 개설한 뒤, 이와 연동된 복지카드에 TANF 수당 40만 달러를 이체함으로써 맥밀런의 범행을 도왔다. WP는 "사회복지사에겐 지원금 수급대상자를 상대로 최대 2,000달러의 지불조정 승인권이 주어지는데, 두 사람은 이 권한을 범죄에 활용했다"고 전했다. 심지어 맥밀런은 복지수당 지급 대가로 사실상 성관계까지 요구했다(한국일보. 2019.5.26).

제3절 실종자 조사[88)]

1. 실종자 조사의 개념 및 중요성

실종자 조사란 무엇인가?

실종자 조사는 단순히 찾을 수 없는 사람에 대한 진실을 찾는 가장 좋은 방법일 뿐이다. 미국에서는 평균적으로 800,000명이 넘는 사람들이 실종된 것으로 보고되고 있으며 실종자는 FBI의 국립범죄정보센터(National Crime Information Center, NCIC)에 매년 등록되어 있다. 이 중 85% -90%가 미성년자이다. 이러한 통계에는 실종자로 보고되지 않은 사람들과 같이 비공식적으로 누락된 사람들은 포함되지 않는다.[89)]

경찰이 주도하는 실종자 조사의 가장 큰 문제점 중 하나는 단순히 실종자라는 용어가 너무 좁다는 것이다. 경찰은 아동이 마지막으로 본 후 특정시간에 실종된 아동을 찾기 시작할 것이며, 그 시간까지는 그 아동이 소아성애아동 또는 아동 살인범에 의해 납치된 경우 너무 늦을 수 있다. 경찰은 자발적으로 집을 떠나거나 거리에 사는 사람들을 찾기 위해 자원을 사용하는 것을 주저한다. 경찰이 주도하는 실종자조사에서도 경찰은 일정시간이 지나면 조사를 중단하고 사건을 종료선언 할 것이다.

경찰은 보유한 자원으로 최선을 다하고 있지만, 법집행기관은 오늘날 범죄율을 제대로 처리할 준비가 되어 있지 않다. 빨리 찾기를 원하는 사람은 사설탐정에게 의뢰해야 한다. 전문조사관은 곧바로 누군가를 찾기 시작할 것이며 여전히 답을 찾고 있는 한 계속해서 검색할 것이다.

---

88) https://www.pinow.com/investigations/missing-persons 2018.11.12. 최종검색.

89) 한국의 경우, 최근 5년간 실종 신고 이후 행방을 찾지 못한 사람이 4,614명에 달하는 것으로 나타났다. 숨진 상태로 발견된 실종자 10명 중 9명은 성인으로 집계됐다. 국회 보건복지위원회 김승희 의원(자유한국당)은 경찰청에서 제출받은 2015~2019년 2월 실종·가출자 사망 통계 현황을 공개했다. 이 기간 치매환자·아동·지적장애인·성인가출인 실종신고 접수 건수는 총 45만 8369건이다. 성인가출인 신고가 29만 3784건으로 가장 많았고, 아동이 8만 3928건, 치매환자 4만 4835건, 지적장애인 3만 5822건이다(중앙일보. 2019.5.24).

실종자 조사를 시작하면 다음을 찾을 수 있다.

- 길 잃은 사랑하는 가족이나 자발적으로 사라졌거나 도망간 가족.
- 돈을 요구하는 채무자.
- 추위에 걸려 오랜 시간을 보냈던 실종자.
- 납치된 미성년자.

  기본적으로 누군가의 소재에 대해 걱정하고 찾기가 쉽지 않은 사람을 찾으려면 유능한 실종자 조사관이 당신이 찾고 있는 사람을 찾는데 도움이 되는 고급 기법을 사용할 수 있다.

  실종자 조사관이 실종자를 찾는 방법은 무엇인가?

  전문조사관은 실종자를 찾기 위해 여러 기술을 사용한다.

- 사설탐정은 도망가는 범죄자와 채무자를 찾는 전문가이다. 그들은 경찰과 같은 법률에 의해 제한되지 않으므로 범죄자가 숨어 있다고 믿는 거의 모든 곳으로 들어갈 수 있다.
- 항공, 육상, 해상에서의 물리적 검색. 사설탐정은 평균적인 사람이 접근할 수 없는 지역을 검색하기 위해 다수의 차량을 사용한다.
- 다른 사설탐정과의 네트워킹 또는 정보제공자와의 네트워킹. 사설탐정은 수색을 돕기 위해 모집할 수 있는 광범위한 네트워크를 보유하고 있다.
- 감시 및 비디오테이프. 조사관은 실종자가 있을 가능성이 있는 장소를 관찰하거나 실종자의 경우 용의자를 관찰하고 추적할 수 있다.
- 병원 및 영안실 검색. 사설탐정은 피해자가 있을 수 있는 많은 시설을 검색할 수 있다.
- 배경조사, 증인심문 및 기타 조사기법. 사설탐정은 실종된 용의자 또는 실종자를 찾는 데 도움이 될 가능성이 있는 원천을 격리하기 위해 다른 사람들에게 의뢰할 수 있다.

2. 실종자 조사의 방법[90)]

실종자는 심각한 문제이다.[91)] 친구나 가족이 실종 되었다면 힘이 들지 않다. 당국에 신고하고 지역사회에 참여하며 숙련된 조사관을 배치하는 등 사랑하는 사람이 빠르고 안전하게 발견 될 수 있는 기회를 늘릴 수 있는 분명한 조치가 있다.

사라진 사람을 찾으려면 가능한 한 빨리 검색을 시작해야 한다. 실종자를 빨리 찾기 시작하면, 그들이 갈 수 있는 거리와 단서가 간과되거나 관련성이 없어 질 가능성이 제한된다. 실종자를 찾으려는 경우 다음과 같이 몇 가지 중요한 단계를 밟아야 한다.

1) 당국에 신고할 것.

조사에 대한 도움을 얻으려면 당국에 알려야 한다. 경찰관은 누군가가 실종되었다는 메시지를 널리 알릴 수 있다. 누군가가 실종되었다는 것을 알게 되자마자 당신은 지역경찰서에 신고서 제출하기를 원할 것이다.

당국은 특히 실종된 사람이 성인인 경우에만 그렇게 할 수 있음을 명심하라. 18세 이상이면 누구나 자유롭게 갈 수 있기 때문에 경찰은 개인이 도망간다는 의심이 들면 많은 일을 할 수 없다. 그러나 실종자에 대한 보고는 여전히 당신에게 이익이다.

2) 친구 및 가족에게 연락한다.

실종된 사람이 친구나 가족과 함께 있을 가능성이 있는 경우 필요한 조치를 취하라. 잘못된 정보전달, 오해 또는 심지어 부주의로 인해 개인은 몇 시간 후에 친

---

90) https://www.trustify.info/blog/how-to-find-a-missing-person 2018.11.15. 최종검색. Danny Boice 기고

91) 성인실종자의 경우 아동과 달리 적극 수사에 나설 법 규정이 없다보니 발견이 더 어렵다는 지적이 제기됐다. 실종아동법 제정 이후 실종 아동에 대해서는 영장 없이 위치정보와 인터넷 접속 확인, 가족 DNA 채취가 가능해졌다. 하지만 이러한 수사 대상에 일반 성인은 해당되지 않는다. 대부분 단순 가출로 분류된다. 이들을 수색할 수 있도록 하는 법 규정이 없다 보니, 휴대전화 위치 추적을 위한 통신 영장 신청에만 몇 시간이 걸리는 등 초동수사가 늦어진다. 또 일정 기간의 수색이 끝나면, 카드 사용이나 건강보험 조회와 같은 '생활반응 수사'를 하는 데 그치고 있다(중앙일보, 2019.5.24).

구나 다른 가족 구성원과 함께 "사라지게"될 수 있다. 개인이 진정으로 누락되지 않도록 모든 기반을 다루어야 한다. 친구와 가족이 개인을 보지 못했고 어디에서 왔는지에 대한 통찰력을 제공할 수 없다면 다음 단계로 넘어 가고 싶을 것이다.

3) 정보 알림망과 연결하라.

누군가가 실종되었다는 징후를 만들어 검색에 참여하는 공동체와 연결해야 한다. 개인사진, 신장 및 체중에 대한 설명, 마지막으로 입은 옷을 포함하여 이 정보관에 유용한 정보를 포함하고 싶을 것이다. 또한 귀하의 정보알림망에는 정보가 있는 경우 접촉해야하는 개인의 연락정보가 포함될 필요가 있다. 이 알림망 표시는 지역사회와 인근도시 및 마을에 매달려 있어야 한다.

4) NamUs에게 연락하십시오.

National Missing and Unidentified Persons System의 약자인 NamUs는 미 법무부에서 운영하며 실종자를 찾는 사람들을 위한 훌륭한 자료이다. NamUs 기초자료를 통해 개인에 실종자파일을 만들 수 있다. 이 정보를 온라인으로 사용하면 전국 각지의 기관 및 대행사가 개인이 실종되었다는 것을 알 수 있다. 이것은 사람에 대한 인식을 넓히고 발견을 강화하는 데 도움이 된다.

5) 감옥과 병원 확인

실종자가 문제가 되는 개인이 아닌 경우에도 감옥에 연락하여 그곳에 있을지 확인하라. 병원도 또 다른 가능성이 있다. 감옥에 가거나 부상당한 경우 감옥이나 병원에 가면 왜 그 사람들에게 다가 갈 수 없었는지 설명할 수 있다. 병원을 확인하려면 안내에 전화해서 실종자의 이름으로 환자가 있는지 물어보면 된다. 인근지역의 다른 병원에도 전화할 수 있다. 개인이 감옥에 있는지 알아보려면 지역경찰서의 도움이 필요할 수도 있지만 일부 법집행 웹사이트에서는 온라인으로 개인을 검색할 수 있다.

6) 소셜미디어 확인

개인의 소셜미디어는 개인이 어디로 갔는지 또는 어디에 있을지에 대한 단서를 제공한다. 그들이 마지막으로 게시물을 업데이트 한 때 또는 그들이 낯선 사람이나 심지어 친구들과 이상한 상호작용을 하고 있는지 확인하라. 실종되기 전에 온라인으로 대응한 친구 또는 개인에게 연락하라. 단서나 잠재적인 단서를 생각해 내면 가능한 한 빨리 사건을 연구하는 개인과 공유하고 싶을 것이다. 시간이 많이 걸릴 수 있는 정보를 빨리 얻을수록 더 잘 수행할 수 있다.

7) 전화추적

휴대전화에서 위치정보에 접근할 수 있는 경우 위치를 추적하고 볼 수 있다. 내 친구 찾기와 같은 앱을 사용하면 그 앱을 사용하기로 선택한 사람의 위치를 볼 수 있다. 그들이 당신과 같은 가족계획에 있다면 전화의 위치를 추적할 수도 있다. 휴대전화가 꺼져있거나 고장나거나 남아있는 경우 휴대전화 추적이 안정적이지 않을 수 있다. 그러나 추적작업을 수행하면 개인에게 알릴 수 있다. 그들이 실종 된 후에 개인의 위치를 찾으려고 하면 누구나 직면하게 될 가장 스트레스가 많은 일 중 하나가 될 수 있다.

8) 사설탐정을 고용하라

당국이 당신을 도울 수 있는 일은 많다. 그러나 누락된 개인을 찾는 추가지원이 필요하면 전문 개인조사자가 실종자추적에 도움이 되는 조사를 수행할 수 있다. 사설탐정은 데이터베이스, 소프트웨어, 프로그램 및 기타시스템에 접근할 수 있기 때문에 누락된 사람을 찾는 것이 더 쉬운 작업이 될 수 있다. 그들은 인근지역의 다른 조사관과 의사소통을 통해 그 사람이 다른 마을에 출근했는지를 확인하고 온라인으로 정보를 보다 철저히 검색할 수 있는지 확인할 수 있다. 당신이 그들의 서비스와 시간을 위해 그들을 고용하고 있기 때문에, 그들은 이 사람을 충분히 찾을 수 있게 해줄 수 있다.

〈사진 29〉 실종자 조사

자료: 구글 missing person Investigator picture.

〈그림 3〉 한국 실종자 현황

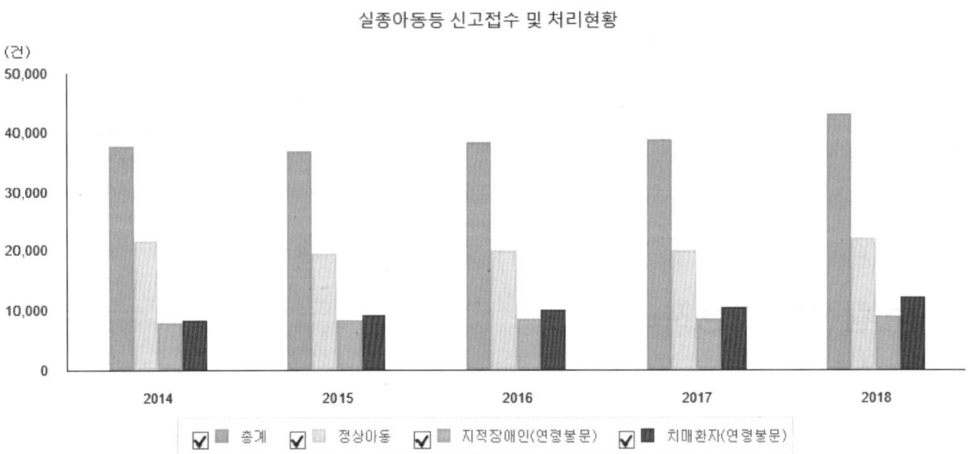

· 지표 담당 : 경찰청 , 여성청소년과, 02-3150-2250

· 최근 갱신일 : 2019-01-22 (입력 예정일 : 2020-02-01)

* 2013. 6. 4 실종아동등의 보호 및 지원에 관한 법률 개정으로 실종아동의 범위가 실종당시 14세 미만에서 실종당시 18세 미만으로 확대되고 치매환자가 추가되어, 2011~2012년 통계자료는 개정법을 적용하여 산출함.

* 실종아동등이란? 실종당시 18세 미만 아동, 지적 · 자폐성 · 정신장애인, 치매환자

* 미발견 현황은 2018. 12. 31. 기준임.

제4절 직원의 행동조사[92)]

1. 부정한 직원의 행동조사

중대한 부정을 저지르고 있는 직원은 회사에서 추방해야 한다. 그러나 확실한 증거를 가지고 있지 않으면 반대로 회사가 나쁜 사람이 되는 위험이 있다. 따라서 이러한 직원을 수수방관하고 방치하고 있는 회사도 많을 것이다. 이러한 문제에 유효한 해결책으로 경찰이 개입할 수도 있지만 일반기업은 대체로 주저한다. 다음은 탐정에 의한 행동조사가 있지만, 그다지 알려져 있지 않다. 이러한 행동조사는 경영자 · 인사 · 총무 담당자에게 도움이 된다.

○ 부정행위의 의혹이 강한 직원의 예를 살펴보면,

산업재해를 사용하여 쉬고 있지만, 놀고 있다.
회사의 누군가가 신제품정보를 경쟁사에 흘리고 있다.
부장과 부하의 여성이 불륜관계로 부서의 사기를 떨어뜨리고 있다.
임원이 반사회적 세력과 관련이 있다고 의심이 된다.
지방의 영업소가 사적화되어 독립왕국처럼 되고 있다.

○ 부정행위 사원을 방치하는 단점으로,

1) 부정사원에게 지급되는 월급과 비용의 손실
2) 성실하고 우수한 직원의 사기저하

○ 향후 더 큰 불상사를 일으킬 수 있는 가능성

이러한 사실이 있는 경우, 감봉 · 해고 등의 조치를 취하기 위해서는 먼저 증거가 확실하게 필요하다. 상황증거로 볼 때 그것이 확실하다고 할지라도 잘 대처해

92) https://www.tfccad.com/ 2018.11.13. 최종검색 참고.

야 한다. 오늘날에는 피고용자가 법으로 적극적으로 보호되고 있다. 분쟁이 장기화되면 세상에서는 어느 쪽의 주장이 정말인지 몰라 다투다가 기업이미지가 훼손될 수도 있다. 따라서 움직일 수 없는 분명한 증거를 제시하고, 정확하게 해결해야 한다. 따라서 탐정에 의한 조사가 필요하다.

회사 내 사람에 의한 동료조사는 여러 가지 한계가 있다. 이러한 이유에는 사장의 눈치를 보거나, 동정해서 상대방에게 다가오거나, 쏠림이 있을 수 있다. 또한 그러한 조사에 익숙한 사람을 사내에서 찾아내는 것도 어렵다. 이러한 상황에서 제3자에게 부탁해서 객관적인 데이터를 갖추는 것이 최선이다. 그것을 할 수 있는 외부의 전문가가 탐정이다. 탐정조사의 중심이 되는 것은 "행동조사"이다. 행동조사는 대상을 미행하고, 사진을 촬영하여 행동의 기록을 보고서에 정리하여 제출한다.

2. 직원절도 조사[93)]

직원절도는 심각한 문제이다. 직원 중 한 명(또는 그 이상)의 행동이 회사를 위험에 처하게 할 때, 신속히 행동하고 용의자를 해고하고 싶은 것이 정상이다. 불행히도, 이 행동과정은 사기를 없애고 해고된 직원으로부터 법적조치를 요청할 수 있으므로 좋지 않은 것보다 더 많은 해를 끼칠 것이다. 그렇기 때문에 직원절도에 대한 적절한 조사절차를 수립하는 것이 중요하다.

직원절도는 조직의 자산이나 시간, 정보 등을 훔치는 것이다. 직원들이 정당한 권한 없이 조직의 자산이나 정보 등을 자기 소유로 하는 것이며, 시간을 낭비해 조직에 위해를 끼치는 행위도 포함한다. 직장 내에서 직원들의 비윤리적 행위, 일탈행위, 그리고 반생산적 행위 중 상당한 부분이 직원 절도의 범주에 들어간다. 따라서 직원 절도는 '직원이 업무 수행과정에서 직장 내 유·무형의 자산을 오·남용하고, 업무 효율성 및 생산성을 저해해 손실 및 피해를 입히는 행위'다.[94)]

93) https://www.trustify.info/for-business/insight/how-to-investigate-employee-theft 2018.11.15. 최종검색.
94) 월간 노동법률 2018.10.11. 직원절도.

1) 직원절도의 영향

최근 자료에 따르면 미국의 직원은 매년 500억 달러를 훔친다고 알려져 있다.[95] 심지어 더 무서운 것은 직원절도의 작은 경우조차도 회사의 주요 금융위기가 될 수 있다는 것이다. "백만 달러를 훔치기 시작한 사람은 아무도 없습니다." 라고 De Leon은 말합니다. "그들은 사소한 현금으로 10달러를 들여 작은 것에서 시작한다. 아무도 알아차리지 못할 경우, 그들은 상환형태에 대한 비용을 부풀리고 있다."

2) 직원절도 증상 6가지

경고사인을 중요하게 생각하고, 감사과정에 주의를 기울이고, 문제를 의심할만한 이유가 있는 직원의 의견을 들어야 한다. 직원절도의 이러한 경고사인은 다음과 같다.[96]

(1) 과도한 일(초과근무, 집에서 일하는 것, 휴가를 가지지 않는 것) : 이것은 다른 직원의 눈으로 볼 때는 부정행위를 알아차릴 수 있는 행위의 징조 일 수 있다.

(2) 공급업체 또는 고객과의 개인 또는 밀접한 관계의 엄격한 보호 : 직원이 귀하의 비즈니스와 금전적인 관계가 있는 조직과 긴밀한 연관성을 갖는지 여부를 기록해야 한다. "이 경우 도둑은 보통 리베이트를 받고 있다." 예를 들

95) 지난해 7월 호주 News Corp 보도에 따르면 호주에서 사무실에서 비치된 펜, 메모장, 스테이플러, 포스트잇 노트 등 비품을 집으로 가져가는 바람에 입은 회사 손실이 연간 15억 호주달러(한화 약 1조 2300억원)에 달했다. 가족이나 친구가 구입한 물건 값을 계산하지 않거나 무단으로 깎아주는 절도 행위도 많다고 한다. 호주연방경찰은 이런 행위의 70%가 직원이나 전 직원에 의해 자행된다고 밝혔다. 국제공인부정조사전문가협회(ACFE)의 2018년 보고서에 따르면 직원 절도 등으로 인해 125개국에서 700억 달러 이상의 손실이 발생했다. ACFE는 "직원 절도 대부분이 고용 이력이 깨끗한 최초의 범죄자"라며 "범죄 가운데 가장 큰 증가세를 보인다"고 지적했다. 미국 연방수사국(FBI)도 "직원 절도가 미국에서 가장 빠르게 성장하는 범죄"라며 "미국 내 33%의 기업이 이로 인해 파산한다"고 경고했다. (중앙일보. 2019. 9.18) 회사서 가위·풀·펜 슬쩍···美기업 33%가 이것 땜에 파산했다.

96) 직원절도의 형태 : 제약회사에 근무하는 甲은 잦은 지각으로 동료에게 출·퇴근카드를 체크해 달라고 부탁한다. 은행에 근무하는 乙은 부서의 법인카드를 사적으로 사용하고, 계산서를 제출한다. 대형마트에서 근무하는 丙은 재고창고에 쌓인 문구류 등을 퇴근길에 가져간다. 방산업체에 근무하는 丁은 회사에서 개발한 핵심기술을 빼돌리고, 경쟁업체에 이직하였다(월간 노동법률 2018.10.11. 직원절도).

어, 내(도둑)가 당신에게(공급 업체에게) 계약을 제공하고, 대가로 당신은 나에게 돈을 준다. "이런 종류의 부패는 가족관계가 비즈니스관계와 교차하는 곳에서 특히 흔한 일이다. 예를 들어, 누군가가 가족구성원과 계약을 맺었다면 비슷한 기술을 가진 다른 사람에게 지불하는 것보다 더 많은 돈을 지불하고 있는가? 이것은 권력남용인가?"

(3) 과도한 "여행" 또는 기타 업무관련 비용 : 합법적 비용을 과장하는 것은 사기의 일반적인 방법이다.

(4) 설명할 수 없는 낭비 : 직원이 막대한 비용을 지불할 여력이 없는 경우에는 도난, 부패 또는 횡령의 흔한 징조이다.

(5) 가끔은 작은 거래 : 소액현금은 신속하게 합산 될 수 있으며 저급도난은 더 심각한 사기의 경고신호이다. "횡령자는 보통 작은 것으로 시작한다. 그들이 잡히지 않는다면, 이것으로 용기가 생긴다."

(6) 자격 있는 태도 : 과소평가되거나 저평가된 것처럼 행동하는 직원을 찾아라. 이 사람들은 자신의 부당한 이익이 자신의 일에 대한 공정한 보상인 것처럼 느낀다. "흔히 도둑은 '아, 주인이 일 년에 백만 달러를 벌고 있다고 생각하겠지만, 나는 10만 달러를 벌어. 나는 주차비용을 받을 자격이 있다. 그들은 자신들이 뭘 빚지고 있다고 생각한다."

3) 직원절도의 유형97)

시간절도, 현금절도, 물품절도, 정보절도 등이 모든 사업 영역에서 발생하고 있다. 공금횡령 및 유용, 현금 편취, 문서 조작, 생산품 무단 반출, 공용용품 남용 및 사무용품 반출, 고객 정보와 기업 비밀 유출 등 상상을 초월할 만큼 무궁무진하다. 특히, 서구에서는 업무시간에 불필요한 행위 등으로 업무 효율성과 생산성을 감소시키는 시간 소비에 대해서도 절도 범주에 포함한다.

대부분의 직장인은 하루 24시간 중 1/3 이상을 직장 내에서 생활화기 때문에 개인적인 문제 등을 해결하기 위해선 업무시간을 사용할 수밖에 없다. 하지만 너

97) 월간노동법률. 2018. 10. 18. 직원절도.

무 많은 시간의 사적인 업무와 전화, 인터넷이나 스마트폰 사용, 규정 시간 이상의 긴 휴식시간, 출·퇴근시간을 준수하지 않는 등 시간을 소비할 때 바로 시간절도라는 문제가 발생한다. 이러한 시간 절도는 기존의 기업문화에서 이슈화되지 않았고, 무의식적으로 가장 쉽게 행동할 수 있는 유형이며, 기술적으로나 법적으로도 증명하기도 어렵다. 최근 각 기업에서 일정 시간대를 업무 집중시간으로 설정해 업무에만 집중하도록 하는 것은 직장인들이 업무 외 비업무적인 활동에 많은 시간을 허비한다는 것을 방증한다. 한편, 각 기업의 신입사원 채용 시 비흡연자에게 가산점 부여, 사내 흡연구역 폐지, 금연 서약서 징구는 임직원의 건강은 물론 업무 집중도를 높여 생산성 향상에 기여하고자 하는 동시에, 흡연으로 인해 업무 시간에 불필요하게 소비되는 시간을 효율적으로 운영하고자 하는 데 있다.

현금절도는 실제로 업무를 수행하지 않은 시간을 금전으로 보상받거나 현금을 무단으로 유용 및 취득하고, 회사 내 권한을 이용해 고객의 돈을 계좌이체 하는 행위다. 직원의 현금절도는 점점 지능화되고, 치밀하게 진행되고 있다. 경제적 이윤을 얻기 위해 부당한 수당 수령, 위조 및 변조, 공금횡령, 분식 회계, 인·허가 및 계약 등의 대가로 금품요구, 물품 구매 시 뇌물 수수, 각종 급여 항목·위조 청구서 등을 조작해 현금을 부당으로 착복 및 유용하는 행위는 현금절도의 쉬운 유형이다. 또한 고객에게 실제 가격보다 높은 금액을 제시해 차액을 챙기는 것 또한 현금절도이며, 이는 기업의 이미지와 명성에 좋지 않은 영향을 미친다.

물품절도는 회사제품 및 생산품을 임의로 취하거나, 공용물품 및 사무용품, 비품 등을 업무와 상관없이 오·남용하는 행위이다. 물품절도는 간단하고, 단순하게 행하는 행위로 시간절도와 마찬가지로 가장 쉽게 위반할 수 있는 유형이다. 타인의 지갑이나 스마트폰 등 고가의 물품을 훔치는 절도범은 아니지만 공용물품이나 사무용품 등을 몰래 훔쳐 가면서도 죄의식을 느끼는 않는 경우가 대부분이다. 사소해 보이는 사무용품(복사용지, 펜, 문구류 등) 남용과 무단 반출, 자신 및 배우자, 자녀의 학교 과제 등 이유로 대용량 문서인쇄 등은 비용이 얼마 되지 않으나 많은 직원에 의해 무분별하게 이뤄진다면 기업에는 큰 손실이 발생한다.

정보절도는 현대사회에서 정보를 매개물로 하여 그 가치가 증대됨에 따라 늘고 있는 새로운 유형이다. 다른 절도 유형과는 비교가 되지 않을 정도로 기업 및 국가 차원의 치명적인 피해를 가져온다. 최근 발생한 금융권의 개인 정보유출사건이 대표적이다. 정보절도의 수법에는 개인정보 거래, 고의로 고객정보목록·계약서·제품·설계도·기타 데이터를 경쟁업체에 제공하거나 회사의 비밀정보를 훔쳐 전자메일 등을 통해 발송하거나 USB, CD, 휴대 전화로 복사 및 촬영해 외부로 유출하는 등 다양하다.

직원절도는 외부에 노출되지 않고, 내부통제시스템으로 쉽게 발견되지도 않으며, 일회성으로 끝나는 것이 아니라 믿기 어려울 정도로 빈번하다. 기회와 취약한 시스템은 직원들로 하여금 절도원인의 빌미를 제공하며, 건전하고, 윤리적인 기업문화조성에 부정적인 영향을 미친다. 또한 화이트칼라(white collar), 블루칼라(blue collar)업종과 관계없이 모든 기업에서 발생한다.

4) 직원절도 조사 10단계

조사를 준비하지 않았거나 직원들을 급하게 해고하는 경우 부당해고로 인해 막대한 소송이 벌어질 수 있다. 절도를 조사할 때 주의를 기울이고 과정을 따르면 된다. De Leon[98]에 따르면 내부조사를 수행하기 위한 몇 가지 기본단계가 있다.

(1) 신중한 조사를 시작한다.

위법행위는 스트레스가 많지만 경보를 울리는 용도는 없다. 이러한 신호가 잠재적인 도둑에 대한 행동으로 이어질 뿐 아니라 작업흐름을 방해하고 편집증을 조장한다. 천천히 조사를 시작하여 문제가 되는 부서 외부의 직원을 포함하여 모든 직원을 검사하라. "모두를 보아라. 그렇지 않으면 조사결과에 맞는 이론을 세우는 대신 이론에 맞게 조사를 진행할 수 있다.", "이것은 외부 조사관을 객관적으로 생각하는 것이 유익한 이유이기도 하다. 개인감정이 조사를 형성하지 않을 것"이라고 말한다.

98) 본 내용은 Trustify의 조사 부사장인 Matthew De Leon의 의견이다.

(2) 내부과정의 약점을 파악하고 용의자 목록을 만든다.

De Leon은 "직원도난을 방지하고 약점이 어디 있는지 확인하기 위해 시스템을 살펴보면 된다." 이러한 약점을 발견하면 잠재적인 용의자의 목록을 만드는 데 도움이 된다.

(3) 용의자 목록을 좁히기 시작한다.

De Leon에 따르면 직원파일과 비판적 사고를 사용하여 대상의 목록을 좁히기 시작해야한다. "도난당한 재산에 누가 접근 할 수 있는지, 그리고 합리적인 사람이 어떻게 잡히지 않는지에 대해 집중하라. 직원파일을 보고 아무 것도 나오지 않는지 확인한다." 이 기술을 사용하면 잠재적인 용의자목록을 줄일 수 있다.

(4) 운영 배경조사를 실시한다.

"허용되는 경우(회사 및 지역 법률에 따라) 피고용인에 대한 배경조사를 실시하라.", "슬프게도 대부분의 사람들은 저렴하고 자동화된 배경검사가 필요하다고 생각한다. 종종 이러한 검사는 이전 종결처럼 귀중한 정보를 놓치기도 한다." (신뢰 및 안전검사와 같은) 적절한 배경조사는 과거 기록, 소셜미디어 존재 및 금융정보를 범죄기록과 함께 고려한다. 검사가 제공한 정보를 사용하여 다른 사람의 생활방식과 임금 간의 불일치 같은 눈에 띄는 것을 찾는다.

(5) 작업장소를 조금만 변경하라.

과정과 일상의 작은 변화는 도둑에게 그들의 손을 보여줄 수 있다. "일정을 변경하고 영역에 대한 권한을 부여하며 일반적으로 도난을 어렵게 만드는 작은 변화를 구현한다. 그렇다면 반응하는 사람과 방법을 확인하라." 이것은 용의자의 목록을 더욱 좁히는 데 도움이 되며 도둑을 스스로 도망가게 할 수 있다. "적절한 조사는 적합하지 않은 것을 제거하고 남아있는 것을 보는 것으로 수행 된다."

(6) 용의자와 인터뷰를 한다.

직원절도를 조사하는 사람이 면접을 마지막으로 수행할 것을 강력히 권고한다. 사실, 인터뷰 단계에 도달하기 전에 직원과 조사를 논의하지 말아야 한다. "직장동료들과 이야기하면 용의자에게 정보를 줄 수 있다.", "당신은 용의자와 그들의 동료사이의 관계를 알지 못한다. 두 명 이상의 직원이 함께 있는 경우에는 어떻게 해야 하는가? 그들은 조사를 방해하거나 부패시킬 정보를 제공함으로써 당신을 쫓아 낼 수 있다." 마지막 인터뷰를 저장하면 조사결과의 모든 자료가 귀하의 질문에 알리고 모든 진술을 뒷받침 할 것이다. 모든 증거가 있을 때 신중하고 체계적인 접근법(예 : 숙련된 조사관이 사용하는 것과 같음)은 용의자가 자신의 절도행위를 합리화하기 시작하도록 유도할 수 있으며 그 결과로 자백을 받아낼 수 있다.

(7) 모든 것은 서류이다.

명확한 문서기록을 만드는 것이 필수적이다. 직원이 당신에 대해 법적조치를 취하기로 결정한 경우, 시간이 기록된 문서로 인해 모호성을 제거할 수 있다. 모든 행동을 기록하고 인터뷰를 기록하며 모든 증거를 정리하라.

(8) 행동을 취하라

도난이나 자백에 대한 충분한 증거를 확보하고 나면, 관련 직원을 해고하거나 징계조치를 취해야 한다.

(9) 도난당한 자산을 회수해야 한다.

도난당한 자산을 복구하기 위해 조치를 취하려면 변호사와 협력하라. 부주의하게 법을 어기고 조사를 손상시키거나 훼손해서는 안 된다.

(10) 평가를 확인하라

현재의 절도사건을 처리한 후에는 이런 일이 어떻게 되었는지 평가하고 장래에 직원도용을 방지하는 방법을 구축해야 한다.

5) 직원절도 조사 주의사항

조사를 주의 깊게 처리하면 회사에 대한 도난의 영향을 제한할 수 있다. 그렇지 않으면 소송을 제기할 수 있다. 다음은 항상 피해야하는 몇 가지 전략이다.

- 잘못되었거나 준비가 되어 있지 않은 비난 : 만약 당신이 도둑질을 하여 잘못된 직원을 해고시키려 한다면 당사자는 법적조치를 취할 수 있다. 당신의 주장을 뒷받침 할 근거가 있기 전에 조사를 중단해야 한다.
- 불법적인 형태의 심문 : 강압적이고 공격적으로 행동하는 것은 위험하고 비효율적이며 불법이다.
- 급여삭감 : 직원이 회사재산을 도난당한 것으로 밝혀지더라도 급여삭감은 위험하다. 도난당한 재산을 복구하기 전에 인사부서 및 법률고문과 상담해야 한다.
- 성급한 종결 : 절도죄로 종결된 유죄를 받은 직원조차도 부당해고를 이유로 소송을 제기할 수 있으며 조사가 부족한 것으로 판명 될 경우 이길 수 있다.

제5절 배경조사[99)]

배경조사란 무엇인가?

배경조사는 자신의 성격과 정체성을 입증하거나 증명하는 개인의 전문적 및 개인적 기록에 대한 조사이다. 전형적인 배경조사에는 상황과 개인에 따라 범죄기록, 교육 및 고용기록, 시민기록, 참고문헌 등이 포함된다.

- 왜 배경 조사를 실시하는가?
- 일반적으로 발견 된 거짓말
- 어떻게 배경점검을 실시하는가?
- 온라인 배경확인의 문제점 및 제한사항

99) https://www.pinow.com/investigations/background 2018.11.13 최종검색.

- 조사관과 일하기
- 필요한 정보
- 범죄 대 완벽한 배경조사

1. 배경조사를 하는 이유는 무엇인가?

다음과 같은 경우 전에 배경조사를 제출하도록 할 수 있다.

- 신입사원 채용
- 새로운 세입자 고용
- 투자하기
- 유모고용
- 공무원(즉, 경찰서장 또는 소방 대장)을 선출하는 것

표준 또는 일상적 배경점검은 없다. 조사는 관심분야, 더 많은 것을 찾아야하는 이유 및 전반적인 요구에 맞춰야 한다. 신입사원 고용, 유모를 찾고 있든, 새로운 투자를 할 것인가에 상관없이 배경조사는 관련된 모든 사람의 안전을 보장할 수 있다.

2. 일상적으로 탐지되는 거짓말

사람들은 종종 다음에 관한 잘못된 정보를 제공한다.

- 교육경력 및 학위
- 전문직업 및 경력
- 면허 및 전문조직 멤버십
- 고충이나 소송을 숨기기 위한 이전 경험을 생략한다.

3. 당신은 어떻게 배경점검을 실시하는가?

인터넷을 통해 사용할 수 있는 자동화 된 배경검사가 있지만 그 정보는 종종 불완전하거나 부정확하다. 인터넷 또는 다른 출처를 통해 발견된 각 기록은 유효성을 검증해야 한다. 사설탐정은 한 사람에 대한 상세하고 정확한 정보를 제공하고 그 정보가 정확한지 확인한다.

온라인 배경확인의 문제점과 한계

- 모든 기록을 온라인으로 이용할 수 있는 것은 아니다.
- 정보가 정확하지 않거나 최신 정보가 아닐 수 있다.
- 기록의 유효성을 검증해야 한다.
- 점검참조, 과거 고용주, 학위 등은 포함하지 않는다.

4. 조사원과 일하기

조사자와 일하는 것은 당신이 받는 정보가 정확하고 신뢰할 수 있는지 확인하는 가장 좋은 방법이다. 배경조사를 하는 사설탐정은 또한 면접을 통해 그 사람의 성격에 대한 더 깊은 통찰력을 제공하고 그 사람의 전문적 및 개인적 이력을 조사할 수 있다.

5. 필요한 정보

가능한 한 많은 정보를 확보하면 배경조사를 보다 신속하게 진행할 수 있다. 획득할 수 있는 정보는 다음과 같다.

- 출생의 날짜와 위치
- 주민등록번호
- 학위를 수여한 학교
- 과거 고용주

위의 모든 것을 갖추는 것이 이상적이지만 훌륭한 조사자는 정보가 거의 없는 사람을 조사할 수 있다.

6. 범죄 대 완벽한 배경조사

두 가지 일반적인 조사는 범죄 및 완전한 배경조사이다. 범죄 배경조사의 유일한 목적은 범죄기록이 있는지 여부를 판단하는 것이다. 완전한 배경조사는 이용 가능한 모든 공공기록을 조사하는 것을 포함한다. 운전기록, 교육 및 고용기록 등을 포함할 수 있다. 범죄수사에는 한계가 있다. 예를 들어, 일부 주에서는 음주운전 기록이 음주운전 기록에 나타나지만 범죄기록에는 나타나지 않는다.

7. 왜 배경조사가 모집에 결정적인가에 대한 5가지 이유

배경조사는 채용과정의 필수 요소가 되었다. 채용팀의 일원으로서 회사의 최선의 결과를 보장할 수 있는 지능적이고 효과적인 채용 결정을 내리는 것이 당신의 임무이다. 피상적인 평가를 바탕으로 누군가를 고용하면 때때로 심각한 문제로 이어질 수 있다. 왜냐하면 직장에 적합하지 않은 직원을 제외하고 회사의 운영을 해치거나 위험에 처할 수 있는 사람이 생길 수 있기 때문이다 부당한 고용 소송과 같은 법적문제가 발생할 수 있다. 배경조사는 헌신적인 배경조사 제공자 또는 면허 있는 사설탐정기관에 의해 수행 되든 간에 후보자의 신용기록, 범죄배경 및 성격과 같은 중요한 고용결정 요소를 결정하는 데 중요하다. 또한 응용 프로그램에서 제공한 정보의 정확성을 검증하는데도 도움이 된다.

일부회사는 차별대우와 관련하여 법적 영향을 미칠 수 있기 때문에 그러한 조치를 자신의 고용과정에 통합하는 것을 주저한다. 그러나 대부분의 경우, 이익이 위험보다 중요하며, 고용 전 배경 점검의 적절한 이행이 관찰되는 한, 합법성에는 아무런 문제가 없어야 한다.

8. 후보자가 직위자격이 있는지 여부결정

배경조사는 고용주로 하여금 신청자가 자신의 서류를 허위로 작성했는지 또는 과장하고 있는지 판단하는데 도움이 될 수 있다. 업무에 적합하지 않은 개인을 고용하면 회사는 특정 직원을 교육하는 데 소요되는 시간과 비용으로 인해 귀중한 자원을 낭비할 수 있다. 여기에는 동일한 직원을 다시 고용하고 교체하기 위한 회사의 후속 노력이 포함된다.

9. 회사의 명성과 조직자산 보호

모든 직원은 잠재적으로 회사의 명성을 훼손할 수 있는 능력을 갖추고 있지만 경우에 따라 더 많은 가시성과 미디어 노출까지도 포함되는 높은 직위를 지키기 위해 더욱 그렇다. 배경점검은 가능한 문제결함 및 부정적인 행동 패턴을 발견할 수 있게 하여 평판손상을 방지하는 데 도움이 될 수 있다. 직위가 회사의 물리적 자산, 독점정보 또는 중요한 재무문서에 대한 접근 수준을 구성하는 경우, 도난, 회사자산 파괴, 심지어는 기업 간첩행위를 피하기 위해 사전에 백그라운드 확인을 수행하는 것이 중요하다.

10. 과실고용 주장에 대한 보호

지난 달 두 명의 여성이 우버(Uber)운전자에게 성폭행을 당했다고 주장하고 부당한 고용소송을 제기했다. 소버는 Uber가 철저한 심사 절차를 수행하지 못했으며, 직원들의 배경을 보다 철저히 조사했다면 이 사건은 발생하지 않았을 것이라고 주장한다. 이와 같은 소송을 처리하는 것은 비용이 많이 들 뿐만 아니라 회사의 명성에 손상을 입힐 수 있다. 적절한 배경조사를 실시하는 것은 부주의 고용 주장의 경우 회사가 책임을 면제하는 데 도움이 되므로 이러한 경우 더욱 중요하다.

11. 다른 직원의 안전보장

후보자는 인터뷰 단계에서 완벽하게 즐거운 것처럼 보일 수 있지만, 그 사람이 회사에 머무르는 동안 그대로 남아 있다는 것을 보장하지는 않는다. 고용주는 채용 전에 후보자를 조사해야 한다. 그러면 분노관리 문제, 숨겨진 범죄기록 또는 다른 직원에게 해를 입힐 수 있다고 제안하는 개인적 또는 직업적 기록이 발견될 수 있다.

12. 직원 절도예방

최근 작성된 통계에 따르면 직원의 75%가 최소한 한 번 도난당했고 모든 비즈니스 파산 중 33%는 직원 절도로 인한 것이다. 그러한 사건이 발생할 확률이 높고 관련사업에 얼마나 많은 영향을 미치는지를 감안할 때, 회사가 그러한 사례를 피하기 위해 가능한 모든 조치를 취하는 것이 더욱 필수적이다. 절도는 다른 직원을 희생시켜서 수행할 수도 있으므로 회사내부의 모든 직원을 보호하기 위한 수단으로 배경검사를 해야 한다. 적법하고 정중하게 행동할 때, 배경조사는 채용과정의 어려운 부분이 아니라 관련된 모든 당사자의 이익을 보호하고 훌륭한 직원 및 고용주 관계의 토대를 구축하는 방법이 된다.

13. 온라인 배경점검의 현황

오늘날에는 많은 온라인 개인 정보 데이터베이스가 있다. 온라인상에 여러 데이트베이스가 있으며, 이러한 것들은 모두 배경확인정보를 제공한다고 한다. 불행히도 가장 신뢰할 수 있는 자원을 찾은 다음 정확성을 확인하기 위해 시간을 많이 소비한다. 온라인 배경정보 확인 데이터베이스의 한 가지 문제점은 정보가 컴퓨터에 입력되어야 한다는 것이다. 많은 오류가 데이터 입력단계에서 자료에 몰래 들어가며 비슷한 이름을 사용하는 일부 혼동으로 인해 오류가 발생한다. 인터넷 덕분에 PI는 전국적으로 또는 전 세계의 자료를 기술적으로 버튼 하나만 누르면 접근할 수 있다. 법원이 폐쇄된 경우에도 24시간 내내 데이터베이스에 접근할 수 있다. 정보의 정확성을 위해 수작업으로 검사되어야하지만, 조사전문가는 즉시 검색을 시작할 수 있다.

고객에게 유료로 무료 백그라운드 검사 또는 즉석 검사를 제공할 것으로 기대되는 많은 서비스가 있다. 한때 PI에 방문한 많은 고객이 이제 배경검사를 실행하기 위해 온라인으로 움직인다. 이 사람들은 정확성 문제를 항상 인식하지 못하고 잘못된 정보를 액면 그대로 받아들일 수 있기 때문에 이는 불행한 일이다. PI가 이러한 고객을 확보하고 온라인 배경검사의 문제점을 알리기 위해 더 열심히 노력해야 한다는 것을 의미한다.

〈사진 30〉 배경조사

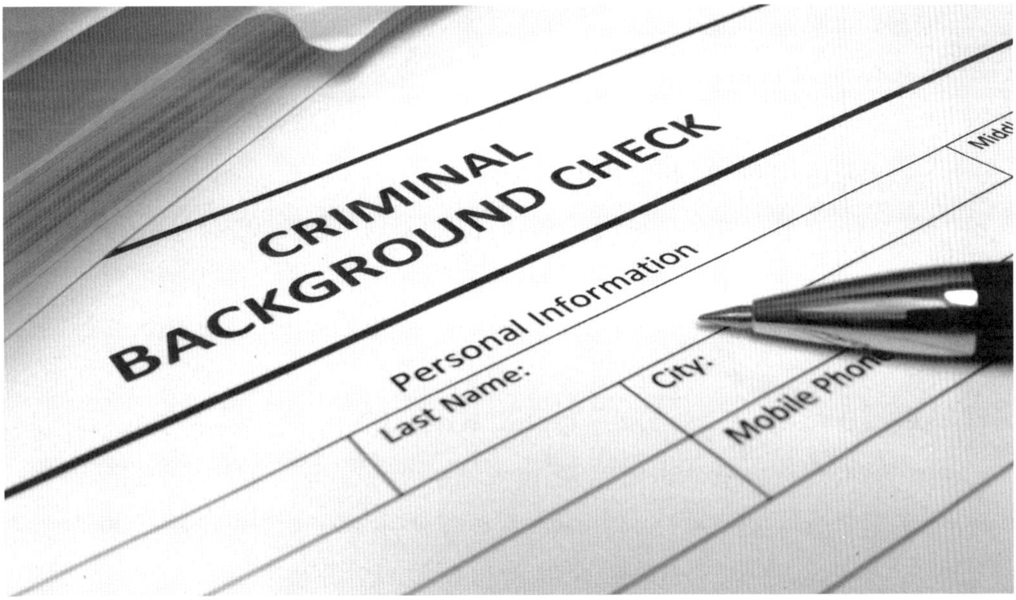

자료: 네이버 background check 이미지.

제6절 부정한 배우지 조사

1. 부정한 배우자의 징후[100)]

배우자의 부정을 입증하기 위해 할 수 있는 몇 가지 방법은 다음과 같다.

1) 감정적인 거리 : 파트너와의 감정적인 거리와 육체적인 거리가 커진다.

2) 변경사항 : 당신의 배우자는 갑자기 일찍 퇴근하거나 아무런 설명없이 밤늦게 집에 도착한다.

3) 거부하는 초대장 : 배우자는 두 사람이 함께 참석할 예정인 사교행사에 대한 초대를 더 이상 받아들이지 않으려 한다.

4) 설명되지 않은 출장 : 배우자의 회사가 제한된 여행 예산을 가지고 있거나 직장에 여행의 기회가 거의 없더라도 배우자는 도시출장을 자주해야 한다는 말을 하기 시작한다.

5) 가족과 함께 휴일을 보내는 것을 피한다 : 배우자는 휴가기간 동안 갑자기 가족 기능에 대한 변명을 하기 시작한다.

6) 근무시간 연장 : 배우자는 월급이나 근무 책임에 반영되지 않는 초과 근무를 하고 있다.

7) 설명되지 않은 영수증 : 배우자가 아무런 설명도 없이 은행인출 또는 신용카드구매를 했음을 알았을 때.

8) 숨겨진 청구서 또는 편지찾기 : 당신은 우체국 상자의 증거를 갖고 있거나, 당신이 아닌 누군가가 당신의 배우자에게 보내는 연애편지와 인사말 카드를 찾는다.

9) 일상 몸단장의 변경사항 : 귀하는 귀하의 배우자가 슈퍼마켓을 운영하는 중에도 옷을 차려 입고 최고로 보이고 있음을 확인하였다.

10) 낯선 전화번호 : 집 전화를 반복적으로 들으면 발신자가 전화를 끊을 수 있다. 또는 귀하의 배우자가 전화에 응답하여 전화번호가 잘못되었다고 말한 다음 즉시 심부름을 하여 심부름을 실행한다.

---

100) https://www.trustify.info/blog/tips-from-a-private-investigator-to-spot-a-cheating-spouse, 2018.11.15. 최종검색.

11) 친밀감과 애정이 멀어짐 : 귀하의 성 생활에 극적인 변화가 있다. 육체적 접촉을 시작할 배우자가 당신을 멀어지게 하고 애정이나 섹스에 시간을 보내는 데 덜 관심을 갖는다.
12) 방어적이거나 회피한다. : 귀하의 배우자는 귀하가 질문할 때 질문이 타당할 때라도 화를 낸다.

2. 부정한 배우자 조사[101)]

배우자가 속임수를 쓰고 있다는 의심은 괴로운 생각이다. 불행히도, 배우자가 불충실하다는 의심이 들면, 옳을 수도 있다. 통계에 따르면, 치료사 페기 본(Peggy Vaughan)의 연구에 따르면 남성의 약 60%와 여성의 40%가 결혼생활에서 적어도 한 번 이상 속일 것이라고 한다. 부정행위의 유행에도 불구하고, 기혼여성의 70%와 기혼남성의 54%는 배우자의 불신앙에 대해 알지 못한다.

이러한 통계에는 비전통적 유형의 부정을 포함하지 않는다. 4천 4백만 명의 미국인이 인터넷에서 성적인 특성의 가상 만남을 갖고 있으며 많은 사람들이 "정서적 문제"로 간주된다.

1) 사설탐정을 고용해야 하는 이유는 무엇인가?

혼자서 조사하는 것이 최선의 선택이 아닌 이유는 여러 가지가 있다. 하나는 정서적으로나 물리적으로 사람의 진을 뺄 수 있다. 잘 훈련된 사설탐정은 짧은 시간에 더 많은 정보를 찾을 수 있으며 정서적으로 고립된 상태로 유지된다. 증거의 타당성은 조사관이 수집할 때 더욱 구체적이다. 화가 난 배우자가 자신의 속임수 배우자의 사진이나 비디오를 찍을 수는 있지만, 이 증거는 법원에 의해 유효한 것으로 간주되지 않을 수 있다. 사설탐정은 가정법에 대한 편견이 없고 지식이 있으므로 증거가 법정에 서게 된다.

---

101) https://www.pinow.com/articles/1666/the-difference-between-soft-and-hard-insurance-fraud, 2018.11.15. 최종 검색.

2) 부정한 조사가 수반하는 것은 무엇인가?

조사는 귀하의 필요와 조사를 진행하는 사설탐정에 따라 달라질 것이다. 그러나, 속임수를 쓰는 배우자를 잡으려고 조사가 수 차례 포함 된다 :

- 고객과의 면담 - 조사관이 진실을 추구하기 전에 정기적인 활동과 취미를 포함하여 문제의 배우자에 대해 최대한 많은 정보를 수집한다. 고통스러울지 모르지만 더 많은 조사가 성공하면 더 많은 정보를 공유할 수 있다. 조사관에게는 기밀성과 존중이 표준이다.
- 감시 - 사설탐정은 고급감시 방법을 사용하여 배우자를 감시하여 필요한 증거를 확보하도록 한다. 이러한 방법 중 일부는 배우자의 차량추적, 자산검색 및 인터넷 활동 모니터링을 포함한다.
- 증거 발표 – 전문 사설탐정이 수집 한 증거는 명백한 증거를 통해 당신에게 마음의 평화를 줄 뿐만 아니라 잠재적인 이혼 합의를 위해 법정에 서기도 한다.

3) 부정한 조사에서 무엇을 기대해야하는가?

속임수를 쓰는 배우자에 대한 조사는 몇 시간에서 몇 달 사이의 범위 일 수 있다. 조사관은 당신의 혐의에 귀를 기울이고 진지하게 받아들이며 조사가 어떻게 형성 될지를 묻는다. 조사가 어떻게 진행되는지는 당신이 계속 통제할 것이며 완전히 만족할 때까지 전문 조사관은 당신의 배우자를 조사할 것이다. 조사상태에 대한 정기적인 업데이트를 얻을 수 있으며 수집된 정보로 수행할 작업을 결정할 수 있다.

어떤 사람들은 배우자가 속임수를 쓰고 있다는 의구심을 느끼자마자 도움을 청한다. 그들이 파트너와 마주 치기 전에 확실히 아는 것이 중요하다. 다른 사람들은 배우자를 불충실하다고 알고 있지만 확실한 증거를 원한다. 당신의 배우자에 대한 걱정이 귀하의 관계에 영향을 주거나 스트레스를 유발하는 경우, 사설탐정과 이야기하는 것이 도움이 될 수 있다.

〈사진 31〉 부정한 배우자 조사

자료: 네이버 Cheating Spouse 이미지.

제 2 편

실 무

10장 기초조사 절차와 정보 수집 활동

제1절 탐정이 갖추어야 할 조건

탐정은 고객(의뢰인)으로부터 고용되어서 비용을 받고 지식과 정보를 제공해주게 된다. 따라서 전문적인 탐정은 자기가 취급하는 정보수집업무에 관해 능통하고 합법적인 방법으로, 신속하게, 효율성을 견지하면서 활동해야 한다. Charles P. Nemeth는 유능한 탐정이 갖추어야 할 특성으로서 다음과 같은 5가지를 제시하고 있다.[102)]

1. 객관성(Objectivity)

탐정은 감정과 편견, 선입관에 의해 사실을 취급해서는 안 되고 실재하는 사실들을 기초로 하여 자기의 임무를 수행해야 한다. 유능한 탐정은 가설설정에서 개방적이어야 하고 사건이 발생할 경우 과학적으로 접근한다. 어떤 위임된 사건의 조사에서 탐정은 추론보다는 알려진 실재사실을 기초로 접근해야 하고 의사결정에 있어서는 효과적으로 사실을 기초로 해야 한다.

102) Charles P. Nemeth, 2000: 20-28.

2. 논리성(Logic)

탐정이 지식, 정보, 자료를 수집할 때는 논리성이 요구된다. 논리성은 규칙적이어야 하고 일관된 형태의 사건과 사실들에 대해 질서정연하게 기술되어지는 것을 의미한다. 논리적이라 함은 어떤 사실이 연역적이고, 직접적이며, 추론적인 형태에 의해 전개되는 것을 말한다.

연역적인 추리는 누가(who), 무엇을(what), 어디서(where), 언제(when), 어떻게(How), 왜(why) 형태의 질문에 대한 결과로서 기술되어 진다.

조사의 논리성은 상상력의 훈련이라고 볼 수 있으며, 충분한 기초훈련을 받은 사실부터 사실과 논리성을 기초로 결과를 도출하는 능력이라고 볼 수 있다.

3. 인내와 부지런함(Perseverance and Deligence)

탐정은 정보와 사실을 수집하고 결합시키는 일을 행하기 때문에 인내심, 부지런함, 성실성을 지니고 있어야 한다. 인내심은 신중함으로서 표현될 수도 있다. 일반적으로 사건과 관련된 많은 부분들은 부지런한 조사의 결과로 나타날 수 있다.

경우에 따라서는 탐정은 사건에서 예상 밖의 목격자를 발견할 수도 있는데, 그것은 탐정이 인내심을 견지하면서 사건의 실마리를 따랐기 때문에 발견한 것 일 수도 있다.

4. 인간관계기술(Human Relations skills)

탐정의 성공은 정보를 수집하는 능력에 좌우되고, 인간 상호작용을 위한 탐정의 능력은 중요한 특성이기도 하다.

탐정이 의뢰인, 사건의 목격자, 정부관리, 경찰조직 및 사회 공공부문의 인사, 보험이나 소송의 손해사정인들과 원만한 관계를 가질 수 없다면 해당분야에서 성공을 보장받을 수 없기 때문이다.

인간관계기술에서 의사소통분야는 또 다른 기준이 될 수 있다. 의사소통은 언어적·비언어적 의사소통을 포함하고 있는데, 바디랭기지, 시각, 후각, 촉각, 청각과 같은 지각을 포함하는 비언어적 의사소통은 탐정의 조사활동에서 중요하다. 탐정들은 인간과 환경적 상황들을 조화시킬 수 있어야 한다.

그 외에도 일반적으로 탐정들에게 요구되는 자질을 압축해서 살펴보면 다음과 같다(박동균·김태민, 2012: 117; 박동균·박기범, 2013: 48).

5. 커뮤니케이션능력

탐정은 고객의 관심분야에 대하여 적절한 질문 및 청취능력이 있어야 한다.

6. 정직성

고객들로부터 신뢰를 받을 수 있고 법정에서 인정받을 수 있는 믿음과 정직성이 있어야 한다.

7. 탐구심

진실에 대한 탐구열정이 있어야 한다.

8. 문제해결능력

주어진 시간에 정보에 기반을 두어 신속한 문제해결을 할 수 있는 능력이 있어야 한다.

9. 관찰력과 기억력

탐정은 일반인들보다 한 단계 높은 관찰력과 기억력을 지녀야 한다.

10. 편견과 선입견이 없는 마음

탐정은 고객으로부터 위임받은 업무를 수행함에 있어서 편견과 선입견을 가져서는 안 된다.

11. 힘든 업무에도 견딜 수 있는 지구력과 인내심

탐정은 업무수행 중에 춥거나 더운 날씨, 열악한 근무환경 하에서 견딜 수 있는 지구력과 인내심을 가져야 한다.

12. 잘 들어주는 능력과 융통성

탐정은 정보수집 활동이나 상대방과 인터뷰 등에서 다른 사람의 말을 잘 들어주는 능력과 융통성을 지녀야 한다.

13. 좋은 매너와 인간성

불평이나 투덜거림 없이 즉시 업무를 시행할 수 있는 신뢰감과 호의를 가진 적극적인 태도를 가져야 한다. 신중함과 성품도 중요하다.

14. 협동심

협동심은 Teamwork으로 표현할 수 있는데, 직장동료, 상관, 지역주민, 고객 등과 최선의 작업을 위해 협력하는 것을 말한다.

역량이 있는 탐정들은 배경조사 및 감시능력 등 다양한 지식을 가지고 있어야 한다. 또한 법적인 지식과 질문/수사/심문/대화하는 능력을 겸비해야 한다(Ficsher & Green, 1992: 30).

유능한 탐정이 되기 위해서 갖추어야 할 조건으로 다음과 같은 10가지를 들 수 있다.

- 준법정신(정직성)
- 강인한 체력과 정신력
- 세밀한 관찰력
- 정확한 기억력
- 민첩한 판단력
- 정확한 정보수집능력
- 끈질긴 추진력(해결능력)
- 폭넓은 상식(추리력)
- 수사서류 작성능력
- 사건의뢰인에 대한 철저한 비밀보장

제2절 조사의 범주

유능한 탐정은 인지하고, 수집하고, 평가하고 분류·조사하고 증거를 보존하는 기술과 기법을 개발하는 사람이다.

조사는 신중과 직접적인 방법의 두 범주로 되어있다. 직접적인 방법은 조사의 대상이 조사되는 이유를 충분하게 인식하는 것이다. 예를 들면, 보험보상청구 조사에서 신중함은 조사의 대상이 조사의 사실을 모르는 채로 있기를 바랄 때 필요하다.

조사는 더 많은 정보가 이용가능해지고 조사의 새로운 방법들을 시작함으로써, 마침내 조사는 완성되어지고 최종적으로 상황이 판명될 때까지 조립되어 지는 것이다.

1. 추리

알려진 모든 자료를 심사숙고하고, 조사를 시작하기 위해 대답할 수 있는 공식 질문에 답하면서, 탐정은 분명치 않은 답변들을 보충하기 위해 추리를 해야만 하는데, 이 추리는 조사를 추구하기 위한 실행 가능한 지침이 될 수 있다.

추리는 해결책이 강하게 나타나지만 여전히 입증이 필요한 사실들이 존재하는 사건들에서 극히 중요한 요소가 된다. 경찰이나 탐정들은 가정적인 용의자에 의해 실행될 수 있는 그럴듯한 동기와 행위를 추정한 또는 추측한 내용대로 사건을 재구성하는 가치를 알고 있다.

경험이 많은 탐정은 하나의 추리에 스스로를 가두지 않고 결정적인 증거가 나타날 때까지 편견 없는 마음을 유지하며, 정보의 출처로부터 나온 어떠한 정보라도 세밀하게 조사할 것이다. 논리적으로 구성된 추리의 유용성은 진실을 발견하는 것에 결정적인 정확함 또는 비 정확함에 기반을 두지 않는다. 추리의 진정한 가치는 비교의 기본으로서와 절차의 지침으로서 추리를 사용하는데 있다.

2. 조사패턴

추리의 사용과 조사에서 획득한 자료의 보강은 일반적으로 다음과 같은 패턴에 의해 이루어진다.

- 추리는 인터뷰, 감시 그리고 탐정에 의해 시작된 다른 절차들로부터 얻어진 정보로써의 방법을 제공한다.

- 정보는 탐정에 의해 판단되어지는 것으로 하나 또는 더 많은 추가적인 출처 또는 상황의 징후(징조)에 의해 합리적으로 증명되어지거나 확인될 때 사실이 된다.
- 사실은 탐정 또는 의뢰인에게 수락된다고 판단될 때 증거의 지위로써 평가되어 진다: 실제적으로 법정 또는 조사패널(investigative panel), board(위원회), committee (위원회)에 의해 증거로 수락될 때이다. 또는 검사가 기소 또는 소송에 쓸 수 있다고 인정되어질 때이다.

알고 있는 자료로 시작해서 추리를 세우고, 얻어진 정보를 증명된 사실로 만들고, 의뢰인을 대신해서 사용할 수 있는 증거로써 개량된 사실들이다. 이것은 조사를 조절하고 행하는 탐정의 능력에 달린 것이고, 사건의 복잡성에도 달려있다고 볼 수 있다.

제3절 인터뷰와 진술

1. 인터뷰 일반[103)]

사적인 조사는 기록조사, 인터뷰 및 감시의 세 가지 핵심역량으로 구성된다. 많은 조사관이 정보수집을 위한 가장 가치 있는 도구로서 인터뷰를 고려한다. 조사과정에서 수집된 전체정보의 약 75%가 인터뷰에서 나온 것이라고 생각한다.

인터뷰는 무엇인가? 인터뷰는 사람들로부터 사실을 수집하는 복잡한 과정으로, 증언이 될 수 있다. 인터뷰가 필요한 조사유형으로 도둑질, 개인의 행동과 관련된 상황, 실종자, 전문가가 도움을 받을 수 있는 상황이다.

우리는 왜 인터뷰를 실시하는가? 인터뷰는 범죄 또는 사건을 재구성하고, 증거

103) https://www.pinow.com/articles/1182/private-investigator-basics-interviewing 2018.11.14. 최종검색. 2012, 5. 7. Tom Shamshak 작성

를 얻고, 연결이 끊어진 것처럼 보이는 사실을 연결하고, 단서를 찾으며, 사실을 확인하고, 실제로 일어난 것을 발견하기 위해 실시된다. 우리는 누구와 인터뷰하는가? 원고, 피고, 증인, 희생자, 용의자, 배경조사대상자 및 전문가이다.

1) 면접준비

준비는 좋은 인터뷰를 진행하는 열쇠이다. 인터뷰를 위한 조사접근법은 우선순위에 있는 주요증인과 인터뷰 할 목격자의 우선순위목록으로 시작한다. 사설탐정은 증인이 당국에 부여한 진술에 대해 가능한 한 많이 알아야하며 사건의 사실을 알아야 한다.

2) 인터뷰 주제 연구하기

사설탐정은 광범위한 기록연구와 인터뷰주제에 대한 배경조사를 수행해야 한다. 조사관은 증인이 사건의 참가자 중 누구와 관련이 있는지, 증인이 안경을 착용하고 범죄기록이 있는 경우와 같이 증인에 대한 기본배경정보를 알아야 한다.

3) 면접주제에 대한 예상

사건의 성격에 따라 면접주제마다 다른 요구가 있다. 형사사건의 경우, 범죄에 대한 증인인 사람들이 증언을 하는 경우 보복을 두려워 할 수 있다. 그들은 경찰을 상대로 두려워 할 수도 있다. 범죄피해자의 친지 또는 친척인 사람들은 변호인과 이야기하기를 원하지 않는다. 사설탐정은 이 사람들과 이야기하는 어려움을 위해 심리학적으로 준비해야하며, 특히 범죄희생자들과 이야기하는 것이 중요하다. 그들은 화가 났을 수 있으며 사설탐정들은 그들을 진정시키고 그들이 법정에서 또는 적어도 그들이 경찰에게 말한 것을 상세하게 말하려고 하는 것을 나눌 수 있게 해야 한다.

4) 인터뷰 문서화

메모는 항상 인터뷰 중 또는 인터뷰 직후에 해야 한다. 메모는 손으로, 오디오 녹음장치에서 또는 인터뷰대상자가 비디오로 촬영할 수 있다. 사설탐정은 교감을 형성하고 면담대상자가 메모를 할 수 있을 정도로 편안함을 느끼도록 해야 한다. 피험자가 아주 유용한 진술을 하는 경우, 사설탐정은 오디오 또는 비디오 녹음을 요구해야 한다.

모든 조사관은 인터뷰에 대해 무엇을 알아야 하는가?

5) 인터뷰 설정

가능하다면, 사설탐정은 협력증인으로 사전에 면담일정을 잡아야 한다. 그렇지 않은 경우, 조사자는 잠재적인 면담대상자가 집에 있을 가능성이 높을 때 요청해야 한다. 상황에 따라 저녁시간이나 주말이 될 수 있다.

6) 적극적인 청취 참여

사설탐정은 80/20 규칙을 따라야 한다. 인터뷰 대상자는 80%의 시간을 말하고 면담자는 20%의 시간을 말해야 한다. 능동적인 청취는 인터뷰 대상자가 말하고 있는 것처럼 정보의 흐름을 조장하므로 인터뷰의 중요한 부분이다. 인터뷰를 진행하는 사설탐정은 "예", "이해한다", "계속 하십시오" 등의 말을 듣고 있는지 확인해야 한다.

7) 의사소통에서 상대방과 형성되는 친밀감 또는 신뢰관계 형성

사설탐정은 인터뷰대상과의 신뢰를 구축하여 신뢰를 얻고 개방하도록 유도해야 한다. 이것은 누군가의 집에 들어가서 작은 대화에 참여함으로써 성취 될 수 있다. 면접원은 면접대상자와 공통점을 찾고 이 주제에 관해 대화를 시작해야 한다. 여기서 중요한 것은 조사관이 열린 커뮤니케이션 채널을 만들고 정보를 얻고 후속 인터뷰를 위해 문을 열어 둘 수 있다는 것이다.

8) 진실과 속임수를 인식

사설탐정은 닫힌 질문에 대한 인터뷰를 시작해야 하며 천천히 다른 질문을 하는 열린 질문으로 전환해야 한다. 면접원은 이미 답변을 알고 있는 주제의 배경에 대한 기본적인 질문부터 시작해야 한다. 인터뷰 대상자가 이러한 질문에 답하는 동안, 사설탐정은 진실된 대답을 제시하면서 그들이 어떻게 보이는지 관찰해야 한다. 나중에 조사관이 질문에 응하면 육체적인 행동이나 음성의 볼륨, 피치, 정지된 말투, 가짜 얼굴의 움직임 또는 미세한 표현에 의해 나타나는 행동변화를 계속 인식할 수 있다.

9) 비언어적 커뮤니케이션의 해석

이러한 행동에 중점을 두는 것은 경험과 함께 한다. 인터뷰의 원칙에 따라 무고한 사람들은 진정될 수 있으며 유죄를 인정받는 사람들은 대게는 매우 긴장을 느낀다. 그들은 위에 언급된 구두신호를 표시하기 시작한다. 유죄이거나 거짓말을 하는 인터뷰대상자는 주먹을 움켜쥐고 얼굴이 붉어지고 정맥이 부풀어 오르고 눈을 마주 치는 등의 비언어적인 단서를 보인다.

10) 인터뷰 후 메모 마무리

사설탐정은 메모를 마무리하거나 오디오 또는 비디오 녹음을 녹음하여 녹음의 일부가 되도록 인터뷰를 보존해야 한다. 조사관은 면접이 언제 생겼는지, 지속된 기간, 출석 한 사람 및 출처를 포함하는 보고서에 메모를 기록한다. 보고서는 어떤 정보가 얻어졌는지 기술해야 한다. 오디오 또는 비디오 녹음인 경우 정보는 그대로 문서화해야 하며 발견 가능한 기록으로 문제가 완전히 판단 될 때까지 모든 메모를 보관해야 한다.

후속 인터뷰

많은 다른 상황에서 후속 인터뷰가 필요하다. 목격자가 처음에 충분한 정보를 제공하지 못하면 조사관은 증인이 진실 되게 말하기를 원할 때까지 집이나 직장으로 돌아가서 관계형성을 계속해야 한다. 정보를 기록할 필요가 있을 때, 조사관은 인터뷰의 묘사(서술)를 입력하고 후속조치를 취해야 한다. 인터뷰대상자는 서술을 읽고 수정하고 인터뷰를 끝마쳐야 한다. 조사관이 서로 다른 두 가지 인터뷰 대상의 이야기 사이에 모순이 있는 경우 두 가지 인터뷰를 모두 수행하고 두 번째 인터뷰를 수행하는 것이 좋다. 사설탐정이 첫 번째 면접에서 사용할 수 없었던 전화기록 같은 증빙서류를 필요로 하는 경우 면접자와 연락하여 이러한 기록을 얻어야 한다.

11) 새로운 안내(연결)

인터뷰대상자는 초기 조사계획에 포함되지 않은 새로운 인터뷰대상으로 연결되는 개인조사자정보를 제공할 수 있다. 조사자가 가능한 인터뷰대상에서 새로운 안내를 받을 때마다 배경조사를 실시하고, 새로운 대상자에게 연락하고, 일정을 계획하고 인터뷰를 완료하여 항상 안내를 추석해야 한다. 사설남성은 조기 인터뷰에서와 마찬가지로 후속 인터뷰를 준비, 실시 및 마무리 할 때 동일한 단계를 따라야 한다.

면접조사는 어떻게 조사를 할 수 있는가? 인터뷰는 사건에 대한 구두확인을 하기 때문에 많은 조사에서 중요하다. 일회성 사건이 조사되는 경우, 인터뷰대상자는 사실 실제로 일어난 것을 목격한 유일한 사람들이다. 이러한 유형의 정보를 증거기록이라고 하며 법원에서 특히 레코드기록조사 중에 발견되는 문서증거와 함께 사용할 때 매우 중요하다. 민간조사의 세 가지 핵심 역량은 조사를 통해 중요한 사실을 파악한다. 귀중한 도구로서 인터뷰는 조사자가 조사하는 상황에 대해 더 많은 정보와 명확한 그림을 얻을 수 있게 도와준다. 그 지식을 기록연구 및 감시의 기초와 결합하면 조사자가 기술을 연마하고 현장에서 더 효과적이 될 수 있다.

2. 인터뷰 진행과정

성공적인 인터뷰 솜씨는 연습에 의해 발전된다. 중요한 것은 인터뷰 전에 준비와 계획을 하는 것이다(Brain Ord, Gory Shaw, Tracy Green, 2004). 충분한 준비와 계획 없이 행해진 조급한 인터뷰는 조사손실의 시작이다. 인터뷰를 진행하는 동안에 탐정은 무엇에 대하여 이미 알았거나 믿은 것을 말할 때 동일성 있게 해야 한다. 탐정이 지식이 부족한 상황에서 문제되어진 조사는 계획된 거짓이건 모순된 사실을 알든 어느 쪽이든 생각해서 말하는 것을 식별하지 못할 것이다. 인터뷰와 관계되어진 모든 자료를 정리해야 하고 인터뷰 시 어떻게 주제에 접근해야 할 것인지를 생각해야 한다.

1) 인터뷰 전 준비사항

인터뷰 룸에서 컴퓨터, 파일, 서류 작업과 같은 방해요소를 제거한다.

① 회의실이나 개인사무실과 같이 면담을 위해 위협적이지 않은 장소를 방문한다.
② 인터뷰 대상자에게 업무량을 존중하면서 인터뷰 시간을 선택한다.
③ 면접에 소요되는 시간의 대략적인 추정치를 제공한다.
④ 면접실에서 컴퓨터, 파일, 서류작업과 같은 추가주의 사항을 제거한다.
⑤ 인터뷰 대상자에게 창문을 보지 않는 편안한 의자를 제공한다.
⑥ 면접에 필요한 방향에 따라 선택할 수 있는 조사인터뷰 질문목록을 작성한다.
⑦ 조사인터뷰를 기록할지 여부를 결정한다.
⑧ 그 사람이 도착했을 때 쉽게 주제를 풀어놓기 위해 물이나 커피 한 잔을 제공한다.

(1) 준비와 계획

준비와 계획은 개별적으로 고려되는 것은 아니지만 다음 4가지 구성요소로 이루어진다.

○ 주위의 정보

잘 알고 있는 배경에 대한 조사와, 특징, 주위사람과의 인터뷰는 중요하다. 탐정이 그 일에 성공하려면 증인, 피해자, 용의자 등과 인터뷰를 해야 한다.

〈그림 4〉 조사준비

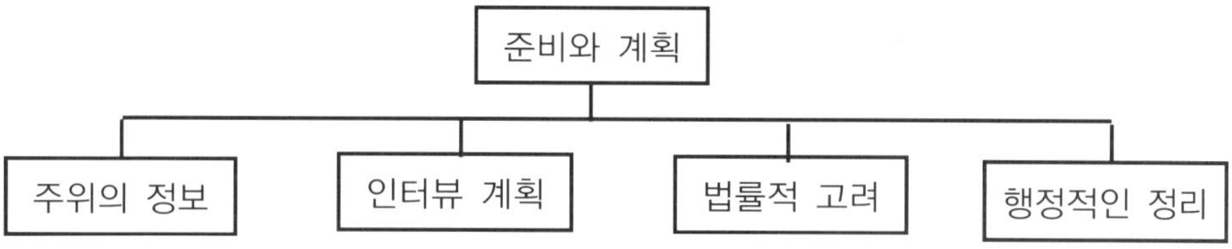

탐정은 조사에서 일어나는 일에 대하여 알아야 하며, 더 상당한 조사행위를 해야 할 것이고 인터뷰하는 동안에 변화하는 상황에 더 잘 적응할 수 있어야 한다. 탐정은 발생한 일의 자세한 부분까지 포함하여 모든 특수한 상황을 고려해야 한다.

어디라도 가능하면 사건이 일어난 장소를 방문하고 그 지역을 주의 깊게 관찰하고 기록하고 필요 시 사진촬영을 해야 한다.

탐정은 증인(목격자)이나 피해자를 포함하여 용의자에 대하여 증거를 제공하는 사람에 대하여 진실성을 체크해야 한다. 신뢰할 수 없는(진실성이 없는) 사람이 증거를 제공하는 경우에 탐정은 그 증거를 의심해 보아야 한다.

탐정은 조사에서 특수한 문제에 정통해야 한다.

탐정은 인터뷰 받는 사람에 대한 특징과 세밀한 부분까지 조사해야 한다.

① 가족사항

피 인터뷰자의 가족, 직업, 사사로운 부분까지 확인해야 한다.

② 지난 과거

증인이나 용의자의 전과기록이 있는지의 여부를 조사해야 한다. 또한 사건에 관계되거나 유사사건에 연루된 적이 있는지의 여부를 조사해야 한다.

③ 연루된 형태

다른 탐정에게 인터뷰를 받았거나 과거에 증인으로써의 관계였는가?

④ 용의자의 재산

용의자의 재산이나 증거서류를 신중하게 확인하고 조사해야 한다. 또한 부정이나 다른 범죄, 조사한 문제에 관련시켜 설명할 수 있는 증거를 입증해야 한다.

범죄에 대한 배경을 찾고 인터뷰 받는 자의 사사로운 부분까지 체크하며 탐정은 의심스런 부분을 인터뷰할 질문을 사전에 준비해야 한다.

○ 인터뷰 계획

탐정은 인터뷰에 대한 이유를 충분히 이해해야 한다. 증인, 피해자나 용의자에 대한 인터뷰를 시작할 때, 인터뷰의 목적은 조사에서 진실 된 문제를 확실하게 해준다.

인터뷰의 목적은 개개의 경우의 상황과 인터뷰의 증인이나 용의자에 의해 변화되어 질 수 있다. 용의자에 있어서 사건이나 범죄에 연루되어 있지는 않는지, 사건이나 범죄에 그 연루가 입증되지 않는지 어떤지에 의해 목적이 확정된다. 용의자가 사건이나 범죄에 연루가 되어있다면 목적은 확정된다.

- 그들이 실질적인 시간에 무엇을 하였는지 말한 것을 확실히 한다.
- 그들은 이것을 어떻게 입증할 것인가? 예를 들어 누구와 있었나?
- 실질적인 시간에 만약 다른 곳에서 - 그들은 무엇을 하고 있었나?
- 누가 그들을 보았는가?
- 그밖에 그들은 무엇을 보았는가?

증인인터뷰에서 증인이 범죄를 저지르는 것을 보았는가에 따라 목적이 달라진다. 또 증인이 사람을 식별할 수 있다면 목적이 확정된다.

- 얼마동안 그 사람을 보았는가?
- 증인이 그들로부터 어느 정도의 거리에 있었는가?
- 그 시간이 명백한가?
- 증인이 알고 있는 사람인가? 그렇다면 얼마동안 알고 있었는가?
- 그 사람을 기억할 수 있는 특별한 이유가 있는가?
- 묘사된 것과 실제모습과 다른 무엇이 있는가?

○ 법률적 고찰

탐정이 행하는 업무에서 법률위반 때문에 인터뷰를 용인하기 어려운 증거가 나타날 수도 있다.

① 모든 인터뷰

가. 사람을 인터뷰 할 때:

- 소년인가 소녀인가?
- 어떤 다른 부당한 심리적인 상처를 입었는가?
  그렇다면 적당한 성인을 참석시켜서 해결해야 하는가?

나. 증인이나 사람에게 관심을 가지고 한다면:

- 맹인이면 심각하게 눈에 보이는 상처가 있는가?
- 듣지를 못하는가?
- 읽지 못하는가?
- 말하지 못하는가 또는 언어장애가 있는가?
- 언어(한국어)를 이해하지 못하는가? 그렇다면 통역인을 활용해야 한다.

② 용의자 인터뷰

- 법정대리인을 요청해야 하는가? 그렇다면 그들은 유용한가?
- 사람을 유치하는 경우에는 그들을 유치한 상황에서 만나거나 무슨 행동을 하여 필요한 것을 얻는가? 인터뷰를 연기해야 하는가?
- 사람에 관심을 가지고 필요한 조사를 할 때 중요한 진술을 행하는가?
- 용의자의 법정대리인과 용의자와 인터뷰하는 동안에 전에 나타난 증거는 무엇인가?

○ 행정적인 정리

모든 적절한 배경정보를 하나로 끌어 모아야 하며, 인터뷰계획은 공식적이고 법적인 측면을 취해야 한다. 마지막으로 행정적인 문제를 처리하여 인터뷰진행을 수월하게 진행하도록 해야 한다.

만약 용의자를 인터뷰해야 한다면, 인터뷰는 일반적으로 적당한 인터뷰실에서 행해야 할 것이다.

탐정은 첫째로, 인터뷰실이 유용하고 녹음기능이 있는 장치가 있는지 알아보아야 한다. 인터뷰를 위해 출석했을 때 충분한 좌석이 있는지 체크하고 인터뷰실에서 우발적인 사건이 발생할 시, 전문적 기술을 반영할 수 있는 조건을 갖추었는지 확인해야 한다. 또한 충분한 테이프, 비디오, 인지된 표찰, 인터뷰 하는 동안에 요구되는 다른 형태의 모든 것을 준비해야 한다.

탐정은 계획의 개요, 진술, 인터뷰기록을 유지해야 하고 인터뷰에 관계되는 것을 정리해야 하며 인터뷰 시 어떻게 주제에 접근하여 정리하여 줄 수 있는지 생각을 해야 한다.

○ 기타 고려사항[104)]

★ 객관성

1. 모든 진술을 진지하게 받아들이고 진실을 찾는 데 전념한다는 것을 설명해야 한다.
2. 기밀 유지 근거를 이미 설정 한 경우에만 면담을 계속 유지해야 한다.
3. 기밀을 약속하지 말고, 알 필요가 있는 사람들과 정보를 공유할 것이라고 대상자에게 설명해야 한다.
4. 다른 인터뷰 대상자가 말한 내용에 대한 정보를 공유하지 말아야 한다(피고인과 면담을 하거나 적대적인 증인으로부터 정보를 얻으려하지 않는 한).
5. 사건이나 인터뷰 대상자의 의견, 의견 또는 결론을 표현하지 말아야 한다.
6. 주제에 대해 계약이나 거래를 하지 말아야 한다.
7. 자신의 잠재적인 편견을 파악하고 인터뷰를 진행하는 동안 그들을 처분함으로써 자기인식을 실천해야 한다.

★ 개발

1. 인터뷰가 특정사건에 관한 것이라면, 누가, 무엇을, 언제, 어디서, 왜, 5개를

104) https://i-sight.com/resources/40-tips-for-conducting-effective-investigation-interviews/ 2018.11.14. 최종검색.

구별해야 한다.
2. 아무것도 놓치지 않도록 연대순으로 진행해야 한다.
3. 사건에 대한 뒷받침이나 의견을 말할 수 있는 증인이나 다른 사람들에 관해 알려야 한다.
4. 사건의 대화를 재현하도록 주제에 대해 말한 대로 순서대로 말해야 한다.
5. 메모, 서류, 전화 메시지 또는 기타 증거를 요구해야 한다.
6. 소문, 목격자, 다른 직접 지식
7. 의견이나 논평 없이 인터뷰에서 밝혀진 내용만 나열하는 자세한 메모를 작성해야 한다.(또는 다른 사람에게 자세한 메모를 작성하시오).
8. 피검사자의 신체언어와 신체적 움직임을 유의해야하지만, 해석은 필요하지 않다. 예를 들어, 피실험자가 발을 빠르게 두드렸지만 피사체가 긴장한 것처럼 보지 말아야 한다.

★ 개요
1. 의심스럽거나 혼란스러운 정보를 다시 피사체에 되풀이하여 올바르게 들었는지 확인해야 한다.
2. 정보를 잘못 듣거나 잘못 해석한 부분을 확인하기 위해 증인을 확보해야 한다.
3. 모호한 점에 대해 명확히 하고 자세하게 설명해야 한다.
4. 사건의 사슬에서 더 많은 사실을 확증하기 위한 후속 질문을 해야 한다.
예를 들어 : 오후 1시에 카페테리아에 있다면, 귀하의 접근카드는 동시에 도서관에 입장을 어떻게 등록 했습니까?
5. 피험자가 회피적 대답을 하거나 회피한 경우, 질문을 다시 말하고 다시 질문을 해야 한다.
6. 인터뷰를 끝내기 전에 공개해야 할 것이 있는지 또는 그들이 물어봐야 할 다른 질문이 있는지를 물어보아야 한다.
7. 마지막 질문에 답하기 전에 피험자가 생각할 수 있는 충분한 시간을 주어야 한다.
8. 가능한 한 반응을 유도하는 도구로서 침묵을 사용해야 한다.

2) 장소의 선택

탐정은 사건을 의뢰받은 뒤에 가능한 빨리 대상자를 인터뷰하거나 심문하게 된다. 인간의 기억은 한계가 있기 때문에 오래가지 않는다. 사건이 발생한 후 가능한 빨리 질문을 받는 사람은 사건에 대한 책임을 줄이기 위해 내용을 날조할 시간이 적어진다. 초기에 질문되어 진 목격자와 협력함으로써 탐정은 질문을 보다 철저히 서두르지 않고 행할 수 있다. 탐정이 인터뷰를 행하는 장소는 다양하다. 범죄현장에서 대화한 사람을 제외하고 목격자(증인은) 그들이 편하다고 느끼는(안정감을 느끼는) 장소에서 인터뷰 되어져야 한다. 이것은 집이나 사무실 일 수도 있다(이상원, 1993). 목격자(증인)가 탐정의 사무실에서 편안함을 느끼거나 그것이 부당한 곤란함을 유발하지 않을 때, 탐정의 사무실을 이용할 수도 있고 필요 시 대상자의 동의하에 경찰서의 인터뷰실을 빌려서 사용하는 것도 가능하다.

적대감을 가지고 대하는 대상자에게 탐정은 심리적인 안정감을 느끼는 장소에서 인터뷰를 요청할 수도 있다. 이러한 장소는 장비가 잘 갖추어진 인터뷰실이다. 인터뷰실은 수수해야 하지만 편안하게 설계되어야 하고 인터뷰 대상자의 주의를 흩트리는 물건들이 없어야 한다.

여기에는 전화도 포함된다. 인터뷰실은 대상자에게 그가 구금되어 있다든가 감옥에 있다는 생각이 떠오르지 않아야 한다. 인터뷰실은 기록하기에 충분한 테이블이 있어야 하고 편안한 의자가 있어야 한다. 인터뷰실은 외부의 소리를 줄이기 위해 방음장치가 되어있어야 하고 가능하다면 방의 온도는 편안한 수준에서 조절되어야 한다. 이것은 후에 대상자를 너무 덥게 했거나 또는 춥게 해서 받아낸 조사라는 불평을 배제할 수 있다.

인터뷰실에는 기록장치, 서류, 인터뷰양식, 재떨이, 다른 필수품이 인터뷰가 시작되기 전에 갖추어 있어야 한다. 또한 문에는 인터뷰 중, "방해하지 말건"이라는 표시가 있어야 한다.

3) 인터뷰의 시작

인터뷰를 시작할 때에 무엇보다 관계의 설립이 중요하다. 관계설립의 방법은 의사소통에서 얻어질 수 있다. 사회적 친교는 관계하는 것에서 각각 다른 것을 잘 알게 하며 관계는 이미 존재하는 것이지만 새롭게 형성할 수 있다.

조사인터뷰는 매우 다른 상황에 대면하게 하는데, 첫째로 관계되는 것을 만나게 하고 피 인터뷰자와 인터뷰를 시작함으로써 인위적인 관계를 가지게 한다. 용의자, 증인, 피해자는 경찰이나 탐정과의 관계에 익숙하질 못하다. 새로운 경험과 주변의 기이한 일들은 피 인터뷰자들을 긴장되게 하고, 불안하게 하고 신경질적으로 만들게 된다. 이러한 상황은 쉽게 사교적으로 되지는 않는다. 시작 전 준비기간이 요구되어지며, 연관이 있는 부분과 지나간 것에 대하여 정보를 얻어서 빠르게 관계를 설립할 수 있다.

유능한 탐정은 가능한 현장과 관련하여 그 사건과 연관이 있는 사람을 인터뷰하여 업무의 능률을 올릴 수 있다. 용의자, 증인, 피해자와의 관계설립 수단은 6가지로 나누어 설명할 수 있다(Brain Ord, Gary Shaw, Tracy Green, 2004).

(1) 처음부터 좋은 인상을 심어준다(첫인상).

가능하다면 탐정은 피 인터뷰자에게 우호적이고 예의바르게 접근해야 한다.

탐정은 총명하고 전문성이 나타나도록 해야 한다. 이것은 신뢰관계를 유지하는데 도움을 주고 피 인터뷰자는 안정감을 느끼게 되며, 탐정은 많은 정보를 입수할 수 있다.

(2) 피 인터뷰자를 한 사람의 인격체로 대한다.

탐정은 인터뷰 받는 자를 한 사람의 인격체로 대하도록 노력해야 하고 성공적인 인터뷰가 되도록 노력해야만 인터뷰의 목적을 달성할 수 있다.

일반적으로 인간은 인격체로 대접을 받게 되면 호의를 가지고 응답하게 된다. 이렇게 됨으로써 인터뷰 받는 자는 인터뷰하는 자와의 관계에서 더 많은 안정감을 느끼게 된다.

(3) 인터뷰 받는 자의 심정(감정)을 이해한다.

증인, 피해자, 용의자에 대한 태도는 조사하는 탐정이 그들의 개인의 인격이나 특질, 조사에서의 역할, 조사하는 문제에 자연스럽게 영향을 받게 된다.

피해자나 증인이 되는 사람은 종종 억압받는 경험에 영향을 받게 되고 조사 상태 하에서 그들은 위협을 받거나 고립되는 느낌을 가질 수 있다. 따라서 인터뷰 받는 자들은 탐정의 존재에 대해 신경질적이고 적대하는 마음을 가질 수 있다. 유능한 탐정은 그런 상황에서 개인의 감정을 어떻게 이해하는지 능력을 개발하며 그들의 행동을 이해해야 한다. 가장 유용한 방법은 인터뷰하는 사람의 감정이입에 대한 능력이다. 감정에 대한 이해의 노력은 개개의 용의자, 증인, 피해자가 특별한 상황에서 느끼는 개인의 인격에 의존되어진다.

탐정은 공정해야 하고 감정이입과 동정을 혼돈해서는 안 된다. 피 인터뷰자에게 미안한 감정을 보이는 것과 그들의 감정을 이해하는 것은 다른 것이다. 탐정은 감정적으로 연루될 것과 같은 피 인터뷰자에게 대한 동정과 가능한 손실을 인터뷰에서 통제해야 한다.

(4) 인터뷰하는 이유의 설명

인터뷰하는 탐정은 피 인터뷰자에게 인터뷰하는 이유를 설명해 주어야 한다.

피 인터뷰자를 인터뷰하는 이유는 그들이 주장하는 사항에 대해 대답할 기회를 주도록 허락하고 피 인터뷰자에 대해 확실하게 깨우치기 위해서이다. 인터뷰시 대답할 기회를 충분히 허락해야 한다. 증인과 피해자 역시 인터뷰하는 이유를 설명하도록 요구된다. 증인과 피해자를 인터뷰하는 이유는 조사에서 문제에 대하여 그들의 지식과 관련된 정보를 입수하기 위해서이다.

(5) 진행에 대한 절차의 설명

피 인터뷰자와의 관계에 따라 조사인터뷰 진행 준비와 윤곽을 기록하며 인터뷰하는 탐정은 진행의 틀에 의해서 인터뷰를 시작한다. 피 인터뷰자에 대한 관심을 가지고 인터뷰하는 동안 정보는 얻어질 것이고 그리고 진행에 대한 설명을 하는데 도움이 될 것이다.

인터뷰하는 탐정은 피 인터뷰자와 인터뷰하는 동안에 비디오테이프나 노트에 기록을 해야 한다.

(6) 인터뷰 형식에 대한 설명

인터뷰하는 탐정은 사람에 대한 관심, 증인, 피해자에 대해 인터뷰형식에 관한 설명을 해야 한다. 인터뷰 받는 자에게 조사되는 문제에 대한 질문의 요구하는 양을 분명히 하기 위해서이다. 인터뷰를 시작할 때 다음과 같은 점을 명심해야 한다.

- 항상 올바른 이름을 사용해야 한다. 나중에 허위의 이름을 사용한 것이 밝혀진다면 신뢰성을 잃게 되고 피 인터뷰자와의 협력이 무효화 될 것이다.
- 피 인터뷰자의 눈을 쳐다보면서 대화를 해야 한다.
- 우호적인 방법으로 피 인터뷰자를 대한다.
- 결코, 목소리를 높여서는 안 된다. 그 순간 인터뷰는 위태롭게 될 것이다.
- 감정적이지 않으면서도 자신 있는 태도를 취해야 한다.
- 인터뷰의 주제에 대하여 멸시, 냉소적, 비웃지 않아야 한다.
- 정중하게, 인내심 있게, 공평하게, 호감 있는 태도로 인터뷰에 임해야 한다.
- 관심을 가지고 상대방의 얘기를 들어주면서 동시에 끈기를 가져야 한다.
- 인터뷰를 이끌어 갈 때 우연적으로 대화의 주제에 접근하도록 하고 의식적으로 노트에 적으려 하지 말고 필요하다면 노트북보다 종이에 접어서 요점만 적도록 해야 한다.

인터뷰하는 탐정은 사건의 본질에 연관된 문제에 대해 직접적인 질문을 해야 하고 관련된 내용과 일치하지 않는 것에 대해서는 방심하지 않아야 한다. 탐정은 "예"나 "아니오"로 답할 수 있는 질문은 금해야 한다. 또 답이 암시되는 질문은 사용해서는 안 되고 복잡한 질문과 진술은 피해야 한다.

○ 질문[105)]

1. 회사에서 근무한지 얼마나 되었나요?
   답이 간단하고 대답하기 쉬운 질문을 함으로써 정답을 정할 수 있다.
2. 다음과 같이 주제를 말로 표현할 수 있는 자유로운 질문을 한다.
3. 다음과 같이 무거운 질문을 피해야 한다. : 당신은 힘든 감독자입니까?
4. 처음부터 예 또는 아니오로 대답할 수 있는 질문을 피해야 한다.
5. 피고인이 유죄라고 생각한다는 비난을 하는 질문을 하지 말아야 한다.
6. 한 가지 이상의 아이디어를 같은 질문에 결합하는 것이 아니라 한 번에 하나의 사실을 다루는 간단한 질문을 제기한다.
7. 당신이 원하는 답변을 묻는 질문을 던지지 않는다.
8. 인터뷰 도중 밝혀진 구체적인 사실을 밝히기 위해 인터뷰가 끝나면 예 또는 아니오 질문을 한다.

4) 진술

진술은 주제에 대해 지식이 반영되는 것이다. 사건이나 상황에서 개인의 진술을 존중하는 방식으로 진행이 되어야 할 것이고 그 내용이 자연스럽게 이해되는 것이 가치 있는 진술이다.

진술의 4가지 방식은 다음과 같다.

(1) 손으로 쓴 진술

이것은 손으로 기재한 진술이다. 진술대상자에 의해 진술전체가 자필로 쓰여졌다면 의심의 여지없이 이상적인 것이다. 그러나 탐정이 진술서를 작성했다면 진술대상자가 읽고 기록한 서명이 필요하다. 그러나 진술서에 난을 채우지 못한 부분이 있을 때 탐정이 문장을 고치거나 삽입했다는 반론이나 주장이 제기 될 수 있다.

105)https://i-sight.com/resources/40-tips-for-conducting-effective-investigation-interviews/ 2018.11.14. 최종검색.

(2) 워드로 쓴 진술

이 방식의 진술은 쉽게 읽고 기재하기가 쉬우며 각각의 부분을 보다 잘 이해할 수 있다. 이 방식은 필요시에 특정부분을 다시 언급할 수 있고 조회하는 것이 가능하고 빠르게 기재할 수 있다.

(3) 문답형식

이 방식은 탐정이 질문하고 대상자가 답을 하는 방식이다. 여기서 탐정은 자기의 질문과 정확한 답이나 다른 질문을 알아채고 움직이기 전에 그 대상이 응수하는 것을 기록하는 것이다. 이 방식은 조사에 효력이 있고 적대시 하는 대상자에 유효하다.

(4) 기록에 의한 인터뷰

묻고 답하는 방식과 유사한 방식으로 탐정에 의해 많이 사용된다. 정당하게 획득된 부분과 그에 대한 논의의 시도가 가능하기 때문에 경찰기관에 의해 널리 사용된다.

5) 인터뷰보고서 작성

좋은 보고서는 한 사람이 다른 사람에게 말할 때 정보의 전달이 잘 되어서 이해가 되도록 해주는 정보의 전달수단이 된다. 보고서를 읽는 사람은 머리속에서 보고서의 내용이 그려져야만 한다. 따라서 보고서는 알아보기 쉽게 이해하기 쉽게 작성되어져야 한다. 탐정은 실질적으로 간결하고, 명확하고, 완벽하게 보고서를 쓰는 능력을 개발해야 한다.

- 보고서는 의뢰인이 요구하는 모든 정보를 포함하고 있어야 한다. 해결책은 보고서를 기본으로 만들어 진다.
- 보고서에는 부여된 임무의 준비와 모든 결과를 기록해야 한다.
- 보고서에는 풍문의 증거가 어떻게 발생하고 발생한 일에 대한 조사관의 일반

적인 생각을 포함시켜서는 안 된다. 그것은 오로지 증언이나 증거에 의해 만들어지게 됨을 명심해야 한다. 만약 일반적인 관념이 요구된다면 그 관념이 명확하고 틀림없어야 한다.

(1) 보고서의 평가

작성된 보고서는 다음과 같은 5가지 방법으로 평가되어진다.

① 이 보고서는 완전한가(완전성)?

보고서에 필요로 하는 모든 정보가 포함되어 있는가? 이것에는 특별한 질문의 답이 요구되어 지는가? 고객이 보고서에 필요로 하고 사용해야 하는 부수적 배경의 정보가 포함되어 있는가?

② 이 보고서는 정확한가(정확성)?

보고서의 내용이 관련사건의 정보와 관련이 있는 것인가?
진술을 기반으로 작성된 보고서가 문법적으로 맞고 철자는 올바른가?

③ 이 보고서는 명확한가(명확성)?

보고서가 논리적으로 쓰여 지고 발생한 일이 순차적으로 기재되어 있는가? 개개의 문법이 명확한가? 진술이 짧다고 필요한 정보의 전달이 안 되는 것은 아니다.

④ 이 보고서는 간결한가(간결성)?

보고서의 내용이 사건과 관련된 사실에 속하는가? 보고서의 내용이 사건과 관련하여 명확하게 잘 나타나 있는가? 내용이 반복되지 않고 같은 문장이 중복되어 있지 않는가?

⑤ 이 보고서는 적절한가(적절성)?

고객에게 조사관의 생각과 사고를 전달하는데 효과적인가? 보고서의 평가는 만족스러운가? 보고서가 만족스럽다는 주장이 고객에 의해서 제기되어야만 한다.

(2) 보고서작성의 5단계(POWER)

보고서작성의 5단계는 조사관들에게 효과적일 수 있다. 효과적인 작성의 단계를 기억하면 조사관들이 보고서를 작성하는데 도움이 될 수 있다.

① 계획(Planning)

이것은 계획에 의한 보고서가 만들어져야 한다는 의미이다. 보고서는 아이디어와 조직적인 사고계획에 의해 만들어져야 한다. 계획은 사실에 대한 생각하는 가능성을 체계화 시켜주며 계획은 그 시간에 한 생각을 집중시키게 해준다. 계획은 보고서가 명확한 표현과 논리적으로 정돈되게 해준다. 계획은 읽는 사람의 시간과 감독자의 시간을 절약시켜준다.

② 조직화(Organizing)

조직적인 보고서는 작성자의 생각을 도와주고 읽는 사람에게도 이익이 되기 때문에 정확한 보고서가 될 수 있다. 정렬되어 있는 문장들은 보고서의 전체흐름에 속해서 정보와 데이터를 구성하게 된다.
조직적인 보고서는 흐름에 의해 결정되고 조사된 부분이 특별한 형식이 아니라면 이러한 흐름에 따라야 한다. 보고서는 표준형식에 따라야 하고 논리적인 전체의 흐름에 따라야 한다.

③ 작성(Writing)

탐정은 계획을 하여 원하는 장소에서 보고서를 어떻게 정리할 것인지를 결정해야 한다. 탐정은 보고서를 작성할 때 다음의 3가지를 고려해야 한다.

- 탐정의 계획은 일관적이고 확고해야 한다. 계획이 확고하다면 그 틀을 벗어나서는 안 된다.
- 하나의 부분에 핵심내용을 집중시킨다.
- 보고서를 작성하고 나서 다시쓰기 시작할 때 보고서를 다 쓴 후에 읽어서 반복된 것을 발견하거나 수정할 것이 나타나면 다시 고쳐서 작성해야 한다.

④ 평가(Evaluating)

실질적인 기본요소를 바탕으로 잘 작성된 보고서는 평가되어진다. 평가는 보고서에 이익을 주게 되는데, 보고서를 작성하는 능력은 물론이고 작성된 보고서는 평가를 요구받게 된다.

장래에 보고서를 개선하여 작성하려면 탐정은 명확하고 객관적으로 볼 수 있는 능력이 필요하게 된다. 적절히 개선된 개개의 보고서는 탐정의 작성능력이 향상되었음을 나타내는 것이고 읽는 감독자에게도 이익이 됨을 의미하는 것이다.

⑤ 개정 및, 교정(Revising)

보고서를 교정할 때 편집한다고 말하지 않는다. 이것은 소수의 언의의 변화와 관련되는데, 단어가 명확하고 간결하고 효과적으로 더해지는 것이다. 보고서는 가능한 적은 단어로 단축해야 한다.

논리적인 아이템, 단어들, 문장들을 더하거나 단어를 바꾸어서 공식적으로 정확하지 않는 일반적인 개념과 사실이 포함됨이 없이 보고서는 작성되어져야 한다.

조사는 사람에게 항상 마음을 열고 행해져야 하고 보고서는 설명적이어야 하고 보고서는 사실을 기반으로 이루어져야 한다. 가끔, 탐정들은 보고서를 구두로 불러서 만드는데, 구두의 보고는 윤곽이나 기록의 간결한 채비에 의해 관념에 영향을 줄 수 있다.

〈사진 32〉 인터뷰

자료 : 구글 private investigator interview pictures.

제4절 정보수집 활동

1. 정부수집 활동의 의의와 중요성

탐정분야에서 정보수집 기법이란 어떤 사실을 조사하거나 정보를 수집하기 위해서 일반인이나 조사대상자를 대상으로 특정사건 또는 특정사실에 대하여 견문 또는 직접 체험한 사실을 탐지하기 위하여 탐정이 행하는 정보수집 활동을 말한다.

정보수집 활동은 탐정의 정보나 조사자료의 수집활동 중 가장 전형적인 방법이고 중요한 조사활동이 되는데, 탐정이 어느 정도 기술에 숙달되고 있는 가가 탐정의 사실조사활동 성패의 중요한 관건이 된다(이상원 · 김상균, 2005a).

정보수집 활동은 동기, 대상자의 선정, 상황파악, 가족관계, 사회활동, 학력, 친구관계, 종교관계, 심지어 범행도구의 입수부터 장물의 처분, 그 후의 동정에 이르기 까지 모든 것이 정보수집활동의 대상이 된다.

2. 정보수집의 심적대비와 준비

탐정은 정보수집 활동을 하기 전에 다음과 같은 심적대비가 필요하다.

1) 정보수집 활동 시의 심적대비

(1) 성실성

정보수집 활동을 함에 있어서 성실한 태도, 열의 있는 설득, 진심으로 의뢰한다는 태도 등이 무엇보다도 좋은 성과를 가져온다.

(2) 인내심과 열의

상대방이 불필요한 말만 되풀이 하거나 비협조적일 때는 조급하게 결론을 얻으려하지 말고 상대방의 말을 끝까지 듣거나 면접을 반복하는 등 인내심과 열의를 가져야 한다.

(3) 인격존중

정보수집 활동 시에 항상 상대방의 인격을 존중해야 한다. 상대방의 협력을 얻기 위해서는 사회적 지위 여하를 막론하고 항상 대등한 인격관계를 가지고 대해야 한다.

(4) 냉철하고 온화한 태도

탐정이 예의를 갖춰서 협력을 요청하였음에도 불구하고 상대방이 시비를 걸어오는 경우도 있는데, 이럴 때는 항상 냉철하고도 온화한 태도를 취해야 한다.

(5) 유혹에 주의

정보수집 활동 시에 상대방과의 접촉이 그의 주택 등에서 행하여지는 경우가 많으므로 탐문 시 부정한 유혹에 넘어가지 않도록 의연한 태도를 가지는 것이 중요하다.

2) 평상시의 정보수집

(1) 평소의 준비

탐정은 평소에 정보수집대상이 될 만한 사람이나, 장소, 대상업자 등의 기초자료를 조사, 정비해 두고, 필요시 신속한 활동을 행할 수 있도록 해야 한다.

(2) 원활한 대인관계

정보수집 활동은 상대방의 협력에 의해 목적을 달성할 수 있는 활동이다. 이러한 활동은 탐정과 대상자와의 인간관계가 효과를 좌우하는 것이므로 평소에 모든 분야에서 만나는 사람들과 인간관계를 잘 유지해야 한다.

3. 정보수집 활동 시 유의사항

1) 관찰력과 판단력의 함양이 필요하다.

상대방이 이야기 할 때는 그 사람의 심리작용은 안색, 표정 등에 나타나는 것이므로 그것을 정확히 관찰하여 내용의 진위와 마음의 동요 등을 간파할 수 있는 판단력 함양에 노력해야 한다.

2) 정보근원의 직접 확인이 필요하다.

탐정활동에 의해 얻어지는 정보는 간접적인 경우가 많아 정보의 와전이 예상되므로 될 수 있는 한 직접 경험한 자를 찾아 확인해야 한다.

3) 연쇄적 정보수집의 실시가 필요하다

하나의 사실이 정보수집에서 얻어졌을 때에 그에 관련된 모든 사실에 대하여 신속하게 활동을 행하여 조사의 선을 확대해야 한다.

4) 상대방의 사정을 이용 한다

영업상의 경쟁, 갈등관계 등 상대방의 사정을 이용하는 것은 정보수집 활동에 있어서 매우 효과적이지만, 이때 정보의 신용성에 대해 유의해야 한다.

5) 수집된 정보내용의 가치를 판단 한다

악의에 차있는 자가 경쟁상대방에게 피해를 입히고자 고의로 허위의 정보를 제공하는 사례도 있으므로, 정보수집 활동이 종료된 후에는 탐문에 의해 얻어진 정보를 다각적으로 검토하고 정보의 신뢰성을 판단해야 한다.

11장 감시

제1절 감시의 목적

감시는 문제의 사람들과 대상들의 행위, 신분 그리고 관련정보를 얻기 위하여 사람, 장소, 물건들을 계속 관찰하는 과정이다(체제적인 관찰). 감시는 고정되어 있을 수도 움직일 수도 있다.

감시자는 감시대상자에 의해 자행되는 행동을 자신이 본대로 기록해야 한다.

보통 감시는 사람을 대상으로 한다. 그러나 장소와 사물은 그것들이 사람이나 임무에 관련된다면 감시될 수 있다. 또는 어디에서 발생했는지를 보여 준다.

대부분의 감시는 비밀리에 행해진다. 그러나 공개적인 감시도 때때로 사용된다. 공개감시는 대상자로 하여금 관찰되는 것을 알게 하는 것이 유익할 때 사용된다. 예를 들면, 자신이 미행당하고 있는 것을 알고 있는 신경질적인 감시대상자는 흥분할지도 모르며 또한 감시되는 동안에 자기상사와 접촉할지도 모른다. 감시의 목적은 다음과 같다.

- 범죄를 예방하거나 예방하기 위한 노력의 일환으로
- 물리적인 체포를 하기 위하여 또는 체포나 수색영장을 발부하는데 충분한 증거를 획득하기 위해.
- 용의자나 수배자의 위치를 알아내어 체포하기 위해.
- 거주지나 연락장소 또는 감시대상이나 그와 빈번한 접촉을 하고 있는 사람들의 다른 장소를 찾아내기 위해.

- 알려진 범인과 용의자와의 관계를 확인하기 위해.
- 정보제공자와 그의 정보에 대한 신뢰성을 확인하기 위해.
- 도박장이나 비행기구에 대한 수색을 위한 준비를 하기 위해.
- 체포를 하거나 인질로 잡힌 사람을 구출하기 위한 최선책을 결정하기 위해.
- 실종인이나 도주하는 성인이나 청소년들의 위치를 알아내기 위해.
- 인터뷰나 신문에 대한 배경정보를 확보하기 위해.
- 여러 가지 범죄나 비밀활동의 본부나 범죄거래를 위한 공급장소, 장물을 사들이는 곳, 비윤리적인 사업자의 위치를 찾아내기 위해.
- 인명과 장소와 물건을 보호하기 위해.

제2절 감시를 위한 준비

감시와 비밀활동 기능은 용의자의 활동과 관계에 관해서 알기 위해 사용된다. 이들 기능이 성공적으로 되기 위해서는 이들 기능을 수행하는 탐정들은 훈련되어지고 경험이 필요하다.

감시를 위한 기본지침으로는 다음과 같은 것이 있다.[106)]

- 사무적인 태도로 움직여라.
- 자연스럽게 행동하고 멜로드라마 같은 행동은 하지 말라.
- 엉터리 같은 변장은 하지 말라.
- 대상자의 "감시여부시험"을 계속 경계하라.
- 감시를 위하여 충분하게 준비를 해야 한다. 특히 어느 정도 머물러야만 하는 주된 장소에서는 더욱 그러하다.
- 어떤 지역에서 감시를 하는 동안 머무는 그럴 듯한 이유를 준비하라.
- 돈과 물품 등을 충분히 준비하라.

106) 경찰에서는 주로 미행이나 은신·파수 등의 용어로 사용되고 있다.

- 직접적인 눈과 눈 접촉을 하지 말라.
- 다른 탐정들과 본부와의 적절한 통신연락망을 준비하라.

감시에 착수하기 전 가능한 한 그 대상에 대한 많은 배경정보가 필요하다. 감시대상의 자동차, 정확하고 자세한 특징묘사, 습관, 버릇 그리고 그가 알고 있는 사람 즉 교제범위, 친구, 잘 가는 장소 등에 대하여 알 수 있게 해 줄 다른 모든 정보의 원천과 자신의 기록체계의 파일을 점검해야 한다.

가능하다면 대상자의 최근사진을 확보하여 일반적인 모습과 독특한 모습에 익숙하도록 노력한다. 만약 대상자를 계속 감시하여 특정장소나 일반적인 지역에 관한 정보가 더 있다면 그 지역에 대하여 완전히 익숙해져야 한다. 거리의 지명, 관련 장소 그리고 지역의 윤곽들에 대해서 알고 있어야 한다. 그 지역에서 감시를 하도록 도와줄 사람이나 정상적인 방법으로의 감시가 소용이 없을 때는 본부에서 정보를 전달하여 지원해 줄 사람의 신분을 확인하기 위하여 기록과 다른 조사관들을 점검함이 좋다.

감시의 대상이 한 장소라면 출구, 입구 그리고 유리한 장소를 찾아내고 이웃의 평판을 조사해야 한다. 조사관은 환경과 어울리기 위해 어떤 옷을 입고 어디에서 감시해야 될지를 알게 된다. 탐정은 그 지역에서 다른 사람들이 입는 것과 유사한 옷을 입어야 한다. 그렇게 함으로써 대상자가 탐정을 보더라도 그의 주의를 끌지 않을 것이다.

탐정의 모습에 영향을 주는 것이 옷에 있어서는 안 된다. 신분이나 회원을 나타내는 반지나 보석을 착용하지 말아야 한다. 탐정의 코트나 주머니가 불룩하다면 그것은 무기를 휴대하고 있다는 것을 알리는 것이다.

탐정이 허위경력(Cover Story)을 사용한다면 그것은 복장, 언어, 버릇에 확실히 맞추어야 한다. 허위경력이 사용될 때는 기술이 좋아야 한다. 대상자와 마주칠 때 정보를 제공해서는 안 된다. 대상자가 정보를 감지하고 당신을 폭로시키려고 노력할 수도 있다.

기술적인 감시장치는 탐정에게 매우 유용할 수 있다. 이들 장치들은 녹음기와 마이크로폰은 물론 대상자의 옷에 몰래 숨겨놓고 멀리서 수신장치로 들을 수 있는 소형장비에 이르기까지 다양하다. 이들 장치들은 대상자가 있는 곳을 대략적으로 알게 해준다.

탐정이 어떤 유형의 감시장치를 사용하기 전에 법률전문가의 조언을 꼭 받아야 한다.

〈사진 33〉 감시장비

자료: 구글 private investigator pictures.

제3절 감시의 유형과 방법

1. 감시유형

2가지 일반적인 감시유형이 있는데, 이동감시(mobile surveillance)와 고정감시(fixed surveillance)이다.

이동감시는 통상 미행이나 그림자처럼 따라 다니는 것으로 알려져 있다. 이동감시는 도보나 차량에 의해 수행된다. 또는 그 2가지의 결합일 수도 있다. 그 선택은 대상자의 움직임에 달려 있다.

고정감시는 잠복근무로 알려져 있다. 잠복근무는 대상자가 머물러 있을 때 또는 모든 중요 정보가 한 장소에서 얻을 수 있을 때 사용된다. 그러나 잠복에 있어서 감시자는 자동차에 머물거나 유리한 한 지점에서 다른 지점으로 움직일 수도 있다. 감시자는 그 지역이나 대상에 관해 더 가까이서 관찰하기 위해 주위로 움직일 수 있다. 출구가 1개 이상이면 감시자는 그 출구를 감시하기 적절한 곳으로 이동해야만 한다.

〈사진 34〉 이동감시

자료: 구글 private investigator mobile Surveillance pictures.

2. 감시방법

3가지 기술적인 감시방법이 있다. 느슨한 감시, 밀착 감시, 그리고 그 2가지를 결합한 방법이다.

느슨한 감시는 대상자를 불시점검 하는데 사용된다. 또한 대상자에 대해 장기간 정보를 수집하는데 사용할 수 있다.

감시자는 대상자에 의한 행동이나 접촉 때문에 느슨한 감시에서 밀착 감시로 전환할 필요가 있다. 또는 도박장으로 알려진 장소가 밀착 감시 하에 있다면 느슨한 감시는 그 장소를 자주 방문하는 사람들에 대해 동시에 행해질 수 있다.

〈표 25〉 감시방법

감 시 방 법		
느슨한 감시	밀착 감시	결합 감시
이따금씩 대상자를 감시: 필요한 정보는 대상자의 활동에 대해 한 면을 감시함으로써 구할 수 있다.	지속적으로 대상자를 감시 : 필요한 정보는 대상자의 활동을 한 면 이상으로 감시함으로써 단편적으로 얻게 된다.	느슨한 감시와 밀착감시 : 대상자를 분리하여 병행하거나 한 대상자에 대해 차례로 감시함으로써 더 많은 정보를 획득함.

제4절 감시계획수립

1. 감시계획

감시는 계획되어져야 한다. 계획은 공식적인 개요(formal outline)나 서면상의 개요가 필요한 것은 아니다. 계획은 준비되어져야 하고, 각 감시자는 각 운용단계를 습득해야 한다. 그것은 행위의 조정일 수도 있다. 2명 또는 그 이상의 감시자의 행위는 항상 조정되어야 한다. 그것은 행위의 서로 다른 방향을 포함한다. 감시자로 하여금 상황변화에 부드럽게 적응하도록 대안을 세워야 한다.

만일 허위경력이 활용된다면 그것은 감시자의 복장과 장비에 의해 뒷받침되어야 한다. 교신은 작전의 성공을 위해 조정되어야 한다. 무선교신은 차량감시에 필요하다. 그것은 가끔 감시의 다른 형태를 위해 유용하다. 신호는 도보감시를 위해 메시지를 재연하도록 정해져야 한다. 전화교신 역시 특히 감시자의 행동이 드러나지 않도록 할 필요가 있다면 정해져야 한다.

계획에는 장비목록이 포함되어야 한다. 장비목록은 각 운용의 필요성에서 만들어진다. 그들은 무선통신, 무기 그리고 차량을 포함하는 기본적인 것이다.

여기에는 감시장치, 목표물 획득장치, 야간관찰 감시장치(STANOD)를 포함하는 상당히 전문적인 것도 있다.

만약 감시자가 지정된 장소에서 감시할 수 없다면 그들은 감시장소로 사용할 위장된 차량이나 트럭이 필요할 수 있다. 이들의 필요는 계획에 있어야 한다.

감시자는 장사꾼이나 고물수집상, 전화수리공 또는 신문가판원으로 위장할 수 있다. 그들은 특별한 주의를 끌지 않는 어떤 직업을 가진 것처럼 가장할 수 있다. 그러나 그렇게 하기 위해서는 올바른 장비나 공급품이 필요하다.

계획에는 쌍안경, 전기보조장치, 카메라, 음성기록장치, 손으로 조작해야 할 그 외의 장치가 포함되어야 한다. 거기에는 본부와 교신할 수 있는 방법이 세워져야 한다. 계획에는 감시자의 긴장을 풀게 할 수 있는 대책도 포함되어야 한다. 감시계획에는 다음과 같은 사항을 고려하여야 한다.

1) 계획

감시는 살아있는 인간체스게임과 비교 될 수 있다. 때로는 전략을 두세 가지 사전에 계획해야하며 때로는 상대방이 특정방식으로 반응하도록 하는 특별한 조치를 취해야 한다. 다음은 감시 계획을 세우는 동안 전문가가 따르는 몇 가지 일반적인 단계이다(Chuck Chamber, 2005: 193-196).

(1) 가장 논리적 방법을 선택해야 한다.

감시의 경우 모든 경우가 다르다. 대상 및 경로에 따라 자동차, 자전거, 도보 또는 이들의 조합으로 감시를 수행할 수 있다. 자동차가 가장 먼저 선택되어야 한다. 평범한 유형이라면 자동차가 가장 일반적이다. 복잡한 지역(장소)의 경우 트렁크의 접이식 자전거가 다른 차량이 들어갈 수없는 곳으로 들어갈 수 있다.

(2) 일찍 출발해야 한다.

이른 아침 약속을 정하면 집을 먼저 나가야 한다. 당신은 감시 대상의 정규루트를 따라 미행을 해야 한다.

(3) 시간적 여유를 가져야 한다.

당신은 대상자, 대상자의 배우자, 자녀가 정상적인 퇴근시간 전에 퇴근하는 경우 간단한 트릭을 통해 퇴근시간을 확인할 수 있다. 먼저 초침이 있는 싼 시계를 사라. 밴드를 제거하고 케이스를 희미하게 하기 위해 표시를 한다. 이 시계는 감시 대상자의 차 뒤쪽 바퀴 아래에 놓고 감시대상자가 사라지면 자동차 타이어가 시계를 부러뜨려 그 시간을 알려준다. 당신이 깨기 전에 그 사람이 떠난다면, 이것은 감시 시간과 전술을 수립하는데 도움이 될 것이다. 감시대상자가 오전 7시에 움직여야 하는데 그 시계는 감시대상자가 오전 5시에 나간다는 것이 시계에 표시되면 작업하기 2시간 전에 그 사람이 무엇을 하는지 알아내야 할 수도 있다.

(4) 일정표를 확인하고 미행을 해야 한다

먼저 날짜, 달력 및 주소록을 확인한다. 치과진료예약이나 사업 오찬과 같이 감시 대상자가 예정된 목적지 중 하나에서 미행을 시작하도록 계획해야 한다.

(5) 보통의 경로(자연스러운) 또는 위치에서 미행을 하라

다른 교통량이 도로에 합류할 때, 학교 또는 직장으로의 일상적인 운전에 대한 표시가 떨어지는 것은 자연스러운 현상이다. 이러한 곳에서 미행을 하는 것은 자연스러운 것이다. 당신은 감시대상자의 일정에 대한 조사 또는 개인지식을 바탕으로 버스정류장이나 친구의 집에서 미행을 해야 한다. 또한 가능한 경우, 학교, 직장, 체육관, 레스토랑 또는 기타 공공장소에서 그들을 미행할 계획을 세워야 한다. 준비의 일부로 다음 단계를 고려해야 한다.

• 감시대상자의 차량을 연구해야 한다.

어떤 감시를 실시할 때, 당신은 당신의 감시대상자가 운전할 차량을 철저히 알고 있어야 한다. 야간감시가 가능할 때, 표적의 차량의 라이트에 작은구멍을 꽂기 위해 얼음 픽을 사용하는 경우도 있다. 당신이 교통량이 많거나 혼잡 한 도로에서 그들을 따라 다니는 경우 이 작은구멍은 다른 미등사이의 밝은 신호처럼 눈에 띈다. 이것은 분명히 당신 앞에서 멀리 떨어진 거리에서도 차량을 식별하는데 도움이 된다.

• 경로를 검토해야 한다.

감시대상자가 직장, 학교 또는 시외에 있음을 알고 있는 동안 배우자, 십대 또는 지저분한 사업파트너가 따르는 실제경로를 이용할 수 있다. 감시대상자가 지나갈 경로를 예측해야 한다. 그 또는 그녀가 직장에서 오는 경우, 대부분의 트래픽(교통체증)을 피하고 가장 많은 시간을 절약할 수 있는 지점 A에서 지점 B까지 가장 편리한 방법을 찾아야 한다. 또한 여행할 경로에 대해 잘 알고 있으면 길에서 일방통행이나 병목현상이 발생하는지 알 수 있다.

현장검토에서 배우자나 십대가 직장이나 학교와 같은 장소로 가는 길을 멈출 수 있는 곳을 예측해야 한다. 감시대상자인 배우자가 커피를 마시고 패스트푸드 체인점에서 자주 멈출 수 있다. 이러한 위치를 파악하면 사전에 습관과 패턴을 예측하는 데 도움이 된다.

현장검토는 특히 의미가 없는 움직임에 주의해야 하기 때문에 특히, 중요하다. 감시대상자인 배우자가 집에서 직장으로 운전하는데 사무실로 가는 방향이 달랐다면 직장으로 향하지 않음을 알 수 있다.

2) 준비사항 및 준비물[107)]

(1) 쌍안경

쌍안경세트는 필수적이다. 그것은 비싸지 않아도 된다. 감시를 할 때 자신을

107) Chuck Chamber, 2005: 203-205.

감추는 가장 좋은 방법 중 하나는 당신과 감시대상자 사이의 거리를 유지하는 것이다. 즉각적인 인식영역이 있고 감시목표에 가까울수록 주의를 끌거나 식별될 가능성이 높다. 이 경우에 사용할 수 있는 가장 좋은 유형의 쌍안경은 최소 8배의 배율로 작은 것이다. 그것은 누군가가 당신의 차량에 접근할 때, 자켓주머니에 쉽게 은폐될 만큼 작다. 돈의 여유가 된다면 내장형 디지털카메라로 구입할 수 있다.

〈사진 35〉 쌍안경

자료: 구글 private investigator equement pictures.

(2) 카메라

좋은 카메라는 훌륭하지만 간단하고 사용하기 쉬운 카메라로 촬영할 수 있다. 필름카메라는 구멍에 손가락을 넣고 버튼을 누를 수 있다. 당신은 카메라의 테스트를 통해 작동하는지 확인하여야 한다. 당신은 카메라 장치에 새 배터리가 있어야하지만 여분의 배터리가 있는지 확인해야 한다. 백업카메라를 가지고 있다면 훨씬 좋다.

〈사진 36〉 카메라

자료: 구글 private investigator equement pictures.

(3) 비디오카메라

감당할 수 있다면 손바닥 크기의 디지털 비디오카메라가 가장 좋다. 이것은 소형 8mm캠코더가 될 것이며, 마지막은 VHS 캠코더가 될 것이다. 그러나 이것들은 더 크고 관심을 끌기 쉽다. 넥타이에 착용할 수 있는 1/4 크기의 비디오카메라가 있다. 동료탐정은 희미하게 빛난 칵테일 라운지에서 표적과 그의 연인사이의 깊은 키스세션을 실시간으로 촬영하기 위해 이 중 하나를 사용했다.

〈사진 37〉 비디오 카메라

자료: 구글 private investigator equement pictures.

(4) 마이크로 카세트테이프 레코더

감시를 수행할 때 최대한 많은 메모를 작성해야하기 때문에 이 방법이 유용할 것이다. 당신은 날짜, 시간, 옷의 색깔, 주소, 차량묘사 및 기타 세부사항을 문서화해야 한다. 감시도중 메모장과 펜이 있는지 확인해야 한다.

(5) 청력증폭기

이 장치는 소리를 20배 증폭한다. 귀마개와 함께 셔츠 주머니에 담을 수 있는 트랜지스터라디오처럼 보인다. 이 기계는 30피트의 속삭임을 들을 수 있다.

(6) GPS 휴대전화

일반 휴대전화를 최소한 가지고 있어야 한다. 그러나 GPS 휴대전화가 더 저렴해지고 있으므로 배우자를 추적하는데 도움이 되도록 GPS 장치를 사용하는 것이 좋다. 개인용품 비상사태와 결합된 차량추적에는 다음과 같이 준비해야 한다.

- 식량과 물
- 개인의약품
- 시계
- 날씨와 시간대에 맞는 적절한 옷차림. 차가운 곳에서 일하는 경우에는 눈치채지 않고 계속 차를 세울 수 없기 때문에 따뜻한 옷을 입어야한다.

(7) 기타 준비물[108)]

- 작은 손의 거울. 표적이 멈추면, 또 다른 트릭은 작은 손의 거울을 들고 표적에 등을 대고 거울에서 감시대상자를 관찰하는 것이다.
- 햇빛에서 미행한다면 선글라스와 모자
- 소음을 최소화하는 편안한 신발, 가방, 클립보드, 개 가죽끈, 동물 포스터

108) Chuck Chamber, 2005: 210.

〈사진 38〉 기타 준비물

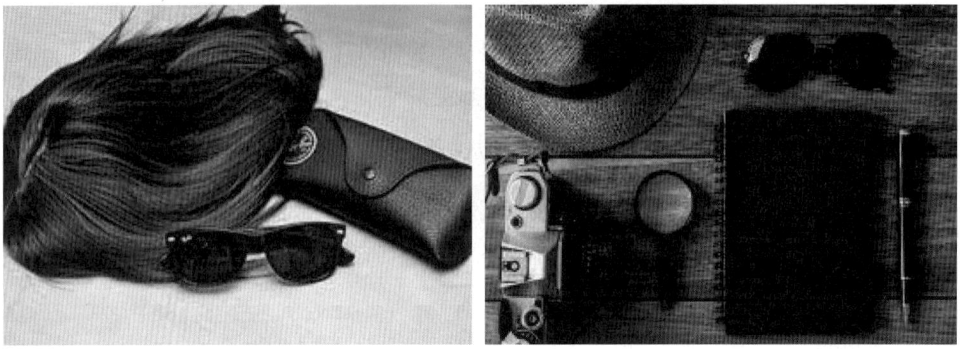

자료: 구글 private investigator equement pictures.

2. 자격

감시자는 기술, 경험 그리고 지략으로 선택되어 진다. 그들은 관찰과 기술(묘사)에 정통해야 한다. 감시자는 또한 인내심이 있어야 한다. 그렇지 않으면 그들은 초조해지거나 낙담하게 된다. 그들은 감시대상자의 행위를 정확히 설명할 수 있도록 가능한 한 조사에 관해 많은 것을 배워야 한다.

감시대상자의 체포가 정당화되는 범죄를 범할 때를 대비해 다양한 범죄의 증거요소를 알아야 한다. 그들은 범죄자를 체포하기 위해 너무 서둘러서는 안 된다. 감시자는 피해자에게 신체상의 해를 끼치지 않는다면 범죄가 완료될 때까지 감시 하에서 감시대상자를 주시해야 한다. 감시를 계속하게 되면 모든 범죄요소가 행해진 뒤에라도 역시 대가가 있을 수 있다.

통상 감시자는 눈에 띄는 신체적 특징이 없는 평균의 신장과 체중을 지녀야 한다. 감시유형과 감시해야 할 장소는 감시의 선택에서 결정된다.

3. 대비책

2가지 위험에 직면한 감시자는 몇 주간 또는 몇 달간의 준비를 쓸모없게 할 수도 있다. 하나는 발각당할 위험이고 다른 하나는 결정적인 시기에 대상자를 놓치는 일이다. 심지어 가장 경험 많은 탐정조차도 속임을 당하거나 감시대상자를 놓칠 수 있다.

탐정은 접촉하는 감시 대상자와 직접적인 시선을 피해야 한다. 이것은 탐정의 얼굴을 직접 대면·접촉한 감시대상자가 후일 필요할 때 탐정의 얼굴을 상기시키는 것을 막아줄 것이다. 때때로 감시대상자와 떨어져서 감시하는 것이 그에게 의심을 불러일으킬 수 있다. 그런 일들이 일어날 때 대상자 너머로 초점을 맞추는 것이 좋다. 이것은 눈 접촉을 하지 않고서도 눈 대면의 효과를 줄 것이다. 갑작스럽거나 부자연스런 움직임은 감시 대상자의 시선을 끌 수 있다. 감시대상자는 빈번하게 자신이 감시당하는지를 알아보기 위해 시험해 볼 수 있다.

감시대상자가 의심을 해오면 탐정은 주의해야 한다. 감시대상자가 갑자기 걸음을 멈추거나 길모퉁이를 돌거나 하는 경우에는 탐정은 계속해서 대상자를 지나 걸어야 하고, 감시대상자가 갑자기 걸음을 멈추고 가게 창문을 쳐다본다면, 감시대상자는 창문에 반사된 탐정을 바라볼 것이다. 이때는 버스시간표를 확인한다거나 지나가는 사람에게 간단히 물어본다거나 타이나 구두끈을 만지는 척해야 한다. 중요한 것은 항상 우연하게 마주친 것처럼 무관심하게 행동해야 한다는 것이다.

탐정은 빨리 길을 바꾸어 보든지 또는 대중교통 수단이나 공공건물로 들어갈 수도 있다. 탐정은 재빨리 반응을 해야 하지만 자연스럽게 이들 움직임에 반응해야 한다. 그가 미행당하고 있다는 의심을 갖게 하는 것보다는 차라리 감시대상자의 모습을 놓치는 것이 더 낫다.

경험이 많은 탐정은 종류별 옷을 준비하고 환경에 어울리는 옷을 고를 것이다. 원활한 업무 수행을 위하여 캐쥬얼, 양복, 셔츠, 넥타이를 항상 준비해야 한다. 업무 수행 시 다소 온화하고 주의를 끌거나 눈에 띄지 않는 평범한 복장을 갖추어야 한다.

만약 평상복을 입고 감시를 하고 있다면 변장을 않는 것이 좋다. '미행'을 할 때는 자연스럽게 하고 안경이나 색안경을 쓰거나 당신과 감시대상 간의 거리를 다양하게 하는 것이 유리하다는 것을 알게 될 것이다. 그러나 멜로드라마에서 나오는 '사설탐정'같은 행동은 금해야 한다. 감시자로서 성공을 하기 위한 열쇠는 가능한 주의를 끌지 않고 자연스럽게 상황에 적응하는 것이다.

호텔, 극장, 식당, 엘리베이터 그리고 대중교통 수단은 탐정에게 특별한 문제로 난처하게 만들 수 있다.

버스, 택시, 식당 또는 공중전화를 이용하기 위한 잔돈을 충분히 준비해야 한다.

탐정은 감시대상자가 호텔이나 극장에 들어갈 때 감시대상자 가까이서 움직여야 한다. 식당에 들어갈 때는 감시대상자의 뒤쪽에, 탐정이 대상자를 쉽게 볼 수 있는 곳에 자리를 잡아야 한다.

빨리 준비가 될 수 있는 커피나 음식을 주문해야 한다. 감시대상자가 탐정이 음식을 제공받기 전에 떠날 수도 있다. 음식은 쉽게 서둘러 먹을 수 있도록 해야 한다.

감시대상자가 엘리베이터를 이용한다면 층 버튼을 누르지 않던지 또는 꼭대기 층 버튼을 눌러야 한다. 그렇게 함으로써 탐정은 감시대상자를 따라 나갈 수 있다.

감시대상자가 철도역이나 버스정류소로 들어간다면 그의 목적지를 충분히 알 수 있을 만큼의 간격을 유지함으로써 탐정요원은 매표원과의 대화를 엿들을 수 있을 것이다.

감시대상자가 무엇인가를 버린다면 그것을 찾아서 습득해야 한다.

감시대상자가 사용한 떼어서 쓰는 묶음 종이철(pad) 쓸 때 눌린 자국이 남아 있을 지도 모르는 밑의 종이를 획득하는 것이 좋다.

감시대상자가 공중전화 박스에 들어간다면 다음 박스에 들어가서 대화를 엿듣도록 노력해야 한다. 감시대상자가 누군가가 뒤따르는가를 알기 위해 전화거는 척 할 수도 있다. 탐정이 감시대상자의 옆 전화박스에 들어갔다면 전화를 거는 척만 해서는 안 된다. 탐정은 필요한 동전을 넣고 번호를 누르고 대화하는 시늉을 해야 한다.

탐정은 감시대상자가 탐정 쪽을 여러 번 힐끗 본다면 탐정이 속고 있다고 믿는 경향이 있다. 이것을 극복해야 한다. 보통 자신이 감시당하고 있다고 생각하는 사람은 탐정을 괴롭히거나 놓치게 하는 행위를 취함으로써 자신의 신념을 보이려 한다.

감시여부를 확인하기 위한 방법에는 여러 가지가 있다. 감시대상자가 명백한 이유 없이 갑자기 멈추거나 주위를 돌아볼 수도 있고, 갑자기 방향을 바꿔 뒤로 돌아와서 탐정을 만날 수도 있다. 만약 이러한 상황이 발생한다면 탐정은 발견되었기 때문에 만약 교체가 가능하다면 교체되어야 한다. 감시대상자는 잠깐 택시를 타거나 한두 블록 정도 버스를 타고는 멈춘 후에 다시 움직이기 전에 내릴 수도 있다. 또한 가게집의 유리창으로 '미행'을 지켜볼 수도 있다. 탐정을 괴롭히기 위하여 감시대상자는 어떤 중요하지 않은 종이조각을 버리고는 따라오는 사람이 그것을 집기 위하여 몸을 구부리는지를 주시할 것이다.

제5절 감시기법

많은 감시기법이 있다. 탐정이 시간적 여유가 있고 대상자가 판에 박힌 수법을 사용할 때 아주 유용한 것으로 알려진 감시의 한 기법은 점진적(progressive)인 감시이다. 대상자는 하루 중에 어떤 시간동안 또는 매일의 판에 박힌 시간 중에 한 면에서 감시되어진다.

또 감시부분은 기록되어진다. 다음날의 감시는 전날의 감시 부분에서 골라진다. 이런 과정은 감시대상자의 행위가 완전히 다루어질 때까지 되풀이되어진다. 탐정이 경험을 얻게 됨에 따라 여러 가지 기법을 사용할 것이고, 이들을 결합하는 법을 배우게 되고 그것을 응용하게 된다.

감시유형과 위험의 정도와 업무에 할당된 탐정의 수에 따라 어떤 기법을 사용할 것인가가 결정된다.

1人 감시는 감시자에게 위험을 수반한다. 감시대상자 및 그의 호위요원 혹은 동료들은 감시자를 중립화시키려고 하거나 물리적으로 제거하려고 노력할지도 모른다. 주요감시자를 지원하고 보호하기 위한 준비로써 보조자를 두는 것이 현명하다. 어떤 기본적인 기법이 차량감시를 변형시킴으로써 도보감시에 사용될 수 있다. 이들 1人, 2人, 3人 감시기법이 감시자를 도보감시에서 차량감시로 그리고 역으로 전환할 수 있게 해준다. 모든 것을 도보로만 가는 사람은 없고 차를 타고서 모든 행선지를 가는 사람도 없다. 감시의 두 유형은 때때로 결합되어야 한다.

1. 도보감시

1) 준비사항(개인변장)109)

도보로 감시하는 경우 신원을 숨기기 위해 얼마나 멀리 있어야 하는지 알 수 없다. 그러나, 나무와 건물 뒤에 숨어있는 것은 선택이 아니다. 감시대상자가 당신을 알게 된다면, 당신은 실제로 자신을 위장하거나 감시대상자를 잃을 확률이 증가된다. 개인의 외모를 바꾸는 방법 :

- 옷 가게를 방문하라. 남성이나 여성의 흉터, 가발, 얼굴 털, 가짜 목발이나 지팡이 같은 흉터와 같은 외모를 찾을 수 있다.

109) Chuck Chamber, 2005: 211.

- 유행이 지난 스타일 옷, 신발, 외투 및 기타 소품의 경우 중고품 점을 방문하라. 그러나, 주의를 끄는 극단적인 소품은 준비하지 말아야 한다.
- 나이를 바꾸어라. 나는 약 38살 이었지만 지팡이, 회색가발, 그리고 내 허리 주위에 채워진 약간의 패딩은 20년 정도 나를 "늙은이"로 변화시킬 수 있다.
- 걷기를 바꾸고 외모를 개조하라. 절뚝거리는 것을 시도하지 말고 천천히 또는 더 빨리 걸으면 된다.

되도록 그 지역에 적합한 의복을 항상 준비하라.

〈사진 39〉 도보감시

자료: 구글 private investigator On-foot Surveillance pictures.

2) 도보감시 방법

감시를 효과적으로 하기 위하여 더 많은 요원이 필요하다. 감시요원들이 감시할 대상에게 그들이 거기에 있다는 것을 알려줄 의도가 아니라면 그가 있다는 것을 알지 못하게 하기 위하여 감시 또는 미행하는 상대적인 장소와 순서를 선택하는 것이 필요하다.

1인 도보감시가 사용된다면 감시요원이 감시대상자처럼 도로의 같은 쪽에 있을 때 주의해야 한다. 대상자 뒤쪽에 머물면서 대상자로부터 감시요원의 거리를 다양하게 변경해야 하고 군중의 수와 출구의 수 같은 물리적 상태에 따라 거리를 맞추어야 한다.

감시대상자가 모퉁이를 돌아 계속해서 거리를 가로질러 건너면 감시대상자를 지켜보고 거리를 건너 감시요원이 후미에 붙거나 대상자의 앞이나 옆으로 움직여야 한다.

어떤 위치가 감시요원에게 가장 좋은 시야를 주는지를 결정함이 좋다. 감시대상자가 모퉁이를 돌 때 그가 누군가와 접촉을 하는지 또는 건물에 들어가는지를 보기 위해서 그와 나란히 동행해야 할 때도 있다.

1인 도보감시 시에는 감시대상자를 감시하는 시간동안 놓쳐서는 안 되고 감시대상자와 접촉해서는 안 된다. 감시대상자가 도로의 맞은편에 걸어가고 있을 때, 감시요원은 감시대상자와 나란히 해야 한다. 감시대상자가 건물 안으로 들어가면 감시요원은 출입지점에서 기다리는 행위를 해서는 안 된다.

2인 도보감시는 1인 도보감시 보다 발각될 위험이 적고, 미행 시 감시 대상자를 놓칠 위험성이 적다. 거리의 보행하는 군중과 움직이는 차량을 감시할 때 두 명의 감시자는 감시대상자와 같은 거리에서 미행해야 한다. 거리에 군중이 적으면 한 사람은 맞은편 거리에서 다른 한 사람은 감시대상자와 같은 거리에서 미행한다. 미행할 때 감시 요원 2명은 교대로 움직여서 발각되는 것을 피해야 한다.

2인 도보 감시에서는 "AB"기법을 사용한다. 대상자의 우측 뒷편에 있는 사람은 A위치를 가진다. 다른 감시자는 B위치이다. AB기법을 사용할 때 A는 대상자를 미행하고 B는 A를 뒤따른다. B는 A처럼 도로의 같은 쪽에 있어도 된다. 또한 그는 도로의 반대편에 있을 수도 있다.

A와 B가 도로의 같은 편에 있고 대상자가 오른쪽 모퉁이로 돌면 A는 계속 도로를 가로질러 횡단한다. 그리고 그는 B에게 어떠한 행동을 취할 것인가 신호를 보낸다. 감시할 때 동료들과 함께 신호를 준비해 두어야 한다. 왜냐하면 서로 자주 만나지 않으면서 서로 확실한 신호를 할 수 있도록 하기 위해서이다. 감시대상자의 행위가 B로 하여금 A의 위치로 바꿔야 할 필요가 생기면 A가 B의 위치로 자리잡게 된다. A와 B사이의 신호는 가능한 주의를 끌지 않도록 한다.

B가 도로를 횡단할 때 그리고 대상자가 오른쪽으로 모퉁이를 돌 때 B는 도로를 건너오고 A의 위치로 잡게 된다. 이 방법은 신호 없이 행해지도록 미리 협의되어야 한다. 만약 감시대상자가 왼쪽으로 모퉁이를 돌아 B쪽으로 도로를 건넌다면 B는 접촉을 피하기 위해 뒤로 쳐져야 한다. B는 다른 행동을 취하기 전에 A로부터 신호를 기다려야 한다.

3人 도보감시에서 "ABC"기법은 사용하기가 쉽다. 3인 감시기법은 더 나은 변화된 감시가 될 수 있다. 감시자 3명 중 하나는 거리 맞은편에서 감시하고 다른 2명의 감시자는 감시대상자의 뒤에서 감시한다. 그것은 합리적으로 인력자원을 사용케 해준다. 근접도보 감시에서 인력이 부족하지 않다면 이 기법을 사용한다. ABC기법에서처럼 A는 대상자를 미행하고 B는 A를 따른다. 통상적으로 C는 도로를 횡단해서 머물면서 꼭 감시 대상자의 후미에 있어야 한다.

ABC기법은 대상자가 모퉁이를 돌 때 여러 선택을 하게 해준다. A와 B는 감시대상자의 뒤에 있고 C는 길 건너편에 있을 때 감시대상자가 C로부터 떨어져서 모퉁이를 돈다고 가정하라. A는 그대로 직진을 하고 B는 A위치로 간다. C는 B위치로 오기 위해 도로를 횡단해야 한다. A는 도로를 횡단하여 기다리면서 C가 조금 전에 했던 것처럼 움직인다.

C를 위해 A위치로 이동하기 위한 다른 접근법이 있다. A는 도로를 횡단하여 C위치로 자리를 잡고 반면에 B는 자신의 위치를 유지한다. 만일 감시대상자가 왼쪽으로 돌고 C방향으로 도로를 건넌다면 어떻게 하겠는가? C는 뒤로 처지고 A는 계속해서 최초 방향으로 가서 C가 된다. 그리고 B는 A위치로 움직이고 C는 B가 되는 것이다.

3인 감시기법에서 감시대상자에 의해 발각되면 한 명의 감시자는 교체해야 한다. 혼잡한 거리에서는 3명의 감시자는 감시대상자와 같은 거리에서 감시한다. 감시 요원은 감시대상자와 아주 근접해서 감시대상자의 행동과 건물 안으로 들어가는 것을 관찰한다. 만일 감시대상자가 신경질적인 사람이라면 3명의 감시자는 위치를 번갈아 교대하면서 감시한다.

감시대상자가 건물에 들어간 경우 (개인주택, 작은가게) 감시자는 건물입구에서 서있으면 발각될 것이다. 감시대상자가 출구가 여러 개 있는 건물에 들어가면 감시자는 감시대상자를 따라 건물에 들어간다. 건물 안에서는 감시대상자를 놓치기 쉽다.

첫 번째 감시자는 감시대상자를 감시하도록 노력하는 동안에, 두 번째 감시자는 로비에 위치하고, 세 번째 감시자는 감시대상자가 이용할 수 있는 건물의 출구를 점검해야 한다.

감시대상자가 대중교통(버스)을 이용할 경우에, 감시대상자가 대중교통에 탑승하면 A요원은 그 뒤에 따라 탑승하여 감시대상자의 뒤에 앉는다. B요원은 택시나 버스로 따르거나 적합한 수단을 이용(오토바이)하여 거리를 두고 미행한다. C요원은 버스 방향에 따라 앞쪽으로 내려 감시대상자의 버스에 내린 후의 행위를 감시한다.

감시대상자가 택시를 이용할 경우, 모든 감시자는 다른 택시를 타고 추적해야 하고 감시대상자가 하차하면 다시 걸어서 미행한다. 차량에 의한 감시가 용이하지 못하고 다른 택시를 탈 시간적 여유가 없을 때에는 택시회사의 이름과 차량번호를 알면 후에 감시대상자가 어디를 갔는지를 알 수 있다.

감시대상자가 전화부스 안에 있는 경우에는, 감시요원은 그 부스 옆의 전화부스에서 감시대상자가 무슨 말을 하는지를 들으면서 감시를 해야하고 가능하면 감시 대상자가 전화거는 번호를 볼 수 있도록 노력해야 한다.

감시대상자가 기차/여객선/비행기/ 또는 장거리 버스를 이용할 때, 감시요원들은 모여서 감시대상자의 뒤를 따를 것인지 또는 감시를 포기해야 할 것인지를 결정하고 감시대상자의 도착지를 티켓을 발부 받을 때 그 주위에서 듣고자 노력해야 한다. 또, 의뢰인이나 감독자에게 연락하여 향후의 행동에 대해 지시를 받아야 한다. 가능하면 감시대상자의 수화물을 조사함으로써 수화물의 표찰과 양에 의해 행선지를 알 수 있다.

감시대상자가 극장, 경기장, 유원지에 들어가면, 모든 감시자는 같이 줄을 서서 감시대상자를 따라 안으로 들어가고, 장소가 혼잡하면 A요원은 다른 요원들과 접촉하여 그 장소를 관찰한다. 감시 대상자가 어두운 극장으로 들어가면, A요원은 감시대상자의 바로 뒤에 앉는다. 다른 요원은 대상자가 앉아 있는 줄의 통로지점에 앉는다.

감시대상자가 누군가와 만날 때, 접촉하는 대상자 가까이 접근해서 대화를 엿듣도록 시도해야 하고, 가능하면 사진촬영을 하도록 한다. 일반적으로 감시대상자와 접촉자는 대화에 열중할 것이고 감시자는 쉽사리 그들 가까이 접근할 수 있으며 감시요원은 감시 대상자가 접촉하는 사람에 대한 태도를 파악할 수 있다(인사하는 것 등). 특별한 상황이라면 감시대상자가 접촉한 사람을 감시 하는 것이 필요할 수 있다.

감시대상자가 호텔에 투숙할 때에는 감시대상자의 이름만 파악하면 투숙하는 방 번호와 대상자의 투숙기간을 알 수 있고 도청에 의해 다른 정보의 수집이 가능하다.

감시대상자가 묵는 방 부근에 방을 얻는 것이 바람직하다. 감시요원은 객실종업원과 접촉하여 그녀의 허락을 얻어서 감시대상자의 방에서 나온 잡동사니와 쓰레기를 조사해야 한다. 가능하다면 후에 호텔접수계(프론터)직원과 접촉하여 감시대상자의 전화 청구서, 연락메모 등에 관한 정보를 수집하도록 노력한다.

감시대상자를 놓친 경우, A감시자는 집이나 대상자가 거처 하는 것으로 되돌아가 감시를 하고 B감시자는 대상자를 놓친 곳에서(지역에서) 감시 대상자가 다시 나타나기를 기다린다. C감시자는 감시대상자가 자주 가는 장소의 주소와 자주 드나드는 장소 모두를 파악해서 조사해야 하고, 때때로 감시대상자의 집에 전화를 걸어서 그 위치를 확인한다.

감시자가 대상자에게 발각된 경우, 만약 감시자가 대상자에게 발각되었다고 판단되면 감시자는 다른 감시요원으로 교체해서 감시임무를 수행해야 한다. 감시대상자가 감시자에게 접근해서 말을 걸어올 때 감시자는 그럴듯한 변명할 준비를 해야 한다.

감시의 간파 징후로서 감시가 감시임무 수행 중 감시대상자에게 자신의 존재를 간파당했다고 판단되는 징후는 다음과 같은 것들이다.

- 감시대상자가 갑자기 걸음을 멈추고 뒤돌아 볼 때
- 때때로 감시요원을 향해 쳐다볼 때
- 길을 걷다가 갑자기 반대로 진행하고 걸음이 빨라질 때
- 건물로 들어가서 다른 출구로 나갈 때
- 길을 가다가 갑자기 발걸음을 멈춘 후에 모퉁이를 돌아갈 때
- 버스, 전철, 기차를 타고 출발하기 전에 내릴 때
- 짧은 시간에 여행을 하면서 여러 운송수단을 번갈아 이용할 때
- 같은 지역을 반복해서 돌거나 택시를 타고 빠르게 U턴 할 때
- 가게의 유리에 반사된 모습을 쳐다볼 때
- 빠르게 걸으면서 자주 장소를 변경하면서 걸을 때
- 신문이나 손수건을 떨어뜨리고 주우면서 쳐다볼 때
- 길을 걷다가 멈추어서 구두끈을 매면서 뒤를 쳐다볼 때
- 망원경을 사용하여 대상자의 건물 방에서 거리를 관찰할 때
- 영화관에 들어가서 곧 출구로 나올 때
- 이유 없이 자주 옷을 갈아입을 때
- 식당이나 클럽에서 계속 주위를 쳐다보면서 의심할 때

○ 평행[110)]

도보 교통량과 현재 있는 지역에 따라 때로는 감시대상자들과 가고 있는 같은 방향과 그 거리의 반대 방향으로 걸어감으로 인해 미행하는 것이 더 낫다.

○ 창보기

당신은 여러 번 유리점포에서 자신의 모습을 보면서 감시대상자가 유리점포에 모습을 확인할 수 있다.

110) Chuck Chamber, 2005: 212.

○ 옷바꾸기

검은색 자켓을 벗고 흰 셔츠를 착용하거나 다른 색을 입히면 때때로 자신이 이전에 알아차린 사람과 같은 사람인지 여부를 감시대상자가 혼동스럽게 하는데 도움이 된다.

2. 차량감시

자동차감시를 시작하기 전에 연료가 충분히 있는지 확인해야 한다.

도보감시에 사용되는 기법은 역시 차량감시에도 사용된다. 그러나 차량감시에 이들 기법을 적용하는 것은 신중해야 한다. 교통혼잡과 교통법규가 행동을 더욱 어렵게 만든다. 이것들은 노출의 위험을 증가시킨다. 2인 또는 그 이상의 도보감시처럼 두대 또는 그 이상의 차량감시는 성공의 가능성을 증가시킨다.

가능하다면 각 차량엔 2명이 승차한다. 차량안의 팀은 보호범위를 증대시키고 유연성을 갖게 해준다.

감시대상차량을 너무 가까이 따라가지 않도록 해야 한다. 헤드라이트를 희미하게 켜 두고 자연스럽게 따라가면서 감시차와 대상차량과의 일정한 간격을 유지하면서 대상자가 의심하지 않도록 한다. 앞에서 다루었던 것처럼 대상자는 미행당하는지를 시험해 볼 수도 있고 따라오는 차를 경계하기 위하여 운전을 빠르게 했다가 느리게 했다가 하기도 할 것이다. 마치 신호등이 바뀔 때 멈추는 것처럼 천천히 차를 몰다가 갑자기 빨간 신호등으로 바뀌자마자 길을 건너 속력을 내서 감시자를 따돌릴 수도 있다. 또한 U턴을 자주 하거나 분명치 않은 다른 행동을 할 수도 있다.

모든 차량감시에 있어서 탐정은 자신이 일하는 장소에 대해 정통해야 한다. 할 수 있다면 지도공부를 하고 지형정찰을 해야 한다. 시간이 허용하지 않는다면 차에서 지도를 훑어 볼 수도 있다. 승객석에 있는 사람이 운전자 대신 운전할 수 있다. 감시가 지연되지 않도록 도로통행료와 교량통과를 위한 동전을 준비해야 한다.

감시임무를 위해 기계적으로 안전한 차량을 선택해야 하고, 차량은 사용되는 지역에 적합한 것이어야 한다. 차량에는 특히 2대 또는 그 이상의 차량이 사용할 수 있는 무선통신이 갖추어져 있어야 한다. 무선통신은 팀간의 접촉을 유지시켜 준다. 탐정은 필요하다면 지원요청을 위해 무선통신을 사용할 수 있다.

탐정의 차량은 공식적 표시가 있어서는 안 된다. 감시가 행해지는 지역의 번호판을 사용해야한다. 감시임무가 장기간이 되면 가능한 차량을 바꾸어야 한다. 렌트카를 사용하는 것은 신중히 고려해야 한다. 감시대상자에 의한 노출의 위험을 줄이기 위해 차량의 불빛을 차단해야 한다. 이것은 문이 열릴 때 빛이 비치는 것을 막아준다.

밤에는 탐정이 올바른 차량미행을 하기가 어려울 것이다. 감시대상자의 차량이 뚜렷이 구별된다면 도움이 된다. 기회가 주어진다면 감시대상차량의 후미에 야광테이프 조각을 붙이는 것도 한 방법이 된다.

1대의 차량감시에서는 감시대상자의 행위를 알기 위해 충분히 가까이에 머물러야 한다. 그러나 탐정은 발각되지 않을 정도로 적당히 떨어져 있어야 한다.

감시대상자의 차가 멈출 때, 한 팀의 요원은 도보로 미행해야 한다. 감시대상자는 감시자가 차량을 이용해 자신을 미행하고 있다고 의심한다면 도보로 어떤 사람에 의해 미행당한다고 생각하지는 않을 것이다. 한편으로 운전자는 그가 대상자의 차량을 주시할 주차장소를 찾을 수 있다. 차량이 주차되면 그는 승객석에 앉아서 운전자가 나타나기를 기다리고 있는 것으로 보여도 된다. 이것은 감시대상자의 주의를 끌 기회를 감소시킨다.

그는 뒷좌석으로 옮길 수도 있다. 또는 때때로 감시대상자와 같은 구역에서 다른 주차장소로 차를 옮길 수도 있다. 1대의 차량에 의한 감시를 할 때 감시차량은 감시대상차량의 위치 뒤에서 교통량에 의존하여 일정거리를 유지한다. 도시에서 대상차량과 감시차량 사이에 2대 이상의 차량이 끼어드는 것을 허용해서는 안 된다. 감시차량이 대상차량을 감시할 때 노출이 되지 않도록 주의해야 한다.

시골지역에서는 감시차량과 대상차량은 충분한 거리를 유지해서 감시할 수 있지만 감시차량이 고속도로나 일반도로 위에서 미행할 때 대상차량이 향하는 도로의 출구와 고속도로의 교차점을 알아야 한다. 밤에 감시차량은 불필요한 라이트나 유색라이트를 사용하지 않고 보통라이트를 사용해야 한다. 감시대상차량이 모퉁이를 돈다면 탐정은 2가지 방법을 택할 수 있다. 탐정은 그대로 직진을 하여 교차로를 건너가서 U턴 할 수 있다.

감시대상자는 그가 돌기 전에 가고 있던 길의 반대방향에서 자기 뒤의 거리로 방향을 바꾸는 차를 보고 의심하지 않을 것이다. 또는 탐정은 곧장 가서 교차로를 가로질러 블록을 돌아갈 수 있다. 감시대상자는 정면에서 오는 차 때문에 뒤따르는 차에 주의하지 않는다.

2대의 차량감시에 있어서 기법은 AB도보감시와 유사하다. 차량 2대가 같은 도로에서 대상자를 미행한다. 또는 1대의 차량이 같은 방향에 있고 다른 1대는 평행하게 도로에서 나란히 달릴 수 있다. 감시차량은 역시 A위치를 교대할 수 있다. 낮 시간 동안에 도시지역에서 차량을 미행할 때 양 차량은 감시대상차량의 뒤에서 감시한다. A차량이 도로에서 감시대상차량의 뒤에서 따르는 동안에 B차량은 왼쪽선이나 그 안쪽 차선에 위치하고, 3차선 도로에서 감시할 때 A차량은 3차선에 위치하고 B차량은 1차선에서 감시할 수 있다.

이것은 감시대상자의 의심을 불러일으킬 기회를 줄인다. 기동적인 행동을 위하여 감시차량 간에 무선접촉을 유지해야 한다. 대상차량 우측 뒤의 팀은 항상 다른 차량에 대해 통제하고 지시를 내린다.

3대의 차량감시에서 차량 3대로 감시하면 성공할 가능성은 높아진다. 예를 들어 A차량은 대상차량의 뒤에서 미행하고 B차량은 출구를 막는 위치나 대상차량이 도는 것이 가능한 위치에 있고 C차량은 나란히 대상차량과 도로에 있거나 다른 감시차량 뒤에 위치한다.

〈사진 40〉 차량감시

자료: 구글 private investigator mobile Surveillance pictures.

1) 차량감시 시 고려사항

(1) 좋은 감시차량의 품질

오늘날 대부분의 감시는 자동차, 밴 또는 오토바이를 통해 이루어진다. 차량은 가장 친한 친구이자 훌륭한 도구가 될 수 있으며 처음부터 멀리 갈 수 있다. 당신이 해야 할 첫 번째 일은 당신이 사용하려고 하는 차량의 유형을 평가하는 것이다. 탐정은 항상 평범한 차량을 선택한다. 가능한 경우 감시용으로 사용하는 차량은 감시 대상자에게 알려지지 않아야 하며 식별할 수 있는 특성이 없어야한다. 이것을 친구에게서 빌릴 수 있다; 그러나 이 선택은 당신의 비밀을 손상시키거나 당신에게 돈을 요구할 수 있다.

(2) 자동차 계획[111)]

자동차를 빌리거나 빌리려면 명백한 특성을 가진 자동차를 선택해야 한다. 그것은 가족 스타일 차량, 색상은 일반적 이어야 한다. 회색은 중립적인 색상이므로 일반적으로 모든 유형의 감시작업에 가장 적합한 색상이다. 그래서 선택의 여지가 있다면 평범한 색깔로 추천한다.

자신의 자동차, 빌린 차를 사용하든 간에 감시대상자를 두 번 이상 미행 대상에서 인식할 수 있는 독특한 기능이 없는지 확인해야 한다. 찌그러짐이 없는지, 특히, 안테나 없음, 자동차 선반 없음, 확실한 장식품, 스티커 또는 그림이 없다. 차량에 아무 것도 없는지 확인해야 한다.

이것은 도로의 동일한 모델과 모델의 다른 차량과 구별된다. 감시대상자가 알고 있는지와 관계없이 다음 날 감시대상자가 인식할 수 있는 특정의 물건을 제거했는지 확인해야 한다. 여기에는 다음이 포함된다.

- 범퍼스티커
- 앞 유리 또는 창문그림
- 전면 맞춤형 자동차 번호판

111) Chuck Chamber, 2005: 196-199.

(3) 엔진파워

어떤 차량을 사용하든 감시 중에 짧은 속도의 폭발을 낼 수 있는 충분한 힘을 갖춘 엔진이 장착되어야 한다. 당신과 감시대상자 간의 격차를 줄이어야 할 때가 여러 번 있을 것이다.

(4) 자동차의 상태 확인

차량의 작동상태가 양호한 지 확인해야 한다. 상황에 따라 장기간 여행할 수 있는 차량감시를 시작할 때 다음 사항을 기억해야 한다.

- 타이어의 공기를 점검.
- 차량의 모든 유체를 점검.
- 운전자의 썬 바이저가 작동하는지 확인.
- 주차 조명렌즈 및 조명 시스템을 확인. 어두운 곳에서 나가고 사용하려고 하는 차량의 헤드라이트와 미등을 켜보아야 한다. 약 100피트 앞에서 차량 앞쪽으로 내려가 헤드라이트의 조정을 돌아보고 똑같이 조정되었는지 확인하라.
- 차량에 백미러와 사이드미러가 장착되어 있는지 확인하라.

2) 간파된 감시차량의 징후

감시차량은 다음과 같은 징후로 감시가 대상자에 노출되었음을 알 수 있다.

- 대상차량이 번갈아가며 빠르게, 느리게 운전을 한다.
- 대상차량이 중한 교통위반을 범한다. (불법U턴, 역주행 운전, 멈춤 신호에서 차량이 통과 등)
- 빈번하게 주차한다.
- 막다른 골목으로 운전한다.
- 갑자기 멈추어 모퉁이를 돌아가는 운전을 한다.
- 갑자기 속도를 높인다.
- 붐비는 주차구역으로 운전을 한다.

3) 차량 고정감시 시 주의할 점

차량에 의한 고정감시를 행할 때 다음과 같은 사항을 고려해야 한다.

- 감시를 할 때 보통 고정된 차량에 의한 감시에 의해 기본조사나 정보의 수집이 필요하다. 예로서 주택, 야외 설치물의 변경 등.
- 고정감시를 할 때 차량의 위치는 최대한 관찰할 수 있는 모든 출입구를 관찰할 수 있는 위치가 필요하다.
- 감시요원은 통행인이나 이웃주민들의 주의를 끄는 행동을 하지 않아야 한다.
- 고정감시를 기본으로 종종 차량에 의한 이동감시도 필요하다.
- 차량에 의한 감시 시

  가. 눈에 띄지 않도록 한다.

  나. 무전기와 휴대폰을 휴대한다.

  다. 미등은 어둡게 해 놓는다.

  라. 여분의 휘발류를 따로 비축해 놓는다.

  마. 소변볼 용기도 준비한다.

  바. 음식과 음료수도 준비한다.

  사. 스페어타이어와 공구도 준비한다.

  아. 펜과 볼펜, 메모지의 준비가 필요하다.

  자. 망원경의 준비도 필요하다.
- 감시요원의 행동

  가. 주변의 눈에 띄지 않는 복장과 신중한 행동이 필요하다.

  나. 갈아입을 옷의 준비와 다양한 의복의 준비가 필요하다.

  다. 감시 시에는 운전석보다, 옆 좌석에 앉도록 한다.

  라. 선글라스를 착용하고 기후에 적합한 옷을 입고 사람들과 눈을 마주치는 것을 피한다.

4) 차량 미행 전술[112)]

다음은 자동차로 미행하는 몇 가지 기본 전술이다.

- 2차선 도로 : 최소 두 차 길이 유지.
- 4차선 도로 : 감시대상자 옆의 차선에서 오른쪽 또는 왼쪽으로 이동하지만 뒤에 있지는 않는다.

뒤따라오는 것을 의심하거나 목적지에 대해 죄책감을 느끼는 운전자는 사이드 미러보다는 센터백미러를 점검할 수 있다. 그들은 일반적으로 차 뒤쪽에 관심이 있다.

- 교차로 접근하기 : 차선을 바꾸기로 결정한 경우 차선을 감시대상자 뒤에서 일시적으로 움직이도록 변경한다. 감시대상자가 돌아가지 않으면 측면차선으로 다시 이동한다.
- 혼잡한 교통 : 측면의 대각선 뒤에서 2대 자동차 거리에서 차의 거리를 유지한다.
- 한산한 교통 : 3 ~ 4대 자동차 거리의 뒤로 이동한다.
- 막다른 길 : 막 다른 골목이 막히면 따라가지 말아야 한다. 당신의 감시대상자가 잘못 돌아갔을 때, 그 길에서 당신을 가장 확실하게 보게 될 것이다. 만약, 당신의 감시대상자가 돌아오지 않는다면, 알 수 없는 목적지가 그 거리의 아래에 있을 것이다. 감시대상자의 차가 돌아오지 않을 때 곧 알 수 있다.
- U턴을 하는 경우 : 언제 벗어날 것을 아는 것은 감시의 또 다른 중요한 측면이다. 만약 당신이 감시 대상자가 4차선 도로에서 U턴 하는 것을 본다면 당신은 선택해야 한다. 같이 U턴을 할 경우, 당신을 미행자동차로 인식할 가능성이 크다. 당신은 그를 잘 보내고 다른 날에 다시 돌아오도록 결정해야 한다. 이것은 상황에 따라 현장에서 할 수 있는 판단의 유형의 예이다. 미행을 따라가다가 주차장에서 돌고 있는 원이나 원을 계속해서 만들면 매우 조심해야 한다.

---

112) Chuck Chamber, 2005: 206-208.

5) 차량감시 장소 설정

감시대상자가 주거지역의 도로에서 차도 또는 공원으로 들어오면 그 또는 그녀를 통과하여 계속해서 운전해야 한다. 첫 번째 진입로에서 돌아와 반대방향으로 향하여 돌아온다.

- 시야가 있는 공원
- 표적과 반대방향으로 향하고 그들의 움직임을 백미러를 통해 본다.
- 시골 지역에서 후드를 들어서 자동차 고장을 흉내내어 도로에서 300피트 이상 떨어진 곳에 주차한다.
- 쌍안경을 사용한다.
- 고장 난 차를 도우려는 어떤 이웃이나 선한 사마리아인이 접근할 경우, 이미 견인 트럭을 신고했음을 알린다.
- 진입로에 있는 차량의 번호판 번호를 적어 두거나 거리에 주차한다.

6) 감시업무 시 일반원칙

- 감시대상자와 마주칠 때 감시대상자의 시선을 응시하지 않는다.
- 감시하는 장소에서 부자연스런 행동을 하지 않는다.
- 경찰에 의해 의심받지 않도록 한다.
- 감시대상자를 놓치지 않도록 한다.
- 어떤 장소에서 감시대상자와 마주치더라도 항상 그럴듯한 변명을 준비하도록 한다.
- 특정장소에서 적합한 상황이 되도록 행동을 적응시켜야 한다. 즉, 식당에서는 음식을 시켜먹고, 신문판매대나, 서점에서는 신문이나 책을 고르거나 읽는 것처럼 해야 한다.
- 감시대상자의 친구들은 신뢰성이 떨어지기 때문에 그들에게 감시대상자의 정보를 요구하지 않도록 한다.
- 감시대상자가 발걸음을 멈추고 누군가와 이야기를 하면 감시요원 역시 발걸음을 멈추고 통행인에게 그럴듯한 구실로 말을 건네도록 한다.

- 상업지역에서 건물에 근접해서 걷게 되면 감시대상자를 직접 쳐다보지 않더라고 가게의 창문에 반사되는 감시대상자의 모습을 볼 수 있다.
- 차량에 의한 감시는 감시대상자에 의해 모습이 쉽게 노출될 수 있다.
- 감시대상자가 사용한 쓰레기통이나 잡동사니는 검사할 필요가 있다.
- 일요일이나 공휴일은 감시대상자가 경계심을 늦추고 방심하는 날이다. 이런 날은 감시하기에 좋은 날이 된다.

〈사진 41〉 첨단감시방법

자료: private investigator 관련 이미지.

〈그림 5〉 감시 중의 의사소통방법

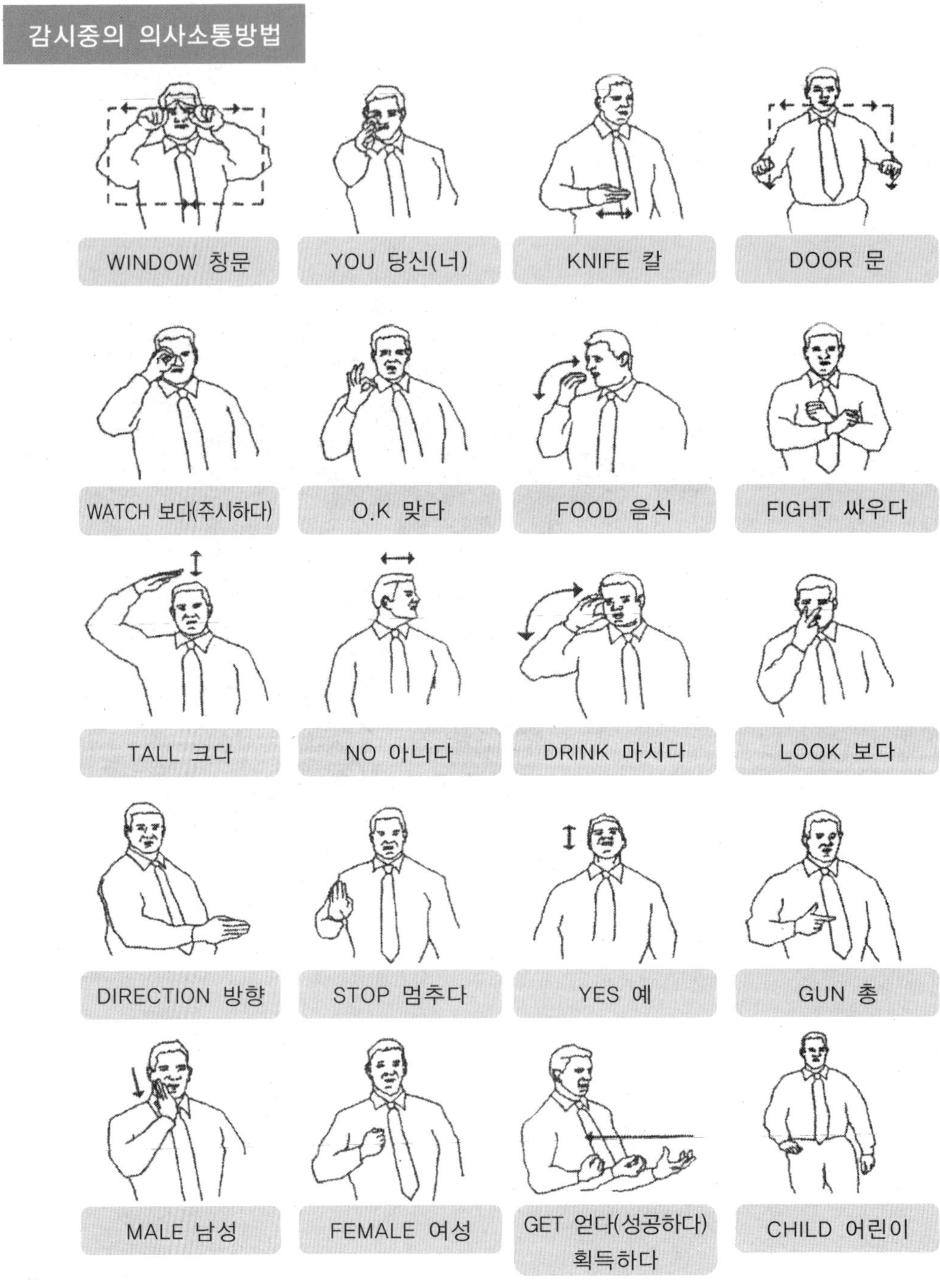

12장 지각

탐정의 업무 중에서 가장 비판적인 요인 중의 하나는 실제로 그가 목격한 것에 관하여 정확한 의사소통을 할 수 있는 목격자의 발견능력이다. 사람들이 모두 지금껏 지각해 왔다고 믿어지는 것을 보고, 듣고, 냄새 맡고, 맛보는 것은 아니다. 때로는 다른 사람들에게 지각하는 것을 말해 주는데 곤란을 느낄 수도 있는데, 이것은 다른 사람이 의미하는 것을 다르게 이해하기 때문이다. 사람마다 학식과 상황에 따라 지각한 것을 해석하는 능력이 다르고 사람들이 그들의 학식과 상황을 근거로 하여 우리가 지각한 것을 평가하기 때문이다. '목격자만큼 신뢰할 수 없다'는 진술은 너무나 많은 사건에서 알 수 있다.

사람들 대부분은 관찰자로서 훈련을 받지 않은 상태이다. 그들은 사람들을 보지만 실제로 그들을 보는 것이 아니며 눈의 색깔, 코의 모양, 신장, 의복의 색과 모양과 같은 신체적인 특징들을 묘사할 수도 없다. 관찰자가 그가 본 어떤 것을 좋아하거나 싫어하는 것을 생각해 낸다면 사건이나 사건의 어느 부분을 지각했을 때 아무것도 느끼지 못했을 때보다 그 관찰자는 좀더 자세한 묘사를 할 수 있게 된다.

탐정으로서 목격자를 찾아내어 질문을 하는 경우에는 다음과 같은 것을 명심하여야 한다. 즉, 대개의 목격자들은 그들 고유의 불완전한 방법으로 관찰한 것을 묘사한다. 할 수 있는 한, 목격자의 지각적인 능력과 그들이 말한 것의 이면에 있는 의미에 대하여 많은 것을 찾아내어 그들이 탐정에게 말한 것에 따라서 해석해야 한다.

제1절 목격자의 기본조건

목격자가 제공해야 하는 정보를 생각해 볼 경우, 그 목격자에 대하여 세 가지 요소가 결정되어야 한다.

첫째, 그 목격자가 존재해 있어야 한다. “존재”라는 단어는 하나 또는 더 많은 감각으로 지각된 특별한 사실을 알기 위하여 유리한 입장에 설 수 있는 것으로 정의되곤 한다. 그 감각들이란 보고, 듣고, 맛보고, 냄새 맡고, 만지는 것이다. 목격자들이 어느 장소에 “존재”하고 있었다고 생각되는 경우는 다음과 같다. ① 200배나 떨어진 숲 쪽을 망원경으로 보다가 어떤 범법사실을 목격한 경우, ② 잠겨진 문 안에서 금이 간 곳을 통하여 마리화나 연기를 냄새 맡았을 경우, ③ 얇은 벽 너머에서 강도행위를 하는 목소리를 들었을 경우, ④ 시내 저쪽 몇 마일 밖에서 전화하는 어떤 사람이 말한 추잡한 내용을 들었을 경우, ⑤ 축축하거나 차가운 어떤 것을 만졌을 경우, ⑥ 쓴맛을 느꼈을 경우 등이다. 이것들은 모두 존재해 있었다고 볼 수 있다.

둘째, 목격자는 그가 지각했었다고 기대되는 것을 의식하고 있어야 한다. 다시 말하면 목격자는 지각했었다고 가정되는 사건을 실제로 알고 있어야 한다는 것이다. 어떤 사람이 오랜 친구와 같은 방안에 있었을 경우 그 친구가 바라보는 것을 볼 수도 있지만 실제로는 그가 관찰하고 있었던 어떤 다른 현상에 몰두했기 때문에 그 친구의 존재에 대하여 알지 못했을 수도 있다.

셋째, 목격자는 그가 증언하고 있는 것에 대하여 당시의 사건현장에 주의를 기울이고 있었어야 한다. 존재해 있었다는 것과 어떤 것을 보았다는 것은 발생한 사건을 그가 실제로 알고 있었다고 믿기에는 충분하지 못하다. 한 목격자가 무장한 어떤 강도가 범죄를 범하는 상황에서 어떤 남자 즉, 강도가 다른 사람의 가슴에 권총을 겨누는 것을 실제로 목격했을 지도 모르나 주의를 기울이지 않았기 때문에 그에게는 친구들끼리 친하게 놀고 있는 행동처럼 보인다.

제2절 지각에 대한 요소

목격자가 지각하는 능력에 대하여는 많은 요소가 설명되어야 한다. 이러한 것은 외부적 요소와 내부적 요소의 넓은 범주로 나누어진다.

1. 외부적 요소

1) 멀고 가까움

어떤 대상이나 사건이 목격자에게 가까우면 가까울수록 그것을 향해서 그가 주의를 기울인 어떤 것을 지적하기에 더욱 용이할 것이다. 멀리 떨어진 장소에서 일어난 어떤 일에 대해서보다는 가까이에서 일어난 어떤 것이 좀 더 직접적으로 관련된 일이 될 것이다.

2) 다른 조명, 다양한 기상조건, 소리들과 같은 지각에 영향을 주는 현상들

다양한 조명상태 하에서 눈은 다르게 기능하고, 색깔도 다른 종류의 빛 색깔에서는 다르게 나타난다. 야맹증이 있는 사람들도 있다. 어둠 속에서 인위적인 조명시설은 그림자를 만들고 이것은 본인이 느낄 수 있을 정도로 개인의 지각력에 영향을 준다.

비, 눈, 그리고 안개가 개인의 지각능력에 있어서 현저한 차이를 가져올 수 있다. 잘못 보는 것은 흔히 있는 일이다. 잡음은 직접적으로 사람의 지각력에 영향을 미치는데 크고 특이한 잡음은 목격자의 주의력을 그가 보고 있었던 대상으로부터 완전히 그를 분산시키는 원인이 되기도 한다. 소리가 설명되지 않고는 의미가 없어지는 사건도 있고 특이한 소리 때문에 즐거울 수도 싸울 수도 있다.

3) 긴장과 크기

만약 어떤 것이 다른 것보다 더 크게 들리고 더 크게 보인다면 그것은 그 주변에 있는 것보다 더 빠르고 강렬하게 관찰자의 주의를 요할 것이다.

4) 대조

보통과 다르고 특이한 어떤 것은 그렇지 않은 것보다 훨씬 주의를 끈다. 예를 들어 장례식에 있는 골프선수는 골프장에 있는 턱시도를 입은 장의사만큼 주의를 받을 것이다.

5) 반복

어떤 특정한 상황 아래에서 한 번 이상 나타난 사람이나 물건이 한 번 나타난 사람이나 물건보다 훨씬 더 많은 주의를 요한다. 이 요소는 다음과 같은 이유 중의 하나일 것이다. 느릿느릿 걷고 있는 것처럼 보이는 사람은 어떤 목적을 가지고 도착지에 빨리 도착하려는 것처럼 보이는 사람보다도 주의를 훨씬 많이 받을 것이다.

6) 움직임

움직이지 않는 대상은 마치 위치한 장소를 소유한 것처럼 보이며 대조적인 대상과 함께 조화를 이룰 것이다. 움직이는 대상은 관심을 끈다. 예를 들어 시내거리를 달리고 있는 사람은 걷고 있는 사람과 대조적으로 관심을 끈다는 것을 생각해 볼 수 있다.

7) 유사성

사람들은 자기의 관심이 있는 것 또는 자기와 관련된 유사한 모양이나 상황들을 다른 상황보다 더 잘 기억해낸다.

예를 들어, 치아를 잃은 한 목격자가 치아를 잃은 한 용의자를 목격했을 적에, 그 목격자는 그 치아를 가장 뚜렷한 특징으로 지을 수 있으며 나중에 그 특징을 쉽게 기억해 낼 것이다.

8) 소리

지각크기는 소리에 의하여 영향을 받는다. 예를 들어 동시에 소리를 내고 있는 한 공격자는 조용히 있는 한 공격자보다 더 놀랍게 받아들여진다. 소리를 내고 있는 사람은 더 크게 보이고 많은 사람들이 크고 위협적인 소리를 내고 있다면 더욱 많게 보인다. 기상이나 다른 기후조건에 따라 소리가 들려오는 거리는 잘못 측정될 수 있고 방향도 정확하지 않을 수 있다.

9) 냄새

사람들은 냄새를 감정하려 할 때 사람들의 생각은 이상하게도 모순되고 정확하지 않다. 본래의 냄새자체가 명확하지 않은 냄새를 노출시킨 것일 때에도 사람들은 그것을 많이 경험한 냄새라고 느낄 수 있다. 그러나 이름을 알려주기 전까지는 그 이름을 대지 못한다.

또 냄새를 감정하는데 일어나는 문제들 중의 하나가 후각적인 경험을 묘사하는데 쓰이는 올바른 어휘를 찾기가 곤란하다는 것이다.

2. 내부적 요소

1) 목격자에 대한 개인적 특징들

사람들의 지각능력은 신체적인 조건에 따라 다르다. 시각은 가장 건전한 상태에 의존하는 감각이다. 예민함과 지각력에 관한 개인의 능력은 질문의 대상이 되어야 한다. 어떤 사람들은 교정렌즈를 착용하고 있지만 이것은 허영심 때문만은 아니다. 어떤 사람들은 밤에는 아무것도 볼 수 없을 만큼 말초시각에 문제가 있다. 또 어떤 사람들은 색깔을 지각하는데 문제가 있으며 다른 사람들은 깊이를 지각하는데 어려움을 가지고 있다. 억양을 알아들을 수 없는 사람은 소리를 알아듣지 못한다. 그리고 소리를 잘 듣는 사람일지라도 그가 듣고 있는 소리를 지각하는 능력이 분산된 소리에 의하여 변경될 수 있다. 맛, 감촉 그리고 냄새들도 비슷하게 영향을 받는다.

2) 정서적이고 심리적인 측면을 고려

사람들은 여러 가지 다양한 긴장감 속에서와 안락한 상태에서의 두 경우, 그들의 능력을 완전히 통제하였을 때의 반응은 전혀 다르다. 어떤 감각은 신체기능의 증가된 흥분상태에 따라 예민해 지기도 하고, 다른 감각은 범인이 피해자에게 권총을 들이대는 것 같은 단일사건에 대한 선입견 때문에 효과가 없게 될 수도 있다.

난폭하고 공격적인 공격자는 그가 실제 키보다 더 크고 몸집이 큰 것처럼 보인다. 5명의 사람들은 25명처럼 많아 보일 수도 있다.

섹스와 배고픔 그리고 안락함에 관한 개인적 충동은 목격자의 지각력의 한 부분을 차지할 수도 있다. 특정한 사건에 대한 여러 가지 다양한 시각적 관점으로 인해 일어난 사건에 대한 목격자의 지적이 달리 될 수도 있다. 예를 들어, 식사를 하고 있던 어떤 사람이 맛을 전혀 기억할 수 없을 수도 있다. 그러나 반면에 배고픈 사람은 정확하게 그것들을 회상할 수 있다.

3) 경험과 교육

교육을 통하여 관찰한 경험에 대한 목격자의 상황 설명은 지각한 것을 기억하고 관찰하고 인상을 전달함에 있어 용이하게 해준다. 반대로 경험이나 훈련이 부족하면 의미 있는 상징과 표현으로 본 것을 해석하는데 어려움이 있는 것처럼 의사를 전달하는 데에는 문제가 있게 된다. 또 언어장애가 있을 수도 있다.

4) 선입견 또는 편견

대부분의 사람들은 보고 싶은 것을 보는 경향이 있다. 어떤 물건을 보고 싶다거나 또는 보기 싫다는 강한감정은 특정한 사건이나 대상에 쏟는 관심의 정도에 영향을 주는 경향이 있다. 목격자로부터 정보를 수집하는 자로서 조사관의 역할에 있어서 탐정의 임무는 선입견적인 태도를 바꾸는 것이 아니라 분별력 있게 실제로 일어난 것을 정확하고 객관적으로 설명하는 목격자의 능력과 태도에 영향을 주는 것이다.

5) 관점

목격자의 관점을 생각해 볼 때 이러한 질문을 스스로에게 물어 볼 수 있다. 그들은 자신들의 유리한 입장에서 보고 말하는 것을 실제로 관찰할 수 있었을까? 어떤 선의를 가진 사람들은 자료들이 실제로 부족하여 때로는 그들이 본 것과는 다소 다르게 일어났다고 믿는 것으로 그 차이를 메운다. 모든 사람들은 다른 시간과 다른 경험을 통하여 사물을 보고 해석과정을 다르게 하여 통합한다. 이러한 후에 사고를 전달하는 그들 고유의 방법을 이용하면서 다르게 의사전달을 하는 것이다. 조사관의 임무는 이러한 자료들을 정확하게 통합하고 해석하는 것이다.

6) 색깔에 영향을 받는 분위기

색깔은 사람들에게 특정한 감정을 일으킨다. 파란색은 평화와 동의를 뜻하지만 어두운 파란색을 좋아하는 사람들은 안전의 욕구에 의해 자극 받는다. 파란색은 은행과 자동차 제조업자들의 상징으로 널리 쓰여 지고 있다.

노란색은 현대성과 성취감 그리고 미래와 관련이 있다. 빨간색은 권력과 승리의 촉구 그리고 생생함의 생각을 만들어 낸다. 녹색과 빨간색은 힘과 확실성 그리고 청렴결백의 감정을 나타낸다. 녹청색은 안전과 자기존중의 의미를 불러일으킨다.

7) 기억

슬픈 감정이 있는 사람은 더욱 정확하고 더욱 생생하게 그들의 슬픈 경험을 회상하고 행복한 감정이 있을 때는 행복한 경험을 더욱 많이 회상한다고 한다. 만약 이것이 진실이라고 판명된다면 그것은 다음과 같은 사실을 유추할 수 있다. 즉, 회상을 할 때 어떤 사람이 경험한 그때와 비슷한 감정에서 경험을 다시 설명한다면 아마도 좀 더 나은 회상을 할 수 있을 것이라는 것이다. 범죄현장으로 목격자를 데리고 가는 것은 기분과 기억 모두를 자극하기 위한 것이다.

3. 사람에 대한 묘사

사람이나 재산에 대한 묘사에 관해서 간단하지만 정확한 메시지를 전달할 목적으로 일반적으로 사용되는 표준형식이 수립되어야 한다. 한 개인을 기술해 보라고 목격자에게 요구할 때 그에게 용의자에 대해서 '뚜렷한' 어떤 것을 먼저 묘사해 보라고 묻거나 그 용의자와 목격자가 아는 어떤 이와의 유사성을 회상해 보도록 요구하는 것이 적절한 과정이다. 이 기법은 비슷한 대상을 알아내도록 하는 목격자의 능력에 영향을 준다. 유사한 모습을 회상한 후, 그림에서 주어진 개요와 다음과 같은 형식을 이용하여 가능한 한 자세한 기술을 얻도록 하라.

사람에 대한 묘사

1) 알 수 있다면 성명 그리고 별명, 역시 알 수 있다면 가명도 기재한다.

2) 성별

3) 할 수 있다면 인종과 국적

백인은"W", 흑인은"N", 동양인은"O" 등으로 다른 인종의 표현이 그 지역에서는 토착화되었을 때만 제외하고 잘못 이해되는 것을 피하기 위하여 원래 인종의 철자를 적는다. 오해를 줄일 수 있고, 그것이 필요할 때 사용될 수 있다.

4) 연령

알 수 있다면 근접한 나이와 집에서 사용하는 나이를 모두 적는다. 생년월일이 이용할 가치가 있다면 기재한다.

5) 신장

가능한 한 정확한 신장을 적는다. 피해자와 목격자는 대개 신장을 크게 평가하는 경향이 있다.

6) 체중

체중과 신장의 비율은 대부분 신체의 모양을 결정한다. 여자도 비슷하게 분류된다. 대략의 체중과 더불어 '홀쭉하다', '뚱뚱하다' 또는 다른 모양새라는 것을 기재한다.

7) 머리, 머리모양, 색깔, 길이 그리고 대머리인지 기재한다.

8) 눈

만약 동양인의 모양과 다르거나 어떤 다른 특이한 특징이 있다면 색깔과 모양을 기재한다.

9) 피부색

색깔과 모양, 주근깨, 마마자국, 여드름, 모반, 부스럼, 햇볕에 그을린 자국이나 탄 자국, 피부이식 자국 등과 같은 다른 특징들을 기재한다.

10) 모든 다른 모습과 장식품들도 기재한다.

얼굴 모양과 짧은 구레나룻, 특이한 모습이나 얼굴 모양새, 상처, 흉터표식 또는 문신 등을 기재한다. 신체상에 있어 눈에 보이는 부분에 대한 특이한 특성을 포함하여 기재한다.

11) 착용하고 있다면 안경과 보석류를 기재한다.

안경을 위장용으로 사용할 수도 있지만 그에게는 반드시 착용해야 하는 부속물일수도 있다. 안경에 대한 특이한 특성 즉, 너무 두껍거나 많이 닳아서 나타난 모양새 같은 것이 있는지를 찾아본다.

12) 입은 옷을 기재한다.

다음의 순서대로 위에서부터 시작하여 아래쪽으로 훑어본다. 모자, 셔츠, 넥타이, 재킷, 코트, 드레스 또는 바지, 신발과 양말, 모양, 색상, 옷감의 질 그리고 옷감의 질을 입증할 만한 특성을 기재한다. 모자에 대하여는 중절모인지, 창있는 모자인지, 제복에 착용하는 모자인지, 베레모인지, 헬멧인지 또는 스카프인지를 기재한다. 셔츠는 색상과 모양 즉, 스포츠용, 예복, 제복 등과 같은 모양을 기재하고 옷감의 재질도 밝혀졌다면 기재한다. 코트와 바지 또는 드레스에 대하여는 옷감의 질, 모양 그리고 색상을 기재한다. 스웨터나 다른 윗도리는 꽤 특이하여 자세히 기재되어야 한다. 알 수 있다면 신발 모양이나 색상도 확인되어야 한다.

13) 개인적인 특징

그 대상에 대한 어떠한 것도 그와 기재되어야 하는 어떤 사람을 구별해 줄 것이다. 언어장애나 억양 또는 특이한 전체적인 음성의 질이나 말씨 등과 같은 것들이다. 그가 하고 있는 무의식적인 움직임이나 버릇을 적어둔다. 비비꼬거나, 손톱을 물어뜯거나, 얼굴을 긁적거리거나, 손가락을 뚝뚝 거리거나, 휘파람을 불거나, 이빨로 특이한 소리를 내는 것, 몸의 어떤 부분이나 옷을 뜯거나 하는 것과 같은 나중에 그의 신분을 입증하는데 도움을 줄 개인에 대한 어떤 다른 관찰사항을 적어둔다.

13장 관찰요령과 기록

현재 사용 중인 탐정관련 조사서류는 없기 때문에, 경찰기관에서 사용하는 서류 및 보고서로 대신한다.

제1절 관찰의 의의와 중요성

1. 관찰의 의의

관찰은 탐정이 자신의 의뢰인으로부터 의뢰받은 시설, 장소, 대상자에 관련된 사물, 현상을 주의 깊게 살펴보고 파악하는 것을 의미한다.

관찰은 단순히 주변의 사물이나 현상을 살펴보는 것에 거치지 않고 사물 · 현상의 파악에 있다고 볼 수 있다. 관찰은 탐정이 자신의 오감을 활용하여 지각한 것을 분석하고 그 의미를 파악하는 활동이라고 볼 수 있다.

2. 관찰의 중요성

1) 조사대상자의 용의점 파악

체계적인 관찰활동을 통한 현상·사물의 분석 및 파악은 의심스러운 점이나 범죄 용의점에 대한 판단을 용이하게 할 수 있고, 범죄초기의 발견으로서 탐정이 범죄대응 또는 신속한 사건의 대응이 가능하다고 볼 수 있다.

2) 조사단서의 확보

탐정이 관찰하고 기록한 사실은 추후 사건의 조사에 결정적인 단서뿐만 아니라 증거로서의 가치가 있다고 볼 수 있다.

조사대상자가 시설물에 언제 출입을 하였는지, 당시의 심리상태는 어떠하였는지, 행동이나 소지품 등에는 의심스러운 점이 없었는지, 대상자가 누구와 만나서 어떠한 대화를 나누었는지, 대상자가 주장하는 사실과 탐정이 관찰한 사실과 일치하는 지 등 많은 부분이 관찰활동을 통하여 확인 될 수 있다.[113].

제2절 관찰요령

1. 관찰대상

탐정이 관찰해야 할 대상은 탐정이 활동 중에 관찰하고 지각하는 모든 의미 있는 현상과 사물이다. 이것이 탐정이 관찰하고 파악해야 할 가치가 있는 현상과 사물이라는 것을 의미한다.

113) 우정식, 2006: 309.

여기서의 현상이란 소리, 냄새와 같은 무형적인 현상도 포함하는 개념이고 사물에는 대상자와 관련된 모든 것을 포함한다고 볼 수 있다.

2. 관찰요령

1) 지각요소의 활용

사람들은 대부분 관찰자로서 훈련을 받지 않은 상태이기 때문에 자신들이 사물을 본다고는 하지만 실제로 자신들이 본 사물에 대한 객관적인 설명을 제대로 하지 못한다. 이는 관찰자가 자신의 주관적인 습성에 따라 자신이 보고 싶고 기억하고 싶은 부분만 관찰하기 때문이다. 따라서 관찰자가 관심을 두지 않는 사물에 대해서는 관찰자는 사물이라는 물체만 기억할 뿐 그 사물의 특성에 대해서는 제대로 설명할 수 없게 되는 것이다[114].

관찰자는 오감을 사용하여 관찰할 수 있는데, 오감이란 관찰에 있어서 지각요소가 된다. 관찰자는 자신이 보고, 듣고, 냄새 맡고, 맛을 보고, 만지는 것을 통하여 관찰하게 되는 것이다. 따라서 탐정은 조사활동에서 자신의 부족한 지각요소를 보완하도록 노력해야 한다.

2) 사람에 대한 관찰요령

(1) 사람에 대한 관찰과 묘사

사람에 대한 관찰과 묘사를 위해서는 그 사람에 대한 특징을 나타낼 수 있는 사실들을 파악하기 위한 부단한 노력이 필요하다.

- 성 명
- 성 별
- 인종과 국적(외국인에 한함)

114) 이상원, 2007: 121-125. 출처확인

- 연 령
- 신 장

목격자는 대개 신장을 크게 평가하는 경향이 있기 때문에 실제 신장을 알 수가 없다면 주위의 물건과 비교, 그 물건의 어느 정도의 높이에 해당되는 지를 파악, 활용하면 된다.

- 체 중
- 머리, 머리모양, 색깔, 길이, 대머리 여부
- 눈의 모양, 색깔
- 피부색
- 옷상태
  안경, 보석류, 옷의 종류와 색깔, 휴대품 등
- 기타 특징
  수염, 흉터, 얼굴 모양새, 문신, 자세 등
- 인 상
  탐정이 느끼는 개인적인 인상을 기억하면 된다.

(2) 사람에 대한 관찰요령

사람에 대한 관찰요령은 그 사람에 대한 특징을 지울 수 있는 점을 기억하는 것에서부터 출발한다.

사람에 대한 관찰요령은 아래의 방법에 따른다[115].

o 어디서 들어왔고 어디로 나갔나(이동방향)?
o 누구와 어떤 대화를 하였고, 그 당시의 말투(어조, 음성, 높낮이, 사투리 등)는 어떠하였나?
o 타인과 구분하여 기억할 수 있는 특징은 무엇인가?
o 개인적인 인상은 어떠한가?

115) 우정식, 2006: 332-333.

3) 현상에 대한 관찰요령

현상에 대한 관찰은 사람의 자연스럽지 못한 행동, 평소와 다르게 느껴지거나 보이는 현상이나 대상물, 화재와 같은 사고와 관계되는 현상이 포함된다.

제3절 기록

1. 기록의 의의와 기능

기록은 탐정이 조사업무의 수행 시에 관찰하는 다양한 사물이나 현상 등을 메모 등의 형태로 문자화하는 작업을 말한다. 사람의 기억력은 물론 개인차가 있겠지만, 대부분의 사람들은 자신의 관찰하거나 보고 들은 내용을 기억하는 데 한계를 지니고 있기 때문에 일정시간이 경과하게 되면 기억의 상당한 부분은 잃어버리게 된다.

기억이란 시간이 지남에 따라 관찰자의 성향에 따라 기억하고 싶은 형태로 변화하기도 한다. 사람마다 학식과 상황에 따라 지각한 것을 해석하는 능력이 다르고 사람들이 자기들의 학식과 상황을 근거로 지각한 것을 평가하기 때문이다[116). 따라서 관찰자가 기억한 사실들은 시간이 경과함에 따라 객관적인 특성을 잃게 되고 관찰자의 주관적인 기억(기억당시의 분위기, 인상, 느낀 감정)으로 남고, 표현하게 되는 것이다[117).

116) 이상원, 2007: 119.
117) 우정식, 2006: 334.

2. 기록요령[118)]

1) 시간, 대상, 이유를 기록

기록에는 기본적으로 기록시간(when), 기록대상(what), 기록이유(why)가 포함되어야 한다. 기록함에 있어서 6하 원칙에 입각한 기록이라면 좋겠지만 반드시 기록시간, 기록대상, 기록이유는 포함되어야 한다.

2) 객관적 사실중심의 기록

기록을 함에 있어서 주관적인 판단은 지양하고 사실을 있는 그대로 기록해야 한다. 관찰자의 주관적 감정이나 판단이 기록되면, 그 기록을 읽는 사람에게는 당시의 객관적 상황이 왜곡될 가능성이 있기 때문이다.

3) 관찰된 사실 모두에 관한 상세한 기록

사소한 내용이라도 추후에 중요한 단서가 될 수 있기 때문에 관찰된 내용 전부를 기록하는 것이 좋다. 따라서 아무런 의미가 없어 보이는 현상이라도 가능한 빠짐없이 기록으로 남기는 것이 적절하다. 또한 기록된 사실만으로도 사람에 대한 기본적인 묘사가 가능하도록 기록해야 한다.

기록의 예를 들면 다음과 같다.

'신장은 벽면 3번째 유리창 정도의 높이(약180cm가량), 나이는 20대 후반, 눈은 크고 쌍꺼풀이 있고 얼굴은 검은 편, 머리는 검정색 파마머리로서 앞머리는 뒤로 재친 머리, 어깨는 건장하고 넓은 편에, 전라도 의심한 사투리를 사용, 목소리는 굵은 편, 귀는 길쭉한 귓밥이 있는 편에 왼쪽 이마 부분에 사마귀가 있음' 과 같이 사람에 대한 묘사가 가능하게 정확히 기록해야 한다.

118) 우정식, 2006: 336-338.

4) 기록자가 이해하기 쉽게 기록

체계적이지 못한 단순히 나열식의 문장은 다른 읽는 사람에게 혼동을 줄 수 있으므로 기록은 기록자가 이해하기 쉽게 체계적으로 기록을 해야 한다.

5) 조치, 결과사항의 포함

기록된 내용과 관련하여 조치된 사항이 있거나 추가된 사항, 종결된 내용이 있다면 반드시 그 결과를 기록해 두어야 한다.

14장 수사서류 및 보고서 작성

제1절 수사서류의 의의와 기본원칙

1. 수사서류의 의의

수사기관이 범죄수사에 관하여 당해사건의 유죄판결을 받게 할 목적으로 공소의 제기 및 유지를 위하여, 수사기관이 작성한 서류 또는 수사기관 이외의 자가 작성한 서류이다.

2. 수사서류의 종류

1) 수사기관이 작성한 서류

(1) 진술조서

① 피의자 진술조서
② 참고인 진술조서
③ 피의자 신문조서
④ 대질조서

(2) 보고서류

① 범죄인지서
② 현행범인 체포보고서
③ 수사보고서

(3) 기타서류

① 압수조서
② 각종 건의서
③ 사실조회
④ 촉탁서
⑤ 수사 협조의뢰서
⑥ 기타

2) 수사기관 이외의 자가 작성한 수사서류

① 고소장, 고발장, 신고서, 진정서
② 사실조회에 대한 회보서
③ 등본, 초본, 사본류 및 기타서류

3. 수사서류 작성 상 기본원칙

1) 기본적 원칙

(1) 간면성

각 종별 불문하고 간단·명료해야 한다.

(2) 자연성

수사의 경과를 사실대로 자연스럽게 작성해야 한다.

예) 현행범이 아닌 것을 현행범인으로 보고 작성한 것, 수사에 관여치 않은 수사관이 수사보고서를 작성한 것

(3) 합리성

피의자의 행위와 피의사실 및 수집된 인적·물적 증거 간에 모순이나 불일치가 없어야 한다.

예) 폭행치사 사건에서 신문조서 상에는 왼발로 피해자 복부를 찬 것으로 기재되어 있는데, 실황조사서에는 오른발로 차는 모습을 담은 사진이 첨부됨

(4) 객관성

반드시 경험 측에 비추어 객관적으로 가능하거나 납득이 갈 수 있도록 작성되어져야 하고 그렇지 못한 부분이 있을 때는 그 부분을 규명해야 한다.

(5) 이해성

문장은 제3자가보고 이해하기 쉽게 작성해야 한다. 문맥이 통하지 않는다든가 추상적인 표현은 좋지 않다.

(6) 6하 원칙(8하 원칙)

- 누구(범죄의 주체)
- 누구와 같이(공범관계)
- 왜(원인, 동기, 목적)
- 언제(범죄일시)
- 어디서(범죄장소)
- 무엇을, 또는 누구에게(범죄의 객체, 피해자)
- 어떠한 방법으로(범죄의 수단, 방법)
- 무엇을 하였는가, 어떻게 되었는가(범죄의 결과)

〈사진 42〉 조사서류 작성의 6하 원칙

자료: private investigator 관련 이미지.

4. 기술상의 원칙

1) 수사행위자와 작성자 일치

수사를 실행한자가 직접 수사서류를 작성해야 한다.

2) 수사자료 획득선행의 원칙

조사는 당해사건에 필요한 모든 자료가 수집되고 관련된 목격자 등 참고인의 조사가 완료된 다음에 착수되어야 한다.

3) 자료선정 자유의 원칙

당해사건에 필요한 자료는 수사관의 경험과 검증에 따라 자유로이 선정할 수 있어야 한다.

4) 범죄사실 증명중심의 원칙

수집된 자료는 범죄사실이 증명에 필요한 것이어야 한다. 마구잡이식으로 수집된 자료는 수사방향을 어긋나게 한다.

5) 수사행위 시마다 작성

인간의 기억력에는 한계가 있기 때문에 일정한 수사행위를 하고 후일에 작성된 수사서류는 부정확하고 부자연스럽게 마련이다.

제2절 수사서류 작성방식

1. 수사관이 작성하는 서류의 경우

1) 작성 연월일을 기재할 것

수사서류에는 특별한 규정이 있는 경우를 제외하고는 실제로 작성한 연월일을 기재하여야 한다.

2) 소속관서를 기재할 것

작성자의 소속경찰서(소속부 · 과 또는 국 · 과)를 기재할 것

3) 작성자의 계급을 기재할 것

예) 순경의 경우, 사법경찰리	순경○○○
경위이상의 경우, 사법경찰관	경위○○○

4) 작성자의 서명 · 날인을 할 것

서명이란 손수 성명을 기재하는 것이며, 타인으로 하여금 기재하게 하거나, 성명의 고무인을 사용하는 기명과는 다르므로 주의하여야 한다. 날인 대신 무인은 허용하지 않는다.

5) 매엽에 간인을 할 것

수사서류가 2매 이상인 때에는 계속하는 것을 증명하기 위하여 작성자의 날인에 사용한 인장을 가지고 매엽에 간인한다.(좌측여백 : 작성자 인, 우측여백 : 진술자 인)

6) 여백이나 공백에는 사선을 긋고 날인할 것

문자를 마음대로 삽입할 수 없다는 것을 담보하여 서류의 신빙성을 높이기 위하여, 여백 · 공백에는 반드시 사선을 긋고 그 선상 중앙부에 날인한다.

7) 문자를 변개하지 말 것.

문자를 고쳐서는 아니 된다. 문자를 삭제하거나 삽입하거나 란 외에 기재한 필요가 있는 경우에는 다음의 방법을 취한다.

- 문자를 삭제할 때에는 삭제할 문자에 두 줄의 선을 긋고 작성자의 날인을 하며, 그 좌측에 란 외에 "삭○자"라고 기재하여야 한다.
- 문자를 삽입할 때에는 그 개소를 명시(∨자 표시)하여, 행의 상부에 삽입할 문자를 기입하는 것을 원칙으로 하고 예외적으로 하부에 기입하는 것도 허용되며 그 부분에 작성자가 날인을 하여야 하며, 그 좌측 란 외에 "가○자"라고 기재하여야 한다.
- 1행 중 2개소 이상 문자를 삭제 또는 삽입하였을 대에는 각 자수를 합하여 "삭○자" "가○자"라고 기재하여야 한다.

- 란 외에 기재할 때에는 기재한 곳에 작성자가 날인하고 그 란 외에 "가○자"라고 기재하여야 한다.
- 정정에는 반드시 서명 날인에 사용한 인장을 사용하여야 한다.
- 피의자 신문조서나 진술조서인 때에는, 란 외에 "삭○자" 또는 "가○자"라고 기재하고, 그 곳에 진술자로 하여금 날인하게 하여야 한다. 진술자가 외국인인 때에는 그 날인을 생략할 수 있다. 다만, 외국인이 날인의 제도를 가지는 국가에 속하는 때에는 그러하지 아니하다.

2. 사인이 작성하는 서류의 경우

1) 작성 년 · 월 · 일을 기재할 것
2) 작성자의 서명 · 날인을 할 것
   다만, 서명을 할 수 없을 때에는 타인으로 하여금 대서 기명하게 할 수 있다. 또한 날인할 수 없을 때에는 무인하게 하여야 한다.

3. 타인으로 하여금 대서하게 하였을 경우

사인으로 하여금 대서케 했을 때에는 그 이유를 기재하고, 서명 날인하게 한다.

탐정이 대서하였을 경우에는, 열람하게 하거나 읽어주어서 대서사항이 본인의 의사와 차이가 없는가를 확인한 후 대서의 이유를 기재하고 본인과 함께 서명 · 날인하여야 한다.

4. 수사서류 작성 상 일반적 유의사항

1) 형식적 사항

수사서류는 남이 읽을 것을 전제로 작성하는 것이므로 남이 보아서 이해하기 쉽도록 작성하여야 한다.

(1) 소정의 서식을 따를 것

수사서류는 범죄수사규칙 등에 많은 서식이 제정되어 있으므로 서식이 제정되어 있는 경우에는 반드시 그 서식에 따라 작성하여야 한다.

(2) 우리말을 사용할 것

- 특정한 용어이거나 우리말로 옮기기 어려운 경우를 제외하고는 서류상의 용어는 반드시 우리말을 사용하여야 한다.
  예) · 월담침입하여 - 담을 넘어 들어가
  · 사시미 한 사라를 시키고 - 생선회 한 접시를 시키고
  · 안면 강타 - 얼굴을 세게 때리고
  · 허락을 득하고 - 허락을 받고
  · 절취할 범의 야기하고 - 훔칠 마음을 먹고
  · 허언으로 기망하여 기지 오신케 하여 - 거짓말로 속여 그 뜻을 그릇 믿게 하여
- 지명, 인명 등으로서 혼동할 우려가 있을 때, 한자를 써주어야 뜻이 정확하게 통할 수 있다고 생각될 때, 기타 필요하다고 인정될 때에는 그 다음에 괄호를 하고 그 안에 한자 등을 기입하거나 설명 명을 붙인다.

(3) 한자를 정확하고 명료하게 기재할 것

- 읽기 어려운 글자나 흘려 쓰는 글씨는 읽는 사람들에게 불편을 줄 뿐만 아니라 성의가 부족한 것으로 느껴져 그 서류의 신빙성까지 의심받게 만들 수 있

다. 능숙한 글씨가 아니더라도 읽기 쉽게 또박또박 쓰면 된다.

- 오자, 탈자는 서류 작성자의 성실성이나 자질을 의심받게 만들뿐 만 아니라, 수사 내용에 대한 오해를 불러일으킬 수 있으므로 오·탈자가 생기지 않도록 늘 유의하고 확인하여야 한다.
- 사투리나 은어, 약어 등을 써야 할 경우에는 그 뒤에 괄호를 하고 그 내용을 간단하게 설명해 주어야 한다.
- 용어는 경찰용어, 법률용어를 피하고 일상생활에서 사용하기 쉬운 문구를 사용하여야 한다.

  예) - 타인의 재물을 절취한 사실이 있는가

  - 남의 물건을 훔친 일이 있는가
- 띄어쓰기에 유의하여야 한다. 띄어쓰기를 잘못할 경우 뜻이 달라질 수도 있다.

  예) - 아버지가 죽을 잡수신다.

  - 아버지 가죽을 잡수신다.

(4) 뜻이 잘 통하도록 문맥을 정리하여 기재할 것

내용이 복잡하고 길어질 때 접속형 어미(예: ~하고, ~하자, ~하면서 등)등을 사용하여 문장을 길게 쓰면 알기 어렵게 되므로 되도록 단문을 만들어 쓰는 것이 좋다. 자신의 생각을 정확히 표현할 수 있는 좋은 문장을 쓰는 것은 평소에 많은 훈련과 연습이 필요하다.

예) …… 훔칠 마음을 먹고 사방을 둘러보니 아무도 보는 사람이 없기에 담을 넘어 들어가서 조심스럽게 살펴보고 집안에 사람이 없는 것을 확인하고 안심하고 문을 부수고 집안으로 침입하여 안방에 들어가니 장롱이 있어서 뒤져보니 아무것도 없어서……

…… 훔칠 마음을 먹었다. 사방을 둘러보니 보는 사람이 없어서 담을 넘어 들어갔다. 집안에 아무도 없는 것을 다시 확인한 후 문을 부수고 집안으로 침입했다. 안방으로 들어가 그곳에 있는 장롱을 뒤져보니 아무것도 없어서……

(5) 중언후언하지 말 것

같은 내용을 되풀이하여 기재함으로서 읽는 사람으로 하여금 내용을 혼동하게 하거나 짜증나게 만들지 않도록 표현을 간결하게 하여야 한다.

(6) 숫자의 기재방법에 유의할 것

수사서류에 숫자를 기재함에는 정확하고, 보기 쉽고 능률적인 것이 필요하며 횡서인 경우에는 원칙적으로 다음과 같이 기재한다.

① 아라비아 숫자(0123456789)를 사용한다.

② 수가 3계단 이상이 될 때에는, 3계단마다 구두점을 넣어서 100,000개, 431매라고 기재한다.
다만, 계단수가 많아서 읽기 어려운 경우에는 만·억의 단위어를 넣어서 45만개, 1억 2,500만원이라고 기재하는 것도 하나의 방법이다.

③ 개산의 경우에는 5, 60대, 1, 2개월 등으로 기재한다.

(7) 성명을 한글로 기재하고 ( )안에 한자를 써야한다. 별명이나 이명이 있을 경우 반드시 기재하여야 한다.

2) 실질적 사항

수사서류 작성에 있어서 무엇보다도 중요한 것은 그 형식적인 요건이 아니라 서류에 개재되어 있는 내용이다.

(1) 사실을 그대로 기재할 것

수사서류의 가치는 서류에 기재되어 있는 내용이 진실(사건과의 부합)한 것이 생명이다. 왕성한 직무의욕으로 수사에 열중한 나머지 수사상 유리한 사실만을 지나치게 강조하거나 피의자에게 유리한 사실을 생략하여서는 안 된다. 수사상 유·불리를 따지지 말고 탐문하거나 조사한 사실, 피의자가 진술한 내용을 그대로 기재해 주어야 한다.

(2) 요점을 망라할 것

수사서류는 관련된 것을 전부 그대로 기재하는 것이 아니다. 수사하고자 하는 범죄와 관련이 있는 것에 중점을 두어 6하 또는 8하의 원칙에 따라 작성함으로써 요점을 빠뜨리지 않고 기재하여야 한다.

(3) 기재내용에 모순이 없을 것

서류에 작성할 내용을 자신의 수첩이나 메모장에 상세히 기록해 두었다가 이를 문맥이 통하도록 잘 정리해서 항목별로 기재하는 습관을 길러두면 앞뒤 모순이 없는 서류를 작성할 수 있다.

제3절 수사서류의 작성순서

1. 원 칙

수사서류도 선증후포의 수사원칙과 같이 증거가 되는 사항을 먼저 작성하고 최종적으로 피의자를 체포 신문하여야 한다. 피의자를 먼저 신문할 경우에는 다음과 같이 모순이 있기 때문이다.

1) 진범이라 할지라고 부인할 경우 다른 사항을 조사치 않았으므로 증거가 없어 신문 후 피의자를 방면하였다가 뒤늦게 증거조사를 하여 다시 신문하여야 한다.
2) 신문을 받은 피의자는 수사내용을 다 알고 있기 때문에 피의자 참고인 등과 진술조작 또는 증거를 인멸할 염려가 있다.
3) 피의자가 진범일 경우 도망할 염려가 있다.
4) 피의자를 자주 불러 국민을 괴롭힌다는 비난을 받을 염려가 있다 .
5) 동일인을 이중수사하게 되어 수사업무를 과중하게 한다.

2. 수사서류 작성순서

작성순서는 수사내용에 따라 다를 수 도 있으나 일반적으로 다음과 같은 순서로 작성하여야 한다.

1) 인지사건

① 범죄인지보고서 작성(단, 인지보고 작성순서는 바뀔 수 있음)
② 신고자 진술조서 작성 및 채증(단, 필요시 압수 수색 검증)
③ 피의자 진술조서 작성 및 채증(단, 필요시 압수 수색 검증)
④ 참고인 진술조서 작성 및 채증
⑤ 사실조회 또는 수사협조 의뢰에 대한 회보 검토
⑥ 피의자 신문 및 압수
⑦ 공범자 신문 및 압수
⑧ 현장검증 단, 검증은 현장변경 가능성이 있으면 우선 실시할 수 있다.
⑨ 피의자 검거보고
⑩ 구속영장 신청 및 집행
⑪ 압수물 가환부 신청에 의한 가환부 지휘 건의서
⑫ 압수물 가환부 영수증
⑬ 구속통지서
⑭ 피의자 신문(2회)
⑮ 수사보고(종합)
⑯ 의견서

2) 형사민원사건

형사민원사건 수사 시에는 다음 순서로 출석요구서를 발부하여야 한다.

① 민원인에게 먼저 출석요구서를 발부하여야 하며 이때 출석시일을 늦춰 피민원인에게 출석요구서를 동시 발부하여서는 안 된다. 왜냐하면 조사도 안

하면서 피민원인에게 심리적 불안감만 조성하고 증거인멸의 기회부여, 민원인에 대한 협박 등 나쁜 결과만 초래하기 때문이다.

② 민원인 조사를 마치면 그의 진술에 의한 증거조사를 마친 다음 피민원인에게 출석요구를 하여야 한다.

③ 기타 사항은 위 인지사건의 경우와 같다.

3) 작성순서의 예외

다음과 같은 경우에는 예외가 인정된다.

- 민원사건의 민원인이 3회 이상 출석요구에 응하지 않는 경우
- 피해자 또는 피의자 인원이 많아 일시에 수인의 수사요원이 동원되어 수사하는 경우
- 기타 수사상 필요하다고 인정되는 합리적 이유가 있는 경우

〈피해신고서 작성 예〉

(수사규칙 제1호) (규칙 50조 2항, 121조 1, 2항)

<table>
<tr><td colspan="6">피해신고서
다음과 같이 피해를 당하였으므로 신고합니다.
1994. 4. 15. 10 : 00
신고인 주거: 서울 관악구 흑석 제2동 37(16통 7반)
피해자와의 관계 : 본인 성명 김양호(金良浩) 인 (전화 234-1234)
노량진 경찰서장 귀하</td></tr>
<tr><td>피해자의 주거·직업·성명·연령·주민등록번호</td><td colspan="5">서울 관악구 흑석 제2동 37(16통 7반)
건어물상 김양호(金良浩) 만 62세
320409-1133217</td></tr>
<tr><td>피해년월일시</td><td colspan="5">1994. 4. 15. 00 : 30경부터
1994. 4. 15. 04 : 30경까지</td></tr>
<tr><td>피 해 장 소</td><td colspan="5">위 김양호 집 북쪽 온돌방(공부방)</td></tr>
<tr><td>피해상황(범행)</td><td colspan="5">범인은 남쪽 부로크 담을 넘어 들어와서 방문을 잠그지 않고 학생들이 잠자고 있는 북쪽 온돌방(공부방)에 들어가서 동 실내 책상서랍에서 시계 1개와 만년필, 책꽂이 위에 놓아둔 라디오, 벽에 걸어둔 쉐터, 학생복 상의 호주머니에서 넣어둔 현금 등을 훔쳐 가지고 대문 작은 샛문을 열고 도망한 것으로 추측됩니다.</td></tr>
<tr><td rowspan="2">피해금품</td><td>품명</td><td>수량</td><td>시가</td><td>특징</td><td>소유자</td></tr>
<tr><td>별지와 같음.</td><td></td><td></td><td></td><td></td></tr>
<tr><td>범인의 주거·성명 또는 인상착의 특징 등</td><td colspan="5">일체불상</td></tr>
<tr><td>참 고 사 항
(유류물품, 기타)</td><td colspan="5">1. 김일남은 신고인의 장남이고, 이상구는 친구(동창생)임.
2. 유류물품은 발견하지 못하였음.</td></tr>
<tr><td colspan="6">위와 같이 본인의 의뢰에 따라(의하여) 대서하다.
노량진경찰서 동작파출소
사법경찰리 경 장 박 ○ ○ ㉤</td></tr>
</table>

〈피의자 검거보고서 작성 예〉
(특수절도)

종로 경찰서

1993. 11. 10

수 신 경찰서장
참 조 형사과장
제 목 특수절도 피의자 검거보고

특수절도 피의자를 다음과 같이 검거하였기 보고합니다.

1. 피의자 인적사항

본 적 : 경기도 고양군 원당면 원당리 200
주 거 : 서울 강남구 논현동 350
무직 김갑동 (金甲同) 51세
주민등록번호 : 411110-1155207

2. 검거일시 및 장소

1993. 11. 10. 19 : 30쯤 종로구 종로 2가 137소재 기쁜소리사 가게

3. 검거경위

가. 금일 19 : 30 제1선 순찰근무 중 기쁜소리사 오디오수리 가게에서 녹음기를 매도하려는 현장을 목격하고 그 언동을 살폈더니 수상하여 불심검문하였던 바, 녹음기에 대한 출처 등을 명확히 밝히지 못하므로 파출소로 임의동행 조사케 되었음.

나. 자기 소유이다, 친구 것이다 하며 계속 변명 부인하다가 1993. 11. 9. 20 : 30쯤 서울 강남구 역삼동 400의 10에 있는 이복순(40세)의 집 창문을 장도리로 파괴하고 침입, 그 집 마루 위에 있는 그녀 소유의 일제 소니 녹음기 1대, 시가 10만원 상당을 절취한 사실을 자백하므로 피해자 이복순에게 연락 피해일시를 확인하고 녹음기를 대조한 바 피해자의 소유임이 밝혀져 특수절도 피의자로 검거케 되었음.

종로경찰서 종로 2가 파출소 근무

사법경찰리 순경 김 수 동 ㊞

〈피의자 동행보고서 작성 예〉
(특수절도)

종로 경찰서

1993. 11. 10

수 신 경찰서장
참 조 형사과장
제 목 특수절도 피의자 동행보고

특수절도 피의자를 다음과 같이 동행하였기 보고합니다.

1. 피의자 인적사항

본 적 : 경기도 고양군 원당면 원당리 200
주 거 : 서울 강남구 논현동 350
무직 김갑동 (金甲同) 51세
주민등록번호 : 411110-1155207

2. 검거일시 및 장소

1993. 11. 10. 19 : 30쯤 종로구 종로 2가 137소재 기쁜소리사 오디오 수리가게

3. 검거경위

가. 금일 19 : 30 제1선 순찰근무 중 기쁜소리사 오디오수리 가게에서 녹음기를 매도하려는 현장을 목격하고 그 언동을 살폈더니 수상하여 불심검문하였던 바, 녹음기에 대한 출처 등을 명확히 밝히지 못하므로 파출소로 임의동행 조사케 되었음.

나. 자기 소유이다, 친구 것이다 하며 계속 변명 부인하다가 1993. 11. 9. 20 : 30쯤 서울 강남구 역삼동 400의 10에 있는 이복순(40세)의 집 창문을 장도리로 파괴하고 침입, 그 집 마루 위에 있는 그녀 소유의 일제 소니 녹음기 1대, 시가 10만원 상당을 절취한 사실을 자백하므로 피해자 이복순에게 연락 피해일시를 확인하고 녹음기를 대조한 바 피해자의 소유임이 밝혀져 특수절도 피의자로 검거케 되었음

종로경찰서 종로 2가 파출소 근무

사법경찰리 순경 김 수 동 ㊞

제4절 조사보고서 작성방법[119)]

사설탐정의 완벽한 조사보고서는 고객에게 상세한 결과세트를 제공하기 위해 작성되며 사설탐정이 수행하기로 약속 한 진술, 조사자의 사실적 발견 및 조사에서 나온 결론. 조직, 간결함, 명확성 및 정확성은 좋은 보고서의 특징이다. 서면보고서는 조사의 모든 관련 측면을 나타내며 객관적이고 정확하며 이해할 수 있고 논리적으로 체계적이며 시기적절해야 한다. 보고서에는 사실의 집합을 바탕으로 서면의견을 제공하도록 고객이 구체적으로 요구하지 않는 한 조사자의 의견이 아닌 사실만 포함해야 한다. 의견은 일반적으로 전문가의 증인, 과학자 증언 등 신빙성이 있어야 한다.

조사보고서는 사설탐정이 생산하는 가장 중요한 제품이며 의뢰자에게 보고서를 명확하게 설명할 수 있어야 하며, 조사자가 부재 한 경우 조사자가 어떤 정보를 산출할 수 있었는지 명확하게 설명할 수 있어야 한다. 조사보고서는 사설탐정의 마케팅에도 없어서는 안 될 부분이다. 조사보고서는 서면으로 의사소통하는 능력으로 고객이 판단하게 된다. 즉, 철자검사를 사용해야하며, 당신과 당신의 말을 혼동하지 말아야한다는 것을 의미한다. ~까지; 그들은 그들과 그들의 것입니다. 신뢰할 수 있는 또 다른 세트를 통해 문법 및 구두점에 대한 보고서를 교정해야 한다.

다음은 좋은 보고서를 작성할 때 고려해야 할 주요 고려사항이다.

요약 : 조사자는 가능한 한 적은 수의 단어로 완전한 이야기를 말하고 메시지를 명확하게 전달하기에 충분한 단어를 사용하는 것이 가장 좋은 보고서라는 것을 기억해야 한다.

정확성 : 서면보고서는 모든 관련 인터뷰 및 관찰을 명확하게 기록하거나 참조해야 한다. 조사 중에 얻은 정보는 정보의 유효성을 입증하는 데 필요하고 합당한 만큼의 출처를 통해 검증되어야 한다. 다시 말하면 조사보고서에는 개인적인 의견이나 견해가 포함되어서는 안 된다.

---

119) http://pursuitmag.com/writing-the-perfect-investigative-report/ 2018.11.12.최종검색.
Pursuit Magazine이 기사는 L. Scott Harrell의 사설탐정평생교육 중 지속적인 교육과정에서 발췌 한 것이다.

스타일 : 보고서는 1인칭 또는 3인칭으로 객관적으로 작성되어야 한다. 즉, "나는 백인 여성을 관찰했습니다 ..." 또는 "조사자가 백인여성을 관찰했습니다 ..." 조사전문용어의 사용을 피해야 된다. 대신 귀하의 고객이 당신과의 대화에서 사용할 일상언어를 사용해야 한다.

형식 : 모든 조사보고서는 정당한 여백을 두고 "페이지 1 / 5"와 같은 방식으로 번호가 매겨진 페이지로 입력해야 한다. 보고서의 성격이나 주제와 관계없이 각각 최소한 다음 요소가 있어야 한다.

소개 또는 전제 - 정리의 성격과 범위는 무엇인가?

○ **조사요약** - 좋은 요약은 고객이 전체보고서를 읽지 않고 보고서를 실제로 구현 한 것을 읽고 이해할 수 있는 요약이다.

○ **주체의 식별** - 조사의 주체를 완전하게 기술한다. 이것은 보고서가 말하는 사람, 장소 또는 사물이다. 주체가 사람이라면 그 사람을 명확하게 식별할 수 있는 완전한 개인식별자가 제공되어야 한다. 그것이 건물이나 물체라면 그 위치, 색깔, 크기, 특징 등을 정확히 묘사해야 한다.

○ **조사방법** - 이것은 조사의 상세한 단계를 단계별로 설명하고, 어디로 갔는지, 언제 갔는지, 얼마나 오래 걸렸는지, 누가 말했는지, 무엇을 하였는지, 어떻게 하였는지, 조사를 중단했을 때 등을 포함해야 한다.

○ **결론 또는 결과** - 조사 과정에서 무엇을 배우고 최종 결과는 무엇인가?

전문직 종사자 - 고객에게 감사의 말을 전하고 조사에 기여한 조사관을 밝히고 궁극적으로 보고서를 작성한 사람을 지정한다.

다음을 포함해야 할 수도 있다.

첨부서류 - 사진, 기록, 중요한 비디오스틸프레임 및 기타 항목, 조사 중에 수집 한 증거문서 또는 계정을 포함하는 것이다. 모든 첨부물에는 조사보고서의 본문에 라벨을 붙이거나 번호를 매기고 참조해야 한다. 디지털문서가 매우 큰 경우

이미지를 압축하여 조사 보고서의 파일 크기를 줄이고 전자메일에 저장해 두어야 한다.

증인 또는 연락처 목록, 조사 중 사설탐정이 말하거나 접촉 한 사람 및 연락처 정보를 유지하는 것이 항상 도움이 된다.

마지막으로 완성된 조사보고서의 보안을 고려해야 한다. 보호되지 않는 Microsoft Word(또는 다른 워드 프로세서) 문서를 다른 사람에게 보내지 않아야 한다. 고객이 최종보고서를 잘 수령할 수 있도록 해야 한다. 전문조사보고서를 작성하는 데는 간결성, 명료성 및 정확성은 좋은 보고서의 특징이다.

〈사진 43〉 탐정조사보고서 샘플 1

Invistigation Report

Investigation Report (Sample)

File:	Mary S. v. Brick Carpentry Ltd.
File Number:	42000-30-00-0000
HRO:	John Smith
Date of Complaint:	February 1, 2006
Date of Report:	March 1, 2007
Section of the Act:	Sec. 5(2) – Sexual Harassment

A. Nature of Allegation

1. The Complainant alleges that she was sexually harassed by the owner of Brick Carpentry Limited.

B. Undisputed Background information

2. The Complainant was employed by the respondent as an office clerk from September 10, 2005 until her resignation on October 23, 2005.

C. Parties and Persons involved

3.

Mary S.	Complainant and former employee of the Respondent
Brick Carpentry	Corporate Respondent
Bill B.	Owner of Brick Carpentry Ltd.
Jane P.	Previous employee of Respondent
Harold V.	Husband of complainant

4. The Complainant's allegations are as set out in the complaint form signed on February 1, 2006, and attached as Appendix 'A'. In summary, she states that:
   i. At the beginning of her employment, the outgoing office clerk (Jane P.) was training her in her new duties and informed her that Bill B. would attempt to touch her, but that if she told him to stop, he would.
   ii. Bill B. made repeated sexual comments towards her, including that she would look good in bed and asking if she suntanned naked. On one instance when she was forced to remove a sweater quickly (due to a wasp having flown into her sweater), Bill B. asked her if she would remove the rest of the clothing as quickly.
   iii. Bill B. frequently grabbed her buttocks, despite being told several times to stop.
   iv. On October 21, 2005, as she was leaving work for the day, Bill B. reached into her sweater's breast pocket and intentionally felt her breast.
   v. Her husband spoke to Bill B. about his behavior, but these conversations had no effect on Bill B.'s behavior.
   vi. Mary resigned her position on October 23, 2005, unable to work under these conditions any longer.

자료: 구글 private investigator report sample

〈사진 44〉 탐정조사보고서 2

REPORT OF INVESTIGATION

TO:	The Special Committee of the NPR Board of Directors
FROM:	Grace E. Speights Margaret E. Rodgers Schmidt Jocelyn R. Cuttino
DATE:	February 19, 2018
SUBJECT:	Report of Independent Investigation into Allegations of Sexual Harassment at NPR

EXECUTIVE SUMMARY

The Special Committee of the NPR Board of Directors retained Morgan Lewis to conduct an independent investigation to determine what management knew about allegations of sexual harassment by Michael Oreskes, the former Senior Vice President of News; when management became aware of such allegations; and what, if anything, management did when it learned about the allegations. In the context of this investigation, the Special Committee also requested that we review past complaints of sexual harassment and how they were handled, and NPR's processes and procedures for reporting, investigating, and responding to complaints of sexual harassment in order to make recommendations for process improvements going forward.

Morgan Lewis conducted a two-month investigation as requested by the Special Committee. The results of the investigation are set forth in this report. In summary, there was a flag raised about questionable conduct by Mr. Oreskes during the hiring process. Once hired, flags were raised as early as October 2015. Additional flags were raised in the spring of 2016 through October 2017. Various members of management and legal knew about these flags at various points in time between October 2015 and October 2017. Attempts by several members of management and legal to counsel Mr. Oreskes about his inappropriate behavior were unsuccessful.

With respect to NPR's processes and procedures for reporting, investigating, and responding to complaints of sexual harassment, our investigation revealed that there are areas that can be improved. We have set forth our recommendations later in this report.

REPORT OF INVESTIGATION

I. Background

This investigation was commissioned following reports of sexual harassment and the subsequent termination of former Senior Vice President (SVP) of News, Michael Oreskes. The primary questions presented in this investigation with respect to the allegations against Mr. Oreskes are (1) when did NPR leadership first learn of the allegations and (2) what action, if any, was taken in response to the allegations. While the circumstances leading to the retention of our firm center on Mr. Oreskes, our investigation was not limited to Mr. Oreskes or any other individuals.

During the course of our investigation, we received a significant amount of feedback about the perception of a culture at NPR that favors men. In almost all cases, this feedback did not relay allegations of sexual

자료: 구글 private investigator report sample

15장 지문

제1절 지문의 의의와 특성

1. 의 의

지문은 지두 장측부(지두내명)에 존재하는 피부가 융기한 선 또는 점으로 이루어진 문형을 말한다. 지문은 '피부가 융기한 선'이나 '유두선' 또는 단지 '융선'이라고 호칭되지만 '융선'이 존재하는 것은 손가락의 말절부 뿐만 아니라 손가락의 중절, 기절, 장측면, 족지와 족장측의 면에도 존재하여 지문과 똑같이 여러 가지 문형을 이룬다.

〈사진 45〉 지문조사

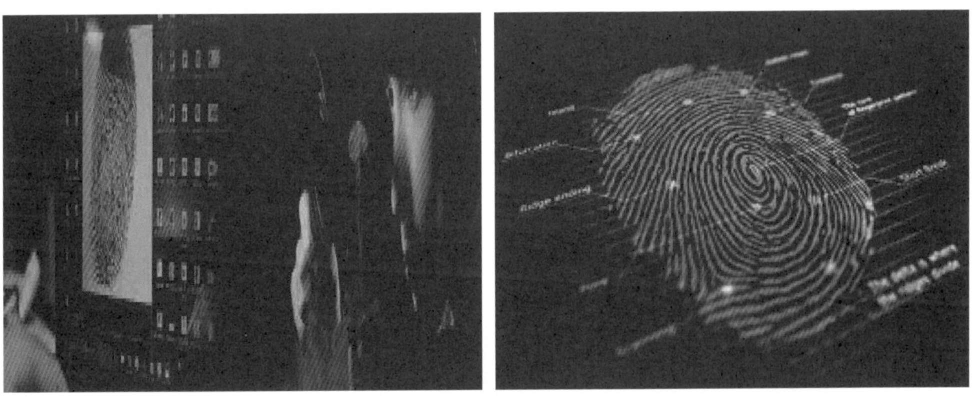

자료: 구글 private investigator 관련 이미지.

2. 특 성

지문은 2가지 특성을 가진다(이상원 · 김상균, 2005b).

1) 만인부동

① 융선이 문형을 이루는 것은 둥근 선, 곧은 것, 긴 것, 짧은 것 등 여러 가지 융선의 접합에 의한 것이다.
② 융선의 문형에는 중단(끊어짐), 분기(갈라짐), 접합(맞붙음)을 포함한다.
③ 문형에 포함되는 이러한 것이 그 문형의 특징이 되는 것으로, 이 특징의 전부가 일치하는 동일한 문형은 다른 데에는 존재하지 않는다.
④ 부모형제 간은 물론 일란성 쌍둥이도 지문은 상이하다.

2) 종생불변

사람이 세상에 가지고 태어난 지문은 그 사람의 일생을 통하여 변하지 않고 지문의 피부가 마멸되든지, 창상 등에 의해 손상되든지 하는 일이 있게 되면 지문도 일시적으로 마멸 또는 절손되지만 창상 등이 가벼운 경우에는 이전의 문형과 동일한 특징을 구비한 문형이 재현된다.

제2절 지문의 종류

지문은 크게 궁상문, 제상문, 와상문, 변태문으로 구분한다.

1. 궁상문(지문분류번호는 1)

궁상문은 활모양 또는 파도와 같은 돌기모양으로 형성된 지문을 말한다. 궁상문은 중심부의 특징이나 삼각도가 없으며 돌기 방향은 반드시 상부를 향한다.

궁상문은 보통 궁상문, 돌기궁상문, 편류궁상문으로 세분된다.

1) 보통궁상문

보통 궁상문은 평탄하게 흐른 궁상선이 모여서 1개의 문형으로 형성된 지문을 말한다.

2) 돌기궁상문

돌기궁상문은 파도와 같이 돌기한 궁상선으로 형성된 지문을 말한다.

3) 편류궁상문

편류궁상문은 중심부 융선이 좌측 또는 우측으로 편류한 지문을 말한다.

2. 제상문(지문분류번호 2~6)

제상문은 말발굽 모양의 제상선이 모여서 형성된 지문을 말한다.

제상문은 융선이 흐르는 반대쪽(좌측이나 우측)에 삼각도가 1개있고, 돌기방향이 대부분 상부를 향한다.

제상문은 갑종 제상문과 을종 제상문으로 세분된다.

1) 갑종제상문(지문분류번호는 2)

갑종제상문은 좌수지문을 찍었을 때 중심부로 보아서 삼각도가 좌측에 형성되어있고 우수를 찍었을 때에는 우측에 형성되는 지문을 말한다.

2) 을종제상문(지문분류번호 3~6)

을종제상문은 갑종제상문과 삼각도가 반대이다. 중심부로부터 보아서 우수일 경우 각이 좌측에, 좌수일 경우 각이 우측에 있는 제상문은 을종제상문이다.

- o 융선수가 7개 이하는 지문분류번호 3
- o 융선수가 8개~11개이면 지문분류번호 4
- o 융선수가 12개~14개이면 지문분류번호 5
- o 융선수가 15개 이상이면 지문분류번호 6

3. 와상문(지문분류번호 7~9)

와상문은 지문의 중심부가 한 바퀴이상 돌아가는 와상선, 원형으로 생각 환상선, 말발굽같은 제상선 또는 기타 융선이 독립 아니면 혼합하여 형성되고, 좌측과 우측에 각각 1개씩 각을 가진 문형을 말한다.

와상문은 순와상문, 환상문, 2중제상문, 쌍태제상문, 유태제상문으로 세분된다.

4. 변태문(지문분류번호는 9안에 중간점으로 표시)

변태문은 지문이 나타난 손가락이 점이나 단선 또는 기타 융선으로 형성된 변태적인 문형으로 궁상문, 제상문, 와상문 중 어느 문형에도 속하지 않는 지문을 말한다.

제3절 현장지문

1. 현장지문과 준 현장지문

1) 현장지문

현장지문은 '범죄현장에서 채취한 지문'으로서 범죄현장의 여러 가지 물건에 인상 된 잠재(육안으로 보이지 않는 것) 또는 현재(육안으로 보이는 것)의 지문을 그대로 또는 가공하여 검출시켜 채취한 지문을 말한다.

2) 준 현장지문

준 현장지문은 피의자의 검거를 위해 범죄현장 이외의 장소에서 채취한 지문을 말한다. 범죄현장이 아니더라도 범죄현장과 관련이 있는 범죄의 침입경로, 도주경로, 예비장소 등에서 발견된 지문 또는 피의자 발견을 위해 범죄현장 이외의 장소에서 채취한 지문을 말한다.

그 외에 유류지문이 있는데, 이것은 현장지문 또는 준 현장지문 중 관계자 지문(현장지문 또는 준 현장지문 중에서 피의자의 지문이 아닌 지문)에 해당되지 아니하는 지문을 말한다(이상원 · 김상균, 2005b).

2. 현장지문의 보존

1) 임장자 자신의 지문 유류 방지

수사 중 임장자의 지문을 유류지문으로 취급하여 많은 시간과 노력이 수포로 돌아가서 수사상의 차질이 발생할 수 있기 때문에 주의가 필요하다.

2) 파괴 · 멸실방지

현장에 유류된 지문은 다른 현장자료에 비해 눈으로 보이지 않으며 손에 닿기 쉬우므로 파괴 또는 멸실되지 않도록 주의가 필요하다.

3) 기타 자료와의 관계

범죄현장에서 발견되는 흉기, 기타 물건 등 증거자료 수집은 지문채취 후 신중히 다루어야 한다.

3. 현장지문 채취법

현장지문은 침입구, 물색의 개소, 도주구 등에 유류되어 있는 경우가 많지만, 그 주위도 철저한 검색이 필요하다. 육안으로 식별할 수 없는 잠재지문은 회중전등, 거울 같은 것을 이용하여 사광선, 반사광선을 비침으로서 육안으로도 지문을 발견할 수 있다.

1) 현재지문 채취법

(1) 먼지에 인상된 지문

먼지에 인상된 지문은 사진촬영, 전사판에 의한 방법, 실리콘러버에 의한 방법을 사용한다.

(2) 혈액으로 인상된 지문

혈액으로 인상된 지문은 사진촬영, 전사판에 의한 채취방법을 사용한다.

2) 잠재지문 채취법

① 잠재지문은 육안으로 식별할 수 있도록 한 다음 사진촬영 또는 전사판에 의한 전사채취를 한다.

② 고체법(분말법)

- 가장 단순하고 일반적으로 사용하는 방법이다.
- 미세한 분말을 물체에 도포해서 분비물에 부착시켜 잠재지문을 검출하는 방법으로서 젤라틴지나 셀로판 테이프를 부착, 전사하여 채취한다.
- 이 방법은 표면이 편편하고 매끄러우며 경질의 물체상에 유류된 잠재지문을 채취하는데 적당하다.

③ 액체법

- 액체법은 지두의 분비물 중의 염분, 단백질 등의 화학적 반응을 일으켜서 지문을 검출하는 방법이다.
- 주로 닌히드린 용액법과 초산은 용액법을 사용하는데, 초산은 용액법은 한국경찰에서는 사용하지 않는다.
- 닌히드린 용액법은 닌히드린분말 20g + 아세톤, 에틸알코올, 증류수 등에 용해하여 사용한다.
- 지문에 남아있는 아미노산 성분과 반응하여 자주색 지문으로 현출된다.

④ 기체법

옥도가스를 분사하여 잠재지문(분비물)의 지방분에 작용시켜 다갈색으로 착색시켜 지문을 검출하는 방법이다.

⑤ 강력순간접착제법(가스분사지문현출법)

- 가장 많이 사용하는 방법이다.
- 본드(접착제)의 증기에 의해 (접착제를 가열, 분사시켜서)지문이 함유되어 있는 염분, 지방분, 단백질 등과 화학반응을 일으켜서 백색의 잠재지문을 검출하는 방법이다.

- 주로 비 흡수성 물질(유리, 매끄러운 표면 등) 상의 지문을 채취하는데 사용된다.

⑥ 기 타

오스믹산 용액법, 진공금속지문채취기, 가변관선 채증장비 등이 있다.

참고문헌

〈국내문헌〉

〈단행본〉

* 강동욱 · 윤현종(2019), 탐정학개론, 서울 : 박영사.
* 김동규 · 지인영(1999), (경비지도사)민간경비론: 요약총괄집, 서울: 동서.
* 경찰대학(1998), 경찰윤리론 서울 : 경희종합인쇄.
* 박연호(2002), 행정학원론, 서울 : 박영사.
* 손상철(2005), 민간조사학 개론, 서울: 백산출판사.
* 조철옥(2000). 경찰행정학, 서울: 대영문화사.
* 이동영(1999), 21세기, 공인탐정이 뛴다, 서울: 굿인포메이션.
* 이상안. (2000). 「공직윤리봉사론」. 서울: 박영사.
* 이상원(2005), 범죄예방론, 서울 : 대명출판사.
* 이상원 · 김상균(2005a), 범죄수사론, 서울 : 양서원.
* 이상원 · 김상균(2005b), 경찰학개론, 서울 : 대명출판사.
* 이윤근(2003), 민간경비론, 서울 : 엑스퍼트.
* 이황우 외 2인(2001), 경찰학개론, 서울: 한국형사정책연구원.
* 우정식(2006), 일반경비(질문검색 · 관찰기록), 서울 : 좋은세상.
* 최선우(2002), 치안서비스 공동생산론, 서울 : 대왕사.
* 최종수(1999), 정보사회의 이해, 서울 : 법문사.

〈논문〉

* 강영숙(2007), “한국의 공인탐정제도 도입에 관한 연구”, 박사학위논문, 용인대학교 대학원.

* 김인수 · 이상원(2018), 영국 보안산업위원회(SIA) 면허관리에 관한 연구, 한국경찰학회보, 21(6): 53-78.
* 경재웅, (2019), 독일의 탐정산업의 발전 및 운용에 관한 법적 근거 및 규제방안, 한국경찰학회보. 21(6): 53-86.
* 경찰청, (2013), 민간조사제도 법제화 필요성과 바람직한 도입방안, 경찰청미래발전담당관실.
* 경찰청, (2014), 이제 우리나라도 민간조사업(사립탐정) 도입이 필요합니다, 경찰청 · 대한 민간조사연구학회 · 한국경찰학회 공동국제학술대회자료집.(2014.6.20)
* 나영민 (2006a). 민간조사업의 전망과 대응, 한국경호경비학회 제16회 학술세미나, 55-70.

  나영민, (2006b), 탐정제도의 도입방안에 관한 연구, 연세대학교 행정대학원 석사논문.
* 박동균 · 김태민(2012). 미국 민간조사산업의 특징 및 함의", 한국민간경비학회보, 1(4): 105-125.
* 박동균 · 박기범(2013). "미국 민간 조사 산업의 현황과 전망" 한국위기관리논집, 9(5): 41-56.
* 박해주 (2015), 공인탐정제도의 국내 도입방안에 관한 연구, 한세대학교 일반대학원박사학위논문.
* 송봉규(2007), 민간조사원제도의 도입방안에 관한 연구, 동국대학교 일반대학원 석사논문.
* 안영진(2013), 민간조사제도의 도입을 위한 법적과제, 공법학연구, 14(2): 459-482.
* 이동영 · 이형우(2015), 경찰교육훈련이 조작몰입에 미치는 영향-인사합리성, 평가공정성의 조절효과를 중심으로-, 한국공공관리학회보, 29(3): 207-225.
* 이민형 · 박주상(2012), AHP 기법을 활용한 민간조사제도 도입을 위한 정책 우선순위 분석, 한국경찰학회보, 14(3):107-132.
* 이상원(1999), "경찰교육훈련의 실태와 개선방안", 한국공안행정학회보, 3: 187-209.

  이상원(2003), 시큐리티 교육훈련과 자격제도 개선에 관한 연구, 한국공안행정학회보, 15: 116-118.

이상원(2004), 호주의 민간경비 교육훈련과 자격제도에 관한 연구, 경호경비연구, 7: 375-379.

이상원 · 이승철(2004), "한국의 민간경비 산업 활성화 방안에 관한 연구", 한국민간경비학회보, 4: 2~11.

이상원 · 이승철(2006), 지방자치단체의 치안정책에 대한 역할 논의, 2006년도 한국정부학회 하계학술대회 논문집, 199~221.

이상원 · 이승철(2019), "탐정의 직업윤리에 관한 고찰", 한국민간경비학회보, 18(4): 191~210.

이상원 · 김상균(2006), "공인탐정 교육훈련 모형에 관한 연구", 한국민간경비학회 제8회 춘계학술 세미나 발표자료.

* 이승주(2006). 한국형 탐정제도 도입에 따른 규범학적 고찰, 한국민간경비학회보, 8: 93-118.

* 이승철(2011). 민간조사업법 제정방향, 한국재난정보학회논문집, 7(2): 123-129.

* 이영배. (2001).「현대사회에서 요구되는 직업윤리: 이기주의적 관점에 기반한 최소윤리의 입장에서」. 교육학석사학위논문, 성균관대학교 대학원.

* 이창무 (2006). 민간경비 규제에 관한 연구: 미국사례를 중심으로, 한국공안행정학회보, 22: 349-376.

* 이은주 · 김봉수 · 강동욱(2014), 소년범죄예방을 위한 지역사회 경찰활동의 현황과 개선방안, 경찰학논총, 9(3): 151-176.

* 장석헌 (2007), 민간조사법안의 문제점 및 개선방안, 한국특수행정학회, 5: 41-47.

장석헌 · 송병호 (2008). 민간조사업 도입상의 쟁점분석, 한국공안행정학회보, 33: 335-365.

* 정일석, (2008), 민간경비영역 확장을 위한 민간조사제도 도입 방안, 용인대학교대학원 박사학위논문.

정일석 · 박지영, (2009), 민간조사업 관리감독 기관 선정에 관한 연구, 한국경호경비학회, 21: 135-154.

* 정형근. (2009). 변호사의 직업윤리에 대한 고찰. 법조 633, 279-324.

* 조용철(2006), "공인 탐정 인력의 전문화 방안에 관한 연구", 한국민간경비학회, 제9회 정기학술세미나 발표자료, 117-133.
* 최연준 · 이주락(2017), "미국에 있어서 개인정보 누설의 현황과 그 대책", 법이론실무연구, 5(2): 171-209.
* 최현락(2008), 민간조사제도의 도입모델에 관한 연구, 동국대학교 대학원 박사학위논문.
* 황정익(2005), 공인조사(공인탐정)제도의 도입에 관한 연구, 2005-1, 치안정책연구소.

〈외국문헌〉

* Arthur, S. J. (1962). Ethics for Investigators, Journal of Criminal Law and Criminology, Vol 53, Issue 2 June.
* Asset Security Training Implementation Kit, Western Australian Department of Training and Employment. 2003.
* Brian Ord & Gary Shaw, Investigative Interviewing Explained, LwxisNexis Butterxorths, 2004.
* Brian Forst and Peter K. Manning, The Privatization of Policing -Two Views-, 1999.
* Bureau of Justice Assistance. Understanding Community Policing: A Framework for Action. U.S. Department of Justice, Office of Justice Program, 1994.
* Charles P. Nemeth, Private Security and The Investigative Process, Boston : B.H., 2000.
* Chuck Chambers. The private investigator's Handbook, A Perigee Book, 2005.
* Herman Goldstein, Problem-oriented Policing, McGraw-Hill, 1990.
* Hess Karen M., Henry M. Wroblesk:, Introduction to Private Security, West Publishing Company, 1992.
* James S. Kakalik, Sorrel Wildhorn, The Law and Private Police, National Institute of Law Enforcement and Criminal Justice, 72(7), 1972.

* Lawrence J. Fennelly, Effective Physical Security, BH, (1996)
* Morris, J., & Farrell, C. The "post-bureaucratic" public sector organization. New organizational forms and HRM in ten UK public sector organizations. The International Journal of Human Resource Management, 18(9), 1575-1588, 2007.
* Mosher, F. Democracy and The Public Service, Oxford : Ocford Press, 1986.
* Robert D. McCrie, Security Operation Management, MA: Butterworth Heinemann, 2001.
* Robert D. McCrie, Security Operations Management. Boston: Butterworth-Heinemann. 2001.
* Robert J. Fischer; Gion Green, Introduction to Security, Sheridan Books, 1981.
* Robert J. Fischer and Gion Green. Introduction to Security 5th Edition, Boston: Butterworth-Heineman. 1992.
* Shearing, Clifford D and Stenning, Philip, Modern Private Security: Its Growth and Implications (August 31, 1981). In: Tonry, M. & Morris, N. Eds. Crime and Justice: An Annual Review of Research, Vol. 3. Chicago: University of Chicago Press, 193-245. 1981.
* Western Australia Department of Training and Employment, Asset Security Training Package Implementation Kit, 1999.
* William C. Cunningham and Clifford W. Van Meter, The Hall Crest Report II: Private Security Trend 1970 to 2000, Boston, MA: Butterworth Heinemann, 1990.
* 警察廳, 平成29年中に おける探偵業の概況, 警察廳生活安全局生活安全企劃課. 2017
* 石村善助, "Professionど 倫理" 地方自治研究所資料 center, 公務員倫理 ど 價値觀, 東京 : 第一法規出判株式會社. 1981.
* Clarke, R. V. (1983). Situational crime prevention: Its theoretical basis and practical basis and practical scope, In Tonry, M. and N. Morris(eds.), Chicago: University of Chicago Press.
* Clarke, R. V. (1992). Situational crime prevention: Successful Case Studies.

Albany, NY: Harrow and Heston.

* Clarke, R. V. (2007). Situational crime prevention: principales of Theory and Practice, 경찰 및 범죄연구소 개원1주년 기념 국제학술세미나, 3-15.
* 警察廳. (2018), 平成 30年中に おける探偵業の概況, 警察廳生活安全局生活安全企劃課.

〈법령〉

* 위치정보의 보호 및 이용 등에 관한 법률. 법률 제15608호, 2018. 4. 17, 일부개정.
* 개인정보 보호법. 법률 제14839호, 2017.7.26., 타법개정.
* 통신비밀보호법. 법률 제15493호, 2018.3.20., 일부개정.
* 보험사기방지특별법(약칭: 보험사기방지법). 법률 제14123호, 2016. 3. 29. 제정.
* 형법. 법률 제13719호, 2016.1.6., 일부개정.
* 신용정보의 이용 및 보호에 관한 법률. 법률 제14823호, 2017.4.18., 일부개정.

〈기타문헌〉

* 두산세계대백과사전
* Association of British Investigators, 2006.
* California State Private Investigator ACT
* Michigan State Private Detective License ACT
* New Jersey State, Private Investigator Act.
* Nick Harris Detective Training Academy 내부자료
* Lion Investigation Academy 내부자료
* The Pennsylvania Private Detective Act.
* The Private Security Industry ACT of 2001
* 探偵業の業務の適正化に関する法律, 最終改正：平成二三年六月三日法律第六一号
* U.S. Bureau of Labor Statistics, Employment Projections program.
* https://www.bls.gov/ooh/protective-service/private-detectives-and-investigators.htm 2

018. 4.13. 최종검색.

* https://privateinvestigatoredu.org/what-is-a-private-investigator/ 2018.4.19. 최종검색.
* IbISWorld.Industry Research / Specialized Reports / Consumer Goods &Services in the US / Private Detective Services in the US 2018.4.19. 최종검색.
* http://www.pinow.com/articles/376/top-3-ethical-issues-for-pis-and-how-to-handle-them. 2018.4.23. 최종검색.
* http://www.tali.org/how-to-join-tali 2018.4.23. 최종검색.
* Association of British Investigators (ABI): https://www.theabi.org.uk/, 2018.5.15. 최종검색
* Institute of Professional Investigators (IPI): http://ipi.org.uk/, 2018.5.15. 최종검색.
* United Kingdom Professional Investigators Network: http://www.ukpin.com/, 2018.5.15. 최종검색
* https://www.sia.homeoffice.gov.uk/Pages/home.aspx, 2018.6.18. 최종검색.
* https://www.jda-tokyo.jp/15180016361763 2018.10.13. 최종검색.
* http://tantei-net.org/detective1.html2018.10.14. 최종검색.
* http://tantei.apk7.com/ 2010.10.14. 최종검색.
* http://www.tochoukyou.jp/home/chousa.html 2018.10.16. 최종검색
* https://www.jda-tokyo.jp/article/13980977.html 2018.10.17. 최종검색.
* http://www.seoul.co.kr/news/newsView.php?id=20160920011001 2017.11.10. 최종검색.
* https://www.cardea.jp/ 2018.11.12. 최종검색.
* http://pursuitmag.com/writing-the-perfect-investigative-report/ 2018.11.12. 최종검색.
* https://www.trustify.info/for-business/insight/insurance-fraud-investigations. 2018.11.12. 최종검색
* https://www.pinow.com/investigations/missing-persons 2018.11.12. 최종검색.
* https://www.tfccad.com/ 2018.11.13. 최종검색.
* https://www.pinow.com/investigations/background 2018.11.13. 최종검색.
* https://www.pinow.com/articles/1182/private-investigator-basics-interviewing 2018.11.14. 최종검색.

* https://i-sight.com/resources/40-tips-for-conducting-effective-investigation-interviews/ 2018.11.14. 최종검색.
* https://www.linkedin.com/pulse/20141114173045-299448626-top-20-reasons-for-hiring-a-private-investigator 2018.11.15. 최종검색.
* https://www.trustify.info/for-business/insight/how-to-investigate-employee-theft 2018.11.15. 최종검색.
* https://www.trustify.info/blog/how-to-find-a-missing-person 2018.11.15. 최종검색.
* https://www.pinow.com/investigations/insurance-fraud 2018.11.15. 최종검색.
* https://www.private-investigator-info.org/welfare-fraud-investigation.html 2018.11.15. 최종검색.
* https://www.trustify.info/blog/tips-from-a-private-investigator-to-spot-a-cheating-spouse 2018.11.15. 최종검색.
* https://www.pinow.com/articles/1666/the-difference-between-soft-and-hard-insurance-fraud 2018.11.15. 최종검색.
* https://work.chron.com/difference-between-private-investigator-police-officer-30774.html 2018.11.21. 최종검색.
* https://www.eiard.org/arrest/ 2020.01.20. 최종검색.
* https://www.bls.gov/OES/current/oes339021.htm#(1) 2020.1.24. 최종검색
* https://www.indeed.co.uk/jobs?q=Private+Investigator&start=40 2020.01.27. 최종검색.
* 探偵業の業務の適正化に関する法律, 2011년 6월 3일 법률 제61호 개정,
* [경찰팀 리포트] 영업비밀 갖고 튄다…“산업스파이 피해 연 50조”. 2015. 9. 12.
* 금융감독원 보험사기방지센터.
* 뉴스핌, 범죄 도구 악용 ‘위치추적기’…규제 못하나. 2019.10.15.
* [네이버 지식백과] 4차 산업혁명 (시사상식사전, pmg 지식엔진연구소). 2020.1.24.최종검색.
* 디지털타임스. 보험사기 적발 줄었는데 금액은 역대최대. 2019.4.23.
* 재경일보. [사설] 복지사기 근절대책 시급하다. 2017.9.28.
* 중앙일보. 5년간 행방 못 찾은 실종자 4614명…사망 실종자 10명 중 9명은 성

인. 2019.5.24.
* 중앙일보. "회사기밀이 새요" --요즘 흥신소, 스파이도 잡는다. 2019.10.21.
* 중앙일보. 회사서 가위 · 풀 · 펜 슬쩍…美기업 33%가 이것 땜에 파산했다. 2019.9.18.
* 조선일보. 솔레이마니 제거한 '킬러 드론'… 세계 각국 '안티드론'으로 방어책 세운다. 2020.1.12.
* 월간 노동법률 2018.10.11. 직원절도.
* 헤럴드 경제. '탐정업'이 가능해졌음을 아직 모르셨나요? 2020.1.2.
* 한국일보. 정치기부금 • 복지수당 사기… 미국 시스템 흔들. 2019.5.26.
* ZDNet Korea, "3년간 개인 위치정보 침해건수 3천200여건" 사이버 흥신소 제재 강화돼야. 2017.10.12.
* KRI리포트. 국내 보험사기 현황과 방지 방안. 2019.1.21. 포커스.
* 2016고단2689위치성보의보호및이용등에관한법률위반.
* 대구지방법원 경주지원 2019.4.10.선고2018고단710판결.
* 2017고단2175위치정보의보호및이용등에관한법률위반.
* 법률사무소 이룸 2020.1.20.검색

〈저자 약력 및 논문〉

이상원

현 용인대학교 경찰행정학과 교수
현 대한민간조사연구학회 학회장
전 대구대학교 경찰행정학과 교수
전 관동대학교 경찰행정학과 교수
동국대학교 경찰행정학과 졸업, 행정학 석사
동국대학교 대학원 경찰행정학과 졸업, 법학박사
경찰간부 후보생 제 32기 졸업
전 한국 민간경비 학회장
전 한국 경찰학회장
전 경찰위원 (경찰위원회)

저서 : 탐정학, 진영사, 2019
미국탐정론, 진영사, 2018
범죄 예방론, 대명출판사, 2006
범죄 수사론, 양서원, 2006
경찰학개론, 대명출판사, 2006

탐정의 직업윤리에 관한 고찰, 2019
경찰 예방 임무용 Anti Drone 활용 방안에 관한 연구, 2018
경찰 임무용 안티드론 실증연구, 2018
경찰대학 발전방안에 관한 연구, 2016
드론테러에 대비한 국가중요시설 민간경비 개선 방안에 관한 연구, 2015
특수경비원 교육훈련 개선방안에 관한 연구, 2015
경찰의 거리 노숙인 통합 지원 체계 구축 방안에 관한 연구, 2015
민간조사 제도 도입 필요성에 대한 연구, 2014 외 120여편

이승철

대구대학교 행정학과 졸업
대구대학교 대학원 행정학과 졸업(행정학박사)
동국대학교 대학원 경찰행정학과 졸업(경찰학박사)
전 백석대학교 법정학부 경찰학 전공교수
전 충남도립대학교 경찰행정학과 교수
현 대구대학교 행정학과 교수

저서 : 탐정학, 진영사, 2019
미국탐정론, 진영사, 2018
한국사회와 범죄(공저), 청목출판사, 2008.

탐정의 직업윤리에 관한 고찰, 2019
경찰대학에 대한 인식조사 및 발전방안 연구, 2017(경찰대학 보고서)
온라인 민간경비 교육훈련의 현황 및 개선방안, 2017(한국민간경비학회)
한국적 탐정제도의 구상, 2016
민간조사제도 도입 시 기대되는 사회적 효과에 대한 시민인식 연구, 2014(한국경찰 학회)
민간조사제도 법제화 필요성과 바람직한 도입방안, 2013(경찰청 보고서) 외 40편 이상